श्रीमती निर्मल चावला का जन्म 26 सितंबर, 1960 को दिल्ली में हुआ था। उन्होंने अर्थशास्त्र में स्नातकोत्तर(एम.ए.) की उपाधि प्राप्त की है। उन्होंने 2019 में 'ड्राफ़्ट 2 डिजिटल' द्वारा रिलीज़ की गई 'जब करनी हो बात पक्की' 'ई–बुक'(अमेज़न किंडल पर उपलब्ध) और 2020 में 'ब्लू रोज़' प्रकाशन द्वारा प्रकाशित 'जब करनी हो बात पक्की' नॉन फ़िक्शन पुस्तक लिखी हैं।

दिसम्बर 2022 में 'स्टोरीटैल' द्वारा रिलीज़ ऑडियो बुक 'इश्क़ नौटंकी' और 2013 में 'प्रभात प्रकाशन' द्वारा प्रकाशित उपन्यास 'कोरा कागज़' के लेखन में बतौर सह–लेखिका योगदान दिया।

पंडित अमरनाथ संगीत-नामा

माँ से सुर का नाता

निर्मल चावला

Om Books International

प्रथम संस्करण 2024

Om Books International

ओम बुक्स इंटरनेशनल
कॉर्पोरेट एवं संपादकीय कार्यालय
ए-12, सेक्टर 64, नोएडा 201 301
उत्तर प्रदेश, भारत
फ़ोनः +91 120 477 4100
ईमेलः editorial@ombooks.com
वेबसाइटः www.ombooksinternational.com

विक्रय(सेल्स) कार्यालय
107, अंसारी रोड, दरियागंज
नई दिल्ली 110 002, भारत
फ़ोनः +91 11 4000 9000
ईमेलः sales@ombooks.com
वेबसाइटः www.ombooks.com

आईएसबीएनः 978-93-5376-995-6

भारत में मुद्रित
10 9 8 7 6 5 4 3 2 1

यह पुस्तक ईश्वर और ईश्वर तुल्य मेरे आदरणीय माता–पिता को समर्पित
है जिनके दिए संस्कारों और शिक्षा ने मुझे इस जीवन को
पूर्ण रूप से जीने का मार्ग दर्शाया।

विषय-सूची

कृतज्ञता

मानव इतिहास के पृष्ठों में शायद ही इस बात का ज़िक्र आया होगा कि कभी किसी परिवार की बेटी ने अपने पिता की जीवनी घर की बहू से लिखवाने के बारे में सोचा हो, और वह भी तब जब बेटी स्वयं एक उच्च श्रेणी की लेखिका और उपन्यासकार हो। कुछ काल्पनिक लगने वाली इस बात को सार्थक बना दिया पंडित जी की बेटी 'गजरा कोट्टारी' ने। पंडित अमरनाथ जी की जीवनी उनकी बहू द्वारा रचने का विचार सर्वप्रथम उनकी बेटी को ही आया।

यदि मैं कहूँ कि हृदय का यह उदारपन यकीनन गजरा को विरासत में उनके पिता के व्यक्तित्व से ही मिला होगा, तो इसमें कोई अतिशयोक्ति नहीं होगी।

जी हाँ, इस पुस्तक को लिखने का गौरव मुझे गजरा ने ही प्रदान किया जिसके लिए मैं सबसे पहले उनका हृदय से आभार व्यक्त करती हूँ।

पहले तो गजरा के इस प्रस्ताव को सुनकर मैं बहुत घबरा गई थी, यह सोचकर कि क्या मैं सदी के इतने महान कलाकार 'पंडित अमरनाथ' जी की जीवनी लिखने के लिए सक्षम हूँ? पर गजरा अपने निर्णय पर अटल रहीं। मेरे राज़ी होने का सब्र से इंतज़ार करती रहीं। आख़िर कभी लाड़ दिखाकर तो कभी नाराज़गी दिखाकर उन्होंने मुझे 'हाँ' कहने की हिम्मत दिला दी। उनके इन शब्दों ने कि 'भाभी, जितना मैं आपको जानती हूँ मुझे विश्वास है कि पिताजी की जीवनी को आपसे बेहतर और कोई नहीं लिख पायेगा,' मुझमें आत्मविश्वास जगाया और मैंने मन ही मन अपने ससुर जी से आशीर्वाद लेकर लिखना आरम्भ कर दिया।

इस पुस्तक को लिखने में तकरीबन 9 से 10 महीने का वक़्त लगा। इस पूरी अवधि की दिलचस्प बात यह रही कि गजरा लगातार न केवल मुझे प्रोत्साहित करती रहीं बल्कि मेरे लिखे हर शब्द को पढ़कर मुझे सराहना और सुझाव दोनों देती रहीं। उल्लेखनीय सत्य तो यह भी है कि अपनी व्यस्त दिनचर्या होने के बावजूद गजरा इस कार्य के लिए हमेशा वक़्त निकालती रहीं।

उनसे मिले सहयोग और मनोबल ने मेरी इस यात्रा को सुगम बनाने का काम किया जिसके लिए मैं एक बार फिर उनका दिल से आभार व्यक्त करती हूँ।

मैं ओम बुक्स इंटरनेशनल की पूरी टीम का आभार व्यक्त करती हूँ।

मैं प्रकाशक श्री अजय मागो की कृतज्ञ हूँ जिन्होंने इस पुस्तक को प्रकाशन योग्य समझा।

मैं श्री शान्तनु रॉय चौधरी की बहुत आभारी हूँ जिन्होंने इस पुस्तक को बिना किसी पूर्व शर्त के प्रफुल्लित मन से प्रकाशन के लिए स्वीकार किया। शान्तनु के जिस विशेष गुण ने मुझे अति प्रभावित किया वह है उनका पुस्तक के प्रति सम्पूर्ण सरपरस्ती का रुख। इस पुस्तक को खूबसूरत और आकर्षक बनाने के संदर्भ में दिए गए उनके सभी रचनात्मक सुझाव, बेहद प्रशंसनीय हैं।

इस पुस्तक को लिखने के दौरान दिए गए सहयोग के लिए अपने छोटे से परिवार; पति डॉक्टर विशाल चावला और स्नेही पुत्र कबीर का भी हृदय से आभार व्यक्त करती हूँ, जिनके दिए प्रोत्साहन से मैं अपने लक्ष्य को सहजता से प्राप्त कर पाई।

प्राक्कथन

कहते हैं कि एक बेटी अपनी माँ को तब ही समझ पाती है, जब वह खुद माँ बनती है। लेकिन पिता का क्या? क्या हर बेटी पिता को अपना पहला हीरो मानती है? और क्या वह अपने पति में अपने पिता जैसे ही गुण तलाशती है? अपना सच कहूँ तो शायद नहीं।

मैं अपने माँ–पापा की आख़िरी संतान थी। मेरा जन्म अपने पापा के चालीस वर्ष पूरे होने के बाद हुआ था, जो उन दिनों में असाधारण बात थी। हम तीन भाई–बहन होने के बावजूद, मुझे ज़्यादातर यही लगता था कि मैं बेटी से ज़्यादा उस घर की नातिन या पोती थी। दो पीढ़ी का अंतर न सही, सोच विचार में डेढ़ पीढ़ी का अंतर तो महसूस होता ही था। मुझे माँ–पापा के साथ यह अंतर इसलिए भी ज़्यादा महसूस होता था क्योंकि पापा का व्यवसाय (जो शब्द उन्हें संगीत के संदर्भ में कतई पसंद नहीं था) बहुत ही अलग था।

आज उनके संगीत के क्षेत्र में जो उपलब्धियाँ गर्व से मेरा सिर ऊँचा कर देती हैं, बचपन में मुझे अर्थहीन लगती थीं। मेरी नासमझी थी वह, पर अब शायद उम्र के साथ–साथ थोड़ी अक्ल तो आ ही गई है।

मुझे लाड़–प्यार की कभी कमी नहीं हुई पर उन दिनों जैसा माहौल अपनी सहेलियों के घरों में देखने को मिलता था, उसमें और मेरे घर के माहौल में ज़मीन–आसमान का फ़र्क़ था। इस सबसे बचपन में मेरी परेशानी काफ़ी बढ़ जाती थी, इसलिए मैंने किताबों, स्कूल की पढ़ाई और कहानियों में पलायन ढूँढ़ा। संगीत की दुनिया, वह भी शास्त्रीय संगीत की दुनिया में

मुझे सिर्फ़ अभाव, गंभीरता और अंधे समर्पण के दृश्य नज़र आते थे, जो मुझे मिल रही अंग्रेज़ी शिक्षा के आदर्शों के भी बिलकुल विरुद्ध थे।

यह पापा की उदारता थी, कि उन्होंने अपनी इच्छाओं के विरुद्ध जाकर भी अपनी विचारधाराओं को मुझपर कभी थोपा नहीं। बल्कि हमेशा, मेरी पसंद–नापसंद और हर छोटे–बड़े फ़ैसले को सिर आँखों पर रखा। यही नहीं, उस छोटी उम्र में भी वे मुझसे दीन–दुनिया और रिश्तों के बारे में चर्चा किया करते थे और अक्सर मुझसे राय भी माँगते थे। शायद यही कारण था कि मेरे दिल–दिमाग को खुली उड़ान भरने की आदत हो गई थी, या यूँ कहिए कि ख़याली पुलाव बनाने की।

अब जब पीछे देखती हूँ तो उनका मासूम चेहरा साफ़ नज़र आता है, जब वे मेरी दुनिया के बारे में मुझसे ढेरों सवाल करते थे, उस कोशिश में, कि वे उनकी छोटी–सी बिटिया की पीढ़ी की सोच को समझ पाएँ।

नतीजा यह हुआ कि संगीत के अलावा, हम कितने ही विषयों पर खुले मन से बातचीत और कभी–कभी बहस भी करते थे। ख़ासकर कहानियों और किरदारों पर, चाहे वह उपन्यासों की हों या फ़िल्मों की।

कमाल की बात यह थी कि ऐसा करते समय, हमारे बीच का वह डेढ़ पीढ़ी का अंतर बिलकुल गायब हो जाता था। मैं उनकी "गज्जे" और वे मेरे महान संगीतज्ञ पिता न होकर एक प्यारे से और मस्तीखोर पापा बन जाते थे।

शायद मैं उनका यही एक खुशमिजाज़ पहलू जानना चाहती थी, और कोई नहीं, जहाँ हम टीवी पर ओल्ड फ़ॉक्स के एपिसोड और रविवार की फ़िल्में साथ में देखते और गप्पें मारते। बल्कि मुझसे दोस्ती करने के चक्कर में एक दौर ऐसा भी आया जब मेरी ज़िद की वजह से हमने संजीव कुमार और अमिताभ बच्चन की सारी फ़िल्में थिएटर में देख डाली थीं। इसलिए भी कि हम दोनों के अलावा परिवार में और कोई नहीं था जो इस मटरगश्ती में हमारा साथ देना चाहता था।

आज भी मैं 80 के दशक के हमारे उस सैर सपाटे को याद करती हूँ तो चेहरे पर मुस्कान आ जाती है। पर हाँ, इस सबमें संगीत, मेरे लिए, बहुत पीछे छूट गया और संयोग से यह भी हुआ कि अपने भाई और बहन के मुक़ाबले, मैंने अपने मायके में कम से कम साल गुज़ारे, और चली आई बंबई शहर कॉलेज के बाद, अपना घर बसाने और कुछ कहानियाँ कहने।

ऐसे में मेरा संगीत से नाता तो दुर्बल हो ही गया, धीरे–धीरे पापा से भी कुछ दूरियाँ बढ़ीं। मुझे उनका स्वभाव अब कुछ ज़्यादा ही गंभीर लगने लगा

था, जहाँ संगीत के अलावा ज़्यादा कुछ उन्हें भाता ही नहीं था, परिवार भी नहीं। कभी–कभी तो ऐसा लगता था कि यह संगीत उनके लिए अपने बच्चों से भी ख़ास था, जैसे कोई सौतेला संसार हो, जो उन्हें हमसे दूर ले जाने को उतारू था। पर फिर धीरे–धीरे मेरी सोच बदली।

बंबई आने के बाद उनके रियाज़ की मधुर ध्वनि से हर सुबह जागने वाली उनकी गुड़िया, अब अपनी दिनचर्या की आपा–धापी में कुछ पल चुरा लेती। फिर उन्हें याद करती और टेप रिकॉर्डर चलाकर उनका गायन सुनती, उन्हें समझने की कोशिश करती। कभी समझती, कभी न समझ पाती।

फिर 1995 में शुरू हुई उनकी कैंसर से लड़ाई, जिसके इलाज के सिलसिले में उनका बंबई आना शुरू हुआ। वे दर्द की वजह से खुशमिजाज़ नहीं थे, पर उनके चेहरे पर चमक आ जाती थी, जब वे मेरे बच्चों के साथ खेलते। सबसे खुश वे उस दिन हुए जब रेखा और विशाल भारद्वाज, गुलज़ार साहब के साथ खाने पर आए थे और गुलज़ार साहब ने उनके लिखे गीत सुने और उनकी सराहना की।

बीमारी के कारण शरीर और मानसिक पीड़ा से जूझने की उनकी हिम्मत अब टूटने लगी थी। सबसे बड़ी मार थी कि वे अपने आख़िरी महीनों में गा नहीं पाते थे। आख़िरकार उनकी लड़ाई 9 मार्च 1996 को समाप्त हुई। वे हार गए।

उनके जाने के बाद, एक और लड़ाई शुरू हुई। मैं भौतिक संपत्ति की नहीं, संगीत की संपत्ति की बात कर रही हूँ। यह धरोहर उन्होंने छोड़ी थी अपनी बड़ी बेटी बिन्दु के लिए, जो संगीत के क्षेत्र में कारगर थीं। यह बिलकुल जायज़–सी बात थी पर उनकी इस धरोहर को आने वाली पीढ़ियों के लिए सुरक्षित रखना किसी एक के बस की बात नहीं थी। इसलिए यह कार्य अधूरा–सा रह गया था, वर्ष 2017 तक, जब बिन्दु का स्वर्गवास हुआ था।

अब इस ख़ज़ाने की चाबी आई, मेरे भाई और मेरे पास। धूल–मिट्टी से लिपटा यह ख़ज़ाना समय और समझ माँगता था, इसे दुनिया से बाँटने के लक्ष्य तक पहुँचने तक। मेरे भाई साहब और मैं, संगीत से तो दूर थे पर हम थे तो उनके बच्चे, जिन्हें उन्होंने ही डॉक्टर और लेखक बनाया, उनके दो ऐसे शौक जो संगीत के बाद सबसे पहले आते थे।

फिर जुड़ी 'रेखा' उनकी बेटी जैसी शिष्या, उनके संगीत के लिए फ़रिश्ता बनकर। हम सब ने मिलकर यह तय किया कि 2024 में उनकी जन्म शताब्दी के दिन तक, हम उनकी सभी किताबों और संगीत की रिकार्डिंग्स को

सार्वजनिक करेंगे। पापा के आशीर्वाद से इस बहुत बड़े कार्य को पूरा करने में काफ़ी हद तक कामयाब हुए हैं।

पर अब एक ख़लिश रह गई, मेरे मन में। पापा का जीवन भले ही संगीत को समर्पित था, मगर कितने कम लोग जानते थे कि वे जैसे थे वैसे क्यूँ थे? अच्छा या बुरा, जो उनके साथ हुआ वह क्या था और क्यूँ हुआ? क्या यह कहानी उनके लाखों चाहने वालों और शिष्यों को जानना ज़रूरी नहीं? और क्या उन लोगों के लिए जानना ज़रूरी नहीं जो एक सच्चे कलाकार की सच्ची कहानी जानना चाहते हैं?

सिर्फ़ संगीत से जुड़े उनके किस्से और संगीत शिक्षा से जुड़े विचार तो बहुत किताबों में आए हैं। पर वे कितने अद्वितीय कलाकार और इंसान थे, कितने चित्ताकर्षक स्वभाव के धनी थे, यह दुनिया के साथ साझा करना मुझे बहुत आवश्यक लगा।

पर मैं यह भी जानती थी कि मैं उनकी जीवनी लिखने में असमर्थ हूँ। उनकी जीवनी तो उस इंसान को लिखनी चाहिए, जिसने उनके वे पहलू देखे हों जो मैंने नहीं देखे और जो उन्हें मानती भी हो और जानती भी।

बगल में छोरा, गाँव में ढिंढोरे वाला शोर जब थमा तो मुझे अपनी भाभी दिखीं। उनकी इकलौती और चहेती बहू, जिन्हें वे बेटियों जैसा प्यार करते थे।

मैं जानती थी कि निर्मल भाभी का हृदय भी उनके नाम जैसा है। वे बहुत घबराईं, हिचकिचाईं, मगर ननद को 'न' ना नहीं बोल पाईं। मैंने मौके का फ़ायदा उठाया क्योंकि मैं इस बात से उत्साहित थी कि दुनिया में ऐसी कितनी जीवनियाँ होंगी, जो किसी बहू ने अपने ससुर पर लिखी होंगी, पर शायद बहुत कम ही होंगी।

अंततः निर्मल भाभी ने महीनों मेहनत करके, एक ऐसी कथा लिखी है, जिसने अपने ही पापा को लेकर मेरी आँखें खोल दी हैं। एक नया नज़रिया दिया है उन्होंने, एक महान संगीतज्ञ, एक अत्यंत प्रेम करने वाले पिता के जीवन को और एक अत्यंत संवेदनशील इंसान को। तहे दिल से उनका धन्यवाद।

पेश है एक मार्मिक और सत्य कहानी, पिछली शताब्दी के एक दिग्गज कलाकार की, जिनका जीवन बना भी और मिटा भी, अपनी माँ को तलाशने में। पढ़िए, उनकी बहू के शब्दों में।

गजरा कोट्टारी

प्रस्तावना

सौभाग्य से सन् 1982 में मुझे, बीसवीं सदी की महान शख़्सियत आदरणीय पंडित अमरनाथ जी की पुत्रवधू बनने का गौरव प्राप्त हुआ। उस वक़्त हर दुल्हन की तरह मैं भी असमंजस में थी। मेरे मन में भी ससुराल में नए ढंग से जीवन की शुरुआत करने को लेकर व्याकुलता थी। पर मेरे ससुर जी, आदरणीय पंडित अमरनाथ जी ने अपार स्नेह और उदारता के साथ मेरा इस प्रकार पथ प्रदर्शन किया कि मेरे लिए नव वैवाहिक जीवन का सफ़र अत्यंत सुगम बन गया। सामाजिक तौर पर तो हमारा रिश्ता ससुर और बहू का ही था परंतु पापा जी का व्यक्तित्व इतना निराला था कि मुझे उनमें एक साथ कई रिश्तों की झलक महसूस हुई। कभी वे पिता बनकर लाड़ करते, कभी माँ जैसा दुलार देते तो कभी गुरु रूप में मेरा मार्गदर्शन करते। इतना ही नहीं, कभी–कभी तो वे मुझे एक बहुत अच्छे दोस्त भी लगते थे, जिनसे बिना झिझक अपने मन की बात कह सकती थी।

फिर उनके देहांत से जीवन में एक शून्यता का आभास हुआ। उनके इस दुनिया से चले जाने के बाद शायद ही कोई ऐसा दिन बीता होगा जब किसी न किसी संदर्भ में उनकी सीख और बातें मेरे ज़हन में न आईं हों। उनकी अच्छी यादें यदा–कदा अपनी ननद गजरा के साथ भी बाँट लिया करती थी। उन्होंने ही मुझे पंडित अमरनाथ जी की जीवनी लिखने के लिए प्रेरित किया।

मेरे मन में घबराहट हुई कि सदी के इतने महान कलाकार, महाज्ञानी, महापंडित, विश्वभर में संगीतकारों के संगीतकार के रूप में पहचाने जाने वाले अपने ससुर जी की जीवनी लिखने का साहस कैसे जुटा पाऊँगी? पर शायद

गजरा को मुझपर भरोसा था इसलिए वे मुझे राज़ी होने के लिए प्रोत्साहित करती रहीं। उसका भरोसा देख मुझमें भी आत्मविश्वास उत्पन्न हुआ और मैंने 'हाँ' कहने की हिम्मत जुटाई।

हालाँकि संगीत मेरा क्षेत्र नहीं रहा है पर मुझे लिखने का शौक है। पिछले कुछ वर्षों में दो उपन्यास भी लिख चुकी हूँ। क्योंकि पंडितजी को मैंने बहुत करीब से जाना इसलिए जब भी उनके बारे में सोचती तो उनके जीवन का विश्लेषण करके उसे कहानी का रूप देने की कोशिश करती। फिर मैंने महसूस किया कि उनके जीवन का सफ़र, उनके सुनाए किस्से, आपबीती से जुड़ी घटनाएँ और उनके व्यक्तित्व के वह दिलचस्प पहलू जिनसे मैं रूबरू हुई, सब मिलाकर दरअसल एक ऐसा क़ीमती ख़ज़ाना है, जिसे एक पुस्तक में सँजोकर सुरक्षित रखा जा सकता है।

तब मैंने पंडित जी की जीवनी को एक कहानी के रूप में रचने का निर्णय लिया।

यह पुस्तक सिर्फ़ उन लोगों के लिए ही उपयोगी नहीं होगी जो पंडित जी के महान संगीत से तो परिचित हैं पर उनके व्यक्तिगत जीवन के बारे में जानने के लिए उत्सुक हैं, बल्कि उन तमाम लोगों के लिए भी उपयोगी होगी जो यह जानने के लिए तत्पर रहते हैं कि आख़िर एक उत्तम श्रेणी के कलाकार के निर्माण में आंतरिक वेदना, संवेदनशीलता, भावुकता व जज़्बातों की क्या भूमिका होती है?

इस पुस्तक के ज़रिए पंडित जी के जीवन को एक कहानी के माध्यम से दर्शाया गया है, जिसमें उन सब घटनाओं और भावनाओं को क्रमबद्ध संजोया गया है जिनका ज़िक्र वे अक्सर किया करते थे। इसी के साथ–साथ कुछ उन बातों को भी बुना गया है जिनका ज़िक्र उन्होंने तो नहीं किया, पर मैंने उन्हें महसूस कर उनका अपनी क्षमतानुसार विश्लेषण किया। पंडितजी के जीवन की कहानी में जिस एक मूल बिन्दु को पुस्तक की पृष्ठभूमि व आधार बनाया गया है, वह है छोटी–सी उम्र में उनका अपनी माँ को खो देने का दर्द। माँ की कमी महसूस करना, बहन, पत्नी, बेटी, बहू और शिष्याओं में माँ की तलाश करना, उनके जीवन का एक निर्णायक नियोग बन गया।

माँ को ढूँढ़ने की उधेड़ बुन में ख़ुशी और ग़म से भरा उनके जीवन का सफ़र पाठकों की जिज्ञासा को अंत तक बरक़रार रखेगा ऐसी मेरी आशा है।

1

नन्हे क़दम, लंबा सफ़र

'झंग' गाँव में ग्वालमंडी मोहल्ले के एक परिवार में तीन–साढ़े तीन वर्ष का मासूम सा बच्चा 'अमरनाथ', जिसे सब प्यार से 'नाथ' पुकारते थे, इतनी सी उम्र में ही परेशान सा था। छोटे से नाथ की समझ में नहीं आ रहा था कि अचानक उसकी माँ की चारपाई घर के बरामदे में क्यों लगा दी गई? माँ की चारपाई के नीचे रेत से भरा बर्तन क्यों रखा है?

यह सन् 1927 की बात है, जब पाकिस्तान और हिंदुस्तान दोनों एक ही देश हुआ करते थे।

नन्हें नाथ को यह समझ में नहीं आ रहा था कि अब माँ उसे अपनी गोद में क्यों नही लेती थीं? क्यों अब उसे खाना भी माँ नहीं खिलाती थीं?

एक दिन तो नाथ ने ज़िद ही पकड़ ली कि वह खाना सिर्फ़ अपनी माँ के हाथ से ही खायेगा।

नाथ की ज़िद देखकर उसकी विधवा दादी बुआ ने उसे पुचकारते हुए समझाया, "पुत्तर, तेरी माँ बमार ए..ओन्नू टीबी होया ए।"

नाथ ने भोलेपन से पूछा, "ऐ टी.बी. कि होन्दा ऐ?"

"पुत्तर जी, डॉक्टर कइंदा ऐ...छूत दी बमारी होंदी ये..तैन्नू ओदे कोल नी जाणा..उन्नों बस दूरों ही वेखणा है।" दादी बुआ ने दबी–सी आवाज़ में कहा।

बस, फिर क्या था? नाथ ने दादी बुआ से एक के बाद एक कई सवाल पूछ डाले, मसलन, माँ को यह बीमारी क्यों हुई? माँ कब ठीक होंगी? कब मैं उनके साथ खेलूँगा, वगैरह–वगैरह।

नाथ की जिज्ञासा की पूर्ति करना बुआ के लिए परेशानी बन गया। लेकिन वह यह भी जानती थीं कि नाथ अपनी उम्र के हिसाब से कुछ ज़्यादा ही तीव्र बुद्धि वाला बच्चा है। वह अपने मन की गुत्थियाँ सुलझाए बिना मानेगा नहीं।

बुआ ने नाथ को अपने तरीके से समझाया कि उसकी माँ उसे और उसके पिता को बहुत प्यार करती हैं। हालाँकि वे एक खाते–पीते घर की गृहणी हैं पर उन्होंने कभी अपनी खुराक़ और आराम पर ध्यान ही नहीं दिया। बस, हर वक़्त सिर्फ़ अपनी औलाद और पति की देख–रेख में लगी रहीं, इसलिए तो छोटी–सी उम्र में इतनी भयानक बीमारी का शिकार हो गईं।

तीन–साढ़े तीन वर्ष की उम्र में तो नाथ को अपनी दादी बुआ की कही इस बात का भाव समझ में नहीं आया। पर हाँ, बड़ा होने पर जब अमरनाथ को मतलब समझ में आया तब वे विचलित हो उठे। उनके मन में ढेरों विचार उठते रहते कि क्या मेरी माँ समय से पहले दुनिया से इसलिए चल बसीं थीं कि उनके जीने का मक़सद सिर्फ़ अपने परिवार की सेवा करना था?

बड़े होकर अमरनाथ ने अपने पिताजी से पूछा भी कि जो माँ सबका इतना ख़याल रखती थीं, उनका खयाल रखना किसकी ज़िम्मेदारी थी?

पर अमरनाथ को अपने इस प्रश्न का उत्तर कभी मिला ही नहीं या यूँ समझिए कि स्वयं पिताजी के पास भी इस बात का उत्तर नहीं था। या फिर उनमें झिझक थी कि वे पुत्र के सामने इस बात का उत्तरदायित्व कैसे लें?

नाथ के पिता 'शिव दयाल चावला' रेलवे में एक बड़े पद पर नौकरी करते थे। पत्नी 'जयदेवी' के बीमार हो जाने के बाद उनके लिए नौकरी पर जाना भी मुश्किल हो गया था। जयदेवी की माँ तो बचपन में ही गुज़र गई थीं। परिवार में कोई और स्त्री भी नहीं थी जो शिव दयाल की बीमार पत्नी और बेटे को संभालती, इसलिए वे अपनी विधवा बुआ को अपने घर ले आए थे।

पिताजी हर रोज़ दफ़्तर जाते वक़्त नन्हें नाथ को समझा कर जाते, "पुत्तर, माँ कोल नी जाणा...।"

मासूम नाथ ने भी अपने पिता का कहना मानने की कोशिश तो बहुत की, कि वह माँ को बस दूर से ही देखे। पर वह करता तो भी क्या करता?

माँ की चारपाई को घर के जिस कोने में रखा गया था वहाँ से तो वह माँ का चेहरा भी नहीं देख पता था। उसे सिर्फ़ लेटी हुई माँ की धुँधली–सी काया ही दिखती थी।

हालाँकि, माँ ने जानबूझकर अपनी चारपाई ऐसे स्थान पर रखवाई थी जहाँ से लेटे–लेटे भी वे अपने बेटे की सभी गतिविधियों को निहार सकें, और वे ऐसा करती भी थीं।

कभी–कभी तो नाथ की अपनी माँ से जाकर लिपटने की व्याकुलता इतनी बढ़ जाती कि वह पिता की दी हुई चेतावनी को भी भूल जाता और मन में आस लिए कि माँ शायद पहले की तरह उसे अपने सीने से चिपका लेंगी, मासूमियत से माँ की चारपाई की ओर अपने छोटे–छोटे पैरों को घिसटता। पर ऐसा कभी हुआ नहीं।

बल्कि माँ तो उसे अपनी ओर आता देख चादर से अपना चेहरा ही ढक लेती थीं। निराश बच्चा माँ का चेहरा तो नहीं देख पाता पर हाँ उनकी आँखों से निकलते आँसुओं की धारा देखकर ज़रूर डर जाता था और फिर सहमे–सहमे क़दम पीछे कर लेता।

एक दिन नाथ माँ की चारपाई की तरफ़ बढ़ ही रहा था कि अचानक पिताजी घर के अंदर आ गए।

नाथ की चोरी पकड़ी गई। घबराकर पिताजी ने जोर से मासूम के गाल पर थप्पड़ दे मारा और गुस्से से उसे खींचते हुए कमरे में ले गए।

पिताजी चिल्लाए, "काका, तैन्नू कीन्नी बार दसया ऐय..ओथ्थे नी जाणा. .तू सुनदा क्यों नी।"

नाथ के पिता की गुस्से भरी आवाज़ पूरे घर में गूँज उठी। नाथ काँप गया और रोने लगा। दादी बुआ ने आकर जल्दी से रोते हुए नाथ को गोद में उठा लिया और उसके पिता को शांत करने की कोशिश की, "शिव दयाल, पुत्तर, गुस्सा नी करिदा..बच्चा ऐ..अपनी माँ कोल जाणा चाइन्दा एय।"

शिव दयाल हताश से थे, "पुआजी, तुस्सी दस्सों मैं किथ्थे जावाँ..डॉक्टर कइंदा ऐ 'जयदेवी' नू छूत दी बमारी एय ...नाथ नू वी ऐ बमारी लग गई ते? मैं कि करांगा...ऐ मुंडा समज्दा नी मेरी गाल्ल नू? मैन्नू वी किथ्थे चंगा लगदा ऐ छोटे जय बाल ते हाथ चकना?"

उधर नाथ की परेशान हुई माँ के मुँह से रोते हुए निकला, "हे रब्बा.. मैन्नू ठीक कर दे या फेर चक लै..अपने पुत्तर नू रुलदा नईयों वेखया जाँदा हुन।"

माँ और बेटे की तकलीफ़ को देखकर दादी बुआ का दिल दहल गया। उन्होंने मासूम बच्चे को कसकर छाती से चिपका लिया। नाथ के सीने में दबा दर्द सिसकियाँ बन चुका था। बुआ ने सिसकियों को महसूस किया। उन्होंने नाथ पर अपनी पकड़ और भी मज़बूत कर ली और उसे लाड से पुचकारने लगीं, "बस मेरा पुत्तर..चल मैं तैन्नु चिज्जी देवां।"

जिस बच्चे की आँखें आँसुओं से भरी थीं अब चिज्जी का नाम सुनते ही उसके होंठों पर मुस्कुराहट आ गई।

नाथ के चेहरे पर आँसुओं और मुस्कुराहट की जुगलबंदी देख बुआ की अपनी आँखों से आँसू अनायास बहने लगे, जिन्हें उन्होंने बहने दिया। पर हाँ, अपने दुपट्टे के एक कोने से बुआ ने नाथ के आँसू ज़रूर पोंछ डाले। ताकि वे कुछ पल उस मासूम की मुस्कुराहट, उसकी खुशी को महसूस कर सकें।

उस रात सोते वक़्त पिताजी ने नन्हें नाथ को अपनी छाती पर लिटाया। उनके दोनों हाथ उसकी पीठ सहलाते रहे। मानों दिन में बच्चे को मारे अपने थप्पड़ का अफ़सोस जता रहे हों। पर उन्हें कहाँ ख़बर थी कि नाथ तो उस थप्पड़ के दर्द को भूल भी चुका था।

कहते हैं न, बच्चा भगवान का रूप होता है। भगवान की तरह वह भी बहुत देर तक रूठा नहीं रह सकता।

पिताजी ने प्यार से नाथ के बालों में उँगलियाँ फेरते हुए कहा कि वे जो भी कर रहे हैं उसकी भलाई के लिए ही कर रहे हैं। उसकी माँ की बीमारी कहीं उसे भी न हो जाए, इसकी चिंता उन्हें हर वक़्त रहती है।

उस उम्र में तो नाथ के लिए पिता के कहे शब्द सिर्फ़ एक पहेली जैसे थे। पर हाँ, जब अमरनाथ खुद एक पिता बने तब उन्हें एहसास हुआ कि बचपन में उन्हें लेकर उनके पिताजी की चिंता कितनी स्वाभाविक थी।

पत्नी और पुत्र की चिंता में नाथ के पिता के लिए ज़रूर हर दिन तनाव भरा रहता पर नाथ बच्चा था, उसके लिए तो जहाँ रात गई वहीं बात भी गई। अगली सुबह नाथ फिर से चहकने लगता।

नाथ को हँसता–खेलता देख उसकी माँ को भी सुकून मिलता। माँ मन ही मन गीत गुनगुनाने लगतीं। उनके हाथ की उँगलियाँ चारपाई के पाए(चारपाई का पाँव) पर लय के साथ ऐसे थपथपातीं मानों वे अपने मन में चल रहे गीत को ताल दे रही हों। ऐसे कई क्षणों में कभी–कभी दूर से नाथ भी माँ की उँगलियों को लयबद्ध ढंग में हिलते हुए देखता।

माँ की बीमारी के चलते नन्हें नाथ का बचपन यूँ ही उदासी ओढ़े रहता पर जब उसके नाना, जिन्हें वो लाला जी कहकर बुलाता था, मिलने आ जाते तब उसे लगता जैसे घर में कोई त्योहार चल रहा हो।

नाथ के नाना जी झंग के पास स्थित शहर 'लायलपुर' में रहते थे। नाथ की माँ नाना जी की इकलौती संतान थीं। बेटी की बीमारी की ख़बर ने उन्हें हताश कर दिया था। वे हर दस–पंद्रह दिनों में आकर बेटी, नाती और दामाद का हालचाल पूछ लिया करते थे।

नाना जी जब भी आते अपना खाना–पानी साथ ही लाते थे, क्योंकि उन दिनों बेटी के घर का पानी तक नहीं पिया जाता था। पर नाथ की नज़र हमेशा उनके उस पिटारे पर रहती जिसमें सिर्फ़ नाथ के लिए खिलौने और मिठाइयाँ भरी होतीं।

जब नाना जी एक–एक करके झोले में से सामान निकालकर नाथ को देते तब नाथ के चेहरे पर एक अनोखी चमक उभर आती। उसका उतावलापन देखकर दादी बुआ चैन की साँस लेतीं। वे दोनों हाथ जोड़कर ऊपरवाले को याद करके कहतीं, "तेरा शुकर है रब्बा..मेरे बच्चे दे चेरे ते रौनक ते दिखी।"

बस नन्हा नाथ अपने नए–नए खिलौनों के साथ खेलने में मस्त हो जाता। उसे देखकर नाना जी की आँखें भर आतीं और वे बुआ से अपने दिल का दर्द बाँटते, "पता नी...तकदीर विच कि लखा के ल्याया ई मुंडा..माँ दे नेड़े वी नईओं जा सकदा।"

नाथ का जब नए खिलौनों से खेलकर दिल भर जाता तब वह अपने नाना को ही खिलौना बना लेता था। कभी उनके कंधे पर सवारी करने की माँग करता, तो कभी उन्हें घोड़ा बना देता। नाना भी बच्चे के साथ बच्चे बन जाते।

फिर कुछ देर में थक कर मासूम नाथ अपने नाना की गोद में ही सो जाया करता।

नाती को सुलाने के बाद नाना अपनी बीमार बेटी की सेवा करते। अपने साथ लाए हुए अनारों की टोकरी खोलते, फिर अनारों को छीलते। अनार के दानों को साफ़ रुमाल में दबाकर जूस निकाल कर बेटी को देते, पर बेटी तो माँ भी थी। बेटे को पिलाए बिना कैसे खुद जूस पी लेती। तब पिता उससे वादा करते कि जैसे ही नाथ सोकर उठेगा वे उसे भी अपने हाथों से जूस पिलाएँगे।

एक–दो दिन ठहरने के बाद जब नाना जी अपने घर वापस जाने लगते तो छोटा नाथ रोने लगता, "लाल्ला जी तुस्सी न जाओ..." की रट लगा लेता।

एक बार तो नाथ ने ऐसी ज़िद पकड़ी कि नाना जी को उसे अपने साथ 'लायलपुर' ले आना पड़ा। लायलपुर के बाज़ार में छह फुट लंबे नाना जी ने दिनभर अपने नाती को कंधे पर बिठाकर घुमाया। नाती की खुशी भी सातवाँ आसमान छू रही थी। पर रात आते–आते नाती के तेवर कुछ बदलने से लगे।

जैसे ही रात हुई नाथ माँ को याद करके रोने लगा। नाना ने बहुत समझाया कि बेटा अभी सो जाओ सुबह होते ही माँ के पास चलेंगे पर नाथ ने एक न सुनी।

नाना बेचारे बच्चे का रोना देख घबरा गए। फिर क्या था! उन्हें आधी रात को ही बच्चे को लेकर वापस झंग के लिए रवाना होना पड़ा। ऐसा था, नाथ का अपनी माँ के लिए प्यार।

फिर एक सुबह ऐसी भी आई जब नाथ सोकर उठा तो उसे घर पर रोने–चिल्लाने की आवाज़ें सुनाई दीं। घर पर लगी लोगों की भीड़ और आवाज़ें सुनकर, बिना कोई कारण जाने नाथ भी रोने लगा। दादी बुआ ने जल्दी से पिछले दरवाज़े से उसे पड़ोसी के घर भिजवा दिया।

कुछ घंटे बाद जब नाथ को घर वापस लाया गया तो माँ की चारपाई खाली देख वह घबराकर रोने लगा, "माँ कित्थे गई?"

नाथ भागकर रोते हुए हर कमरे में माँ को ढूँढ़ने लगा। अलमारी के अंदर, बिस्तर के नीचे, पर्दों के पीछे, हर उस जगह जहाँ तक उसकी पहुँच थी, पर उसे माँ कहीं नहीं मिली।

नाथ जाकर माँ की चारपाई पर लेट गया। रोते–रोते उसके हाथ चारपाई की बाण(सुतली) पर फिरने लगे। अचानक नाथ को उस बाण में से अद्भुत से स्वर सुनाई देने लगे। उसने दोबारा सुतलियों को उँगलियों से छेड़ा, फिर वही सुरीले स्वर! मासूम को उन स्वरों से ऐसा सुकून मिला जैसे माँ की गोद में लेटकर उनसे लोरी सुनने से मिलता था। फिर क्या था! नाथ की उँगलियाँ बिना रुके माँ की चारपाई की बाण के साथ खेलती रहीं ...हिलती सुतलियों से निकले स्वर उसको ऐसे सहलाते रहे कि कुछ ही देर में उस मासूम के आँसू गिरने भी बंद हो गए।

माँ की चारपाई से उपजे संगीत के स्वरों के साथ 'अमरनाथ' का यह पहला परिचय उनके लिए जीवनभर यादगार बना रहा।

उस अद्भुत सुरीले संगीत से मिले सुकून ने नाथ को लोरी बनकर कब सुला दिया उसे भी पता नहीं चला।

अगली सुबह जब नाथ की आँख खुली तो उसने अपने आपको कमरे के बिस्तर पर लेटा हुआ पाया। वह जल्दी से बरामदे की ओर भागा। शायद माँ की चारपाई पर लेटना चाहता था। पिछले दिन संगीत से हुए परिचय को फिर से महसूस करना चाहता था। पर यह क्या? अब माँ की वह चारपाई उसे कहीं नज़र ही नहीं आई।

नाथ विचलित हो उठा, पूरे घर में भागकर चारपाई को ढूँढ़ने लगा।

पर उसे न माँ दिखी और न ही माँ की चारपाई। नाथ जोर–जोर से रोने लगा।

पिताजी ने आकर उसे गोद में उठा लिया।

नाथ चिल्लाने लगा, "मेरी माँ किथ्थे गई..ओ...मँजी...मँजी किथ्थे गई?"

पिताजी ने नन्हें नाथ को अपनी छाती से चिपका लिया और बिलख–बिलख कर रोते हुए बोले, "रब कोल चली गई तेरी माँ ...कल्ले छड गई सान्नू।"

"किद्रे नी जा सकदी मेरी माँ, मेरी माँ दी मँजी??? माँ दी आवाज़ सुणी मैं.. मँजी विच।" नाथ रोते हुए बोला।

पिता असहाय से पुत्र की पीठ सहलाते रहे। कैसे समझाते उसे कि मरने वाले के बिस्तर और चारपाई को घर से बाहर कर दिया जाता है, ख़ासकर जब किसी व्यक्ति के प्राण बिस्तर पर ही निकल जाएँ।

माँ नहीं रहीं। उनके छोटे से जीवन का सफ़र हमेशा के लिए समाप्त हो गया था। ये थीं अमरनाथ की सबसे पुरानी यादें।

पर माँ के चले जाने के बाद भी नन्हें से नाथ ने अपनी 'माँ' से मिलन की उम्मीद नहीं छोड़ी। माँ की चारपाई से निकले संगीत को उसने हमेशा के लिए अपने अन्तर्मन में ऐसे बसा लिया मानों माँ ने अपने बेटे को संगीत और सुरों के हवाले कर दिया हो।

क्या सुरों के ज़रिए अपनी माँ के प्यार को फिर से पा सकेगा, नाथ?

मैं हूँ भागों की भूल,
मेरी दुनिया में धूल,
दूर खुशियाँ मेरी ज़िंदगी से।
मैं क्यूँ पैदा हुआ,
मुझसे क्या फ़ायदा
पूछ लूँगा किसी दिन उसी से।

2

एक भ्रम का टूटना

नन्हें नाथ के पास अब न माँ थी और न ही माँ की चारपाई। पर हाँ, अपनी माँ को महसूस करने का एकमात्र ज़रिया अभी भी था उसके पास; मंत्रमुग्ध करने वाले वे स्वर जो उसे माँ की चारपाई की बाण को अनजाने में छेड़ते वक़्त सुनाई दिए थे। सहमा सा नाथ माँ को याद करने के लिए अकेले घर के किसी कोने में बैठ जाता और उन स्वरों को याद करता। धीरे–धीरे मासूम नाथ उन स्वरों को केवल याद ही नहीं करता, बल्कि उन ध्वनियों के कंपन को अपने शरीर के हर अंग में महसूस भी करने लगा था।

अमरनाथ जब भी अपने बचपन को याद करते, चारपाई से निकले उन विचित्र स्वरों का ज़िक्र वे ज़रूर किया करते थे। इतने बरसों बाद भी उन अद्‌भुत स्वरों को याद करके उनका शरीर और अंतरात्मा, दोनों पुलकित हो उठते थे।

सोचा जाए तो कितना विचित्र था एक चार साल के बच्चे का स्वरों के साथ इस प्रकार का आत्मिक लगाव हो जाना। पर कहते हैं न 'होनहार विद्वान के होत चिकने पात'। जो बालक बड़ा होकर सुरों का सम्राट बनने वाला था उसका छुटपन से ही सुरों के साथ अनोखे अनुभवों को महसूस करना एक अलौकिक प्रक्रिया का ही एक अंग था।

जैसे–जैसे समय बीतता गया नाथ के स्वभाव और व्यक्तित्व में ऐसे अद्‌भुत गुण दिखने लगे जिनसे अनुमान लगाया जा सकता है कि वह एक साधारण बच्चा तो नहीं था।

माँ के निधन के बाद नाथ के दिन उसकी दादी बुआ और पिता की देखरेख में बीतने लगे। हालाँकि दादी बुआ नाथ की माताजी जयदेवी की बीमारी की ख़बर सुनकर उसका हालचाल जानने ही आई थीं पर उन हालातों में छोटे से नाथ का ध्यान कौन रखता? इस ख़याल से वे वहीं रुक गई थीं।

जयदेवी के निधन के बाद तो उनकी हिम्मत ही नहीं हुई कि वे शिव दयाल और नाथ को यूँ अकेला छोड़कर अपने घर जा सकें।

बेटी की मौत के बाद नाथ के नाना जी भी एकदम टूट से गए थे। पर उन्हें अपने ग़म से ज़्यादा नाथ की चिंता थी। इसलिए अब वे तकरीबन हर हफ़्ते झंग आने लगे थे। एक दिन नाना जी ने नाथ को सांत्वना देते हुए कहा कि अब से उसके पिता ही उसकी माँ भी हैं। भोले नाथ ने नाना की बात पर भरोसा कर लिया और पिता में माँ को तलाशने लगा। नाथ के पिता भी पूरी कोशिश करते कि वे बेटे को इतना लाड–प्यार दें कि उसे माँ की कमी कभी महसूस ही ना हो।

धीरे–धीरे पिता और पुत्र के बीच घनिष्ठता बढ़ने लगी। नाथ को पिता के सीने पर सिर रखकर सोना और सोने से पहले ढेर सारी बातें करना अच्छा लगने लगता था। परन्तु साधारण बच्चों की तरह राजा–रानी के किस्से–कहानियाँ सुनने में नाथ को ज़रा भी दिलचस्पी नहीं थी। उसे तो अपने पिता के साथ बस अपनी माँ के बारे में ही बातें करना अच्छा लगता था। वह हर रात पिता से माँ के बारे में ढेरों सवाल करता।

"मेरी माँ नू खान्च कि भान्दा सी?"

"माँ नू केड़ा रंग चंगा लगदा सी?"

"मेरी माँ किन्नी उच्ची–लम्मी सी?

"मेरी माँ गोरी सी या काली?"

वगैरह, वगैरह।

कभी–कभी तो बेटे के ऐसे कई मासूम सवालों के सही जवाब पिताजी के पास होते भी नहीं थे। असमंजस में पड़े पिताजी उस वक़्त क्या करते? बस, बातों ही बातों में बच्चे का ध्यान किसी दूसरी ओर ले जाया करते थे; आख़िर नाथ भी बच्चा ही तो था, उस वक़्त वह भी बहक जाता था। पर

होश संभालने की उम्र में आकर अमरनाथ इस बारे में सोचकर विचलित ज़रूर हो उठते थे, कि आख़िर मैं अपनी माँ की पसंद–नापसंद किस से जानता? पिता के अलावा और कौन बताता मुझे कि मेरी माँ दिखने में कैसी थीं? कैसे कपड़े पहनती थीं? बातें कैसी करती थीं? क्या खाना पसंद था, उन्हें?

ख़ैर, उस ज़माने के आम हिंदुस्तानी पतियों की अपनी पत्नियों के प्रति लापरवाह प्रवृत्ति को समझते हुए अपनी इस असंतुष्टि के लिए अमरनाथ ने कभी अपने पिता को इतना कसूरवार भी नहीं माना। पर हाँ, वे वास्तविकता का विश्लेषण ज़रूर करते थे और अपनी माँ के व्यक्तित्व और स्वभाव को नमन करते हुए कहा करते थे कि "ऐसी महान त्याग की मूर्ति थीं मेरी माँ। अपने परिवार की हर पसंद–नापसंद का ख़याल रखती थीं पर अपनी पसंद–नापसंद की ख़बर पति तक को नहीं लगने दी।"

हालाँकि, अमरनाथ यह भी मानते थे कि अब ज़माना बदल गया है। उन दिनों की औरतें घर की चारदीवारी में ही अपना संसार देखती थीं। खुद की अवहेलना करके परिवार की सब ज़रूरतों को पूरा करने को ही अपना धर्म भी मानती थीं, चाहे इसमें उनकी अपनी जान तक चली जाए। पर उन्हें आज की महिलाओं पर गर्व महसूस होता था क्योंकि... वे ज़्यादा जागरूक और समझदार हैं, वे जानती हैं कि घर में औरत की भूमिका शरीर में रीढ़ की हड्डी के समान है इसलिए परिवार के साथ–साथ अपना भी ख़याल रखने में ही परिवार की भलाई है।

माँ के निधन के बाद नाथ के नाना जी अक्सर 'झंग' आकर उसे अपने घर 'लयालपुर' ले जाया करते थे।

अपने नाना जी के साथ बिताए पलों को याद करके अमरनाथ काफ़ी भावुक हो जाया करते थे। वे अपने नाना द्वारा पालन किए जाने वाले सदाव्रत की चर्चा बहुत गर्व से करते थे। उनके नाना की गिनती अपने ज़माने के रईसों में की जाती थी और वे कई दुकानों और मकानों के मालिक थे। उन सबसे आने वाले किराए ही नाना की आमदनी का ज़रिया था। अमरनाथ बताते थे कि उनके नाना रईस होने के साथ–साथ बहुत दानवीर व्यक्ति थे। आसपास के लोग उन्हें 'प्रभजी' कहकर संबोधित करते थे। नाना हफ़्ते में एक दिन सदाव्रत का पालन किया करते थे। उस दिन वे घर में भंडारा लगाते थे, सुबह से शाम तक घर का दरवाज़ा हर इंसान के लिए खुला रहता था,

कोई भी आकर भोजन कर सकता था। इतना ही नहीं, अतिथियों को खाना खिलाने के बाद नाना जी खुद उनके हाथ धुलवाते और अपने कंधे पर लटके तौलिये से उनके गीले हाथ भी पौंछवाते।

जब भी नन्हा नाथ ननिहाल में होता, नाना जी के साथ वह भी सदाव्रत में बहुत उत्साह से भाग लेता।

नाथ के जन्मदिन पर तो सदाव्रत में बनने वाले पकवानों की सूची और भी लंबी हो जाया करती थी। उस दिन नाना जी ख़ास नाथ के हाथों से खाना बँटवाते थे।

नाथ का जन्म सन् 1924 में 22 मार्च(चैत्र), शनिवार के दिन हुआ था। हिन्दू पंचांग में चैत्र महीने को नववर्ष का प्रारम्भ माना जाता है। इन दिनों सर्दी कम हो जाती है और मौसम सुहाना हो जाता है। बसंत ऋतु चरम पर होती है। छोटे बड़े पेड़–पौधों पर नए–नए हरे पत्ते और रंग–बिरंगे फूल आने लगते हैं।

इसी कारण प्रकृति से ख़ास लगाव रखने वाले अमरनाथ गर्व महसूस करते थे कि उनका जन्म उस वक़्त हुआ था जब कुदरत अपनी खूबसूरती की चरम सीमा पर झूम रही थी। वैसे भारतीय संगीत में भी बसंत ऋतु का एक महत्वपूर्ण स्थान है।

कभी–कभी तो लगता है कि सृष्टि ने भी बहुत सोच–विचार के बाद ही देश के महान भावी संगीतज्ञ 'पंडित अमरनाथ' को इस ख़ास मौके पर संसार में भेजा होगा।

नाना जी के बारे में सदाव्रत के अलावा एक और बात थी जो अमरनाथ की यादों में बसी रही। वह यह कि उनके नाना को पढ़ने का बहुत शौक था। अमरनाथ भावुक होकर बताया करते थे किस प्रकार बचपन में उनके नाना महापुरुषों और बड़े–बड़े साहित्यकारों की रचनाएँ किताबों से पढ़कर उन्हें सुनाया करते थे।

अपने नाना से कबीर, रहीम, मीरा और तुलसीदास की रचनाएँ सुनना नन्हें से नाथ को केवल अच्छा ही नहीं लगता था बल्कि पाँच–छह वर्ष की आयु में तो उसे उन रचनाओं में लिखे दोहे कंठस्थ भी हो गए थे।

अपने नाना से मिली किताबों को पढ़ने की सीख कि "पुत्तर, याद रखीं कताब्बाँ साड्डे सबतों चंगे मित्तर नें.." का अमरनाथ ने जीवनभर पालन किया और वास्तव में पुस्तकों को उन्होंने अपना सबसे प्रिय मित्र भी बना लिया।

अमरनाथ के लिए किताबों को पढ़ने के लिए भाषाएँ कभी सीमा नहीं बनीं। वक़्त के साथ अमरनाथ ने उर्दू, हिन्दी और अंग्रेज़ी सभी भाषाओं में अपने आपको निपुण बना लिया था और वह भी स्वयं अपने बलबूते पर।

हालाँकि, उस छोटी–सी उम्र में नाथ को अक्षरों की पहचान तक नहीं थी, पर फिर भी किताबों के पन्नों पर छपे चित्रों को देखकर ही उसे ज्ञात हो जाता था कि उसके लाला जी उसे कौन से लेखक की रचना सुना रहे होते थे।

एक दिन नाथ को नाना के घर पर वह हारमोनियम दिख गया जिसे उसकी माँ अपने बचपन में बजाया करती थीं। बस, फिर क्या था! नाथ अड़ गया कि उसे तो वही खिलौना चाहिए।

हालाँकि, अपनी इकलौती संतान की निशानी, वह हारमोनियम नाना जी के दिल के बहुत क़रीब था, पर इकलौता नाती नाथ भी उन्हें कुछ कम अज़ीज़ नहीं था। इसलिए नाना जी ने बिना झिझक बहुत चाव से न केवल वह हारमोनियम नाथ के हवाले कर दिया, बल्कि उसे उस पर सुर लगाने भी सिखाए। इतना ही नहीं, बल्कि जितने भी दिन नाथ वहाँ रहा उसके लालाजी उसे हारमोनियम बजाने का रियाज़ करवाते रहे।

नाथ के नाना को संगीत या वाद्यों की कुछ ज़्यादा जानकारी तो नहीं थी पर हाँ, उन्होंने अपनी बेटी को छुटपन में गाते–बजाते ज़रूर देखा और सुना था। इसलिए हारमोनियम पर थोड़ा बहुत हाथ चलाने भर का अंदाज़ा था उन्हें। बस, उसी की बदौलत उन्हें जितना भी ज्ञान था उन्होंने अपने नाती की झोली में डाल दिया।

बहुत जल्द नाथ ने अपने नन्हें से हाथ हारमोनियम पर चलाने सीख लिए और उसे इसमें मज़ा भी आने लगा। नाना जी हैरान हुए कि जिस उम्र में आम बच्चों को खिलौनों से खेलने में मज़ा आता है, उस उम्र में उनके नाती को हारमोनियम बजाकर कबीर, मीरा और रहीम के दोहे गाने में आनंद आने लगा था।

नाना जी ने लाड से नाथ को गले से लगाया और पुचकारते हुए कहा, "मेरा संत पुत्तर!"

नाना जी को विश्वास हो गया कि उनका नाती कोई साधारण मानव है ही नहीं। नाथ का उस हारमोनियम के साथ अपूर्व लगाव देखकर नाना जी भावुक होकर बोले, "काका, ऐ बाजा उन त्वाड़ा हो गया। पुत्तर, अपने नाल 'झंग' लै जाईं अपनी माँ दी इस निशानी नू।"

सुनकर नाथ की खुशी का तो ठिकाना ही नहीं रहा। एक पल के लिए उसे लगा जैसे माँ की निशानी नहीं बल्कि खुद उसकी 'जयदेवी' माँ ही उसे फिर से मिल गई हों।

लेकिन फिर दूसरे ही पल नाथ के चेहरे पर मायूसी छा गई। उसे चिंता हुई कि आख़िर वह उस हारमोनियम को झंग कैसे ले जाएगा? उसके पिताजी तो हमेशा की तरह साइकिल पर उसे लेने आएँगे। जब उसने अपनी यह शंका नाना जी के साथ बाँटी तो उन्होंने कुछ निराला ही हल निकाला जिसे सुनकर नाथ की चिंता एकदम दूर हो गई और खुशी फिर से उसके चेहरे पर लौट आई। नाना जी ने उससे कहा, "पुत्तर जी, मैं तांगा करा देवांगा ..तुस्सी चिंता न करो।"

बस, फिर क्या था। तांगे में नाथ, उसके पिता, साइकिल और हारमोनियम सही सलामत वापस झंग पहुँच गए।

जयदेवी को गए एक बरस बीत गया। भारी मन से उनकी बरसी मनाई गई। इस एक वर्ष में नाथ भी काफ़ी संभल चुका था। अब वह माँ के अपने साथ होने के एहसास को हारमोनियम से निकले सुरों में महसूस करने लगा था।

अमरनाथ के बचपन की यादों के पिटारे में एक और विचित्र अनुभव था जिसने जीवनभर उनके व्यक्तित्व पर गहरी छाप छोड़ी थी।

वह अनुभव था पाँच साल की उम्र से ही सुबह चार बजे 'प्रभात वेला' में उठने का। उन्हें याद था कि पहली बार उनकी नींद सुबह चार बजे घर के बाहर गली में फेरी लगाते सूफ़ी फ़क़ीरों की आवाज़ से खुली थी।

उस दिन सुबह–सुबह चार बजे कुछ अजीब–सा शोर सुनकर नाथ नींद से जाग गया। उसने जाकर कमरे की खिड़की से बाहर झाँका तो देखा, कुछ फ़क़ीरों की टोली ढोलकी और मंजीरे बजाते हुए 'अलख निरंजन' का गान करते हुए जा रही थी। शिवभक्तों की उस टोली ने नन्हें से नाथ को ऐसा मुग्ध किया कि वह उन्हें देखने के लिए भागकर घर की छत तक आ गया। मंत्रमुग्ध–सा नाथ फ़क़ीरों को तब तक देखता रहा जब तक कि वे उसकी आँखों से ओझल नहीं हो गए।

फिर यह सिलसिला यूँ ही चलता रहा। हर सुबह चार बजे फकीरों द्वारा गाए जाने वाले भजन को सुनकर नाथ उसे दिनभर गुनगुनाता रहता।

नाथ की दादी बुआ ने जब पहली बार नाथ को हारमोनियम पर भजन गाते हुए सुना तो उनकी हैरानी का ठिकाना ही नहीं रहा। वे सोच में पड़

गईं कि इतना छोटा–सा बच्चा कैसे इतने मीठे सुर में गा सकता है और वह भी बिना किसी तालीम के! बुआ की आँखें नम हो आईं।

फिर कुछ याद करके बुआ मुस्कुराईं। उन्होंने अपने आपको समझाया कि अगर वीर अभिमन्यु सुभद्रा के गर्भ में रहकर चक्रव्यूह भेदने की कला सीख सकता है, तो क्या उनके नाथ ने अपनी माँ के गर्भ में संगीत नहीं सीखा होगा?

फिर एक दिन दादी बुआ ने नन्हें नाथ को बताया, "पुत्तर, तेरी माँ वी ढोलनी सी..हीर ते बोत ई वदिया गांदी सीगी..उसदे गाये टप्पे ते बोल्लियाँ वी लोक्की बोत पसंद करदे सी।"

अमरनाथ गर्व से कहते थे कि अपनी दादी बुआ से उन्हें बचपन में मालूम हुआ कि उनकी 'जयदेवी' माँ का संगीत के साथ गहरा रिश्ता था, वे ढोलनी थीं। अपने स्वस्थ दिनों में माँ गाती थीं। यहाँ तक कि उनके गाए लोक–संगीत मोहल्ले में बहुत चर्चित भी थे। आस–पड़ोस और क़रीबी रिश्तेदारों के घरों में खुशी के मौकों पर संगीत गाने के लिए उनकी माँ को विशेष निमंत्रण दिया जाता था।

फ़िलहाल, दादी बुआ से सुनी माँ के ढोलनी होने की बात नाथ के अन्तर्मन में ऐसी घर कर गई कि वह अक्सर सपने में माँ को एक ढोलनी की परछाईं के रूप में देखने लगा। वह देखता एक ढोलनी जो खुले मैदान में 'हीर' गाते हुए अंधेरे में लुप्त हो जाती। नाथ माँ को पकड़ने की कोशिश में उनके पीछे भागता, पर उसके पिता पीछे से आकर ज़बरदस्ती उसे अपने साथ ले जाते। नाथ रोता और छटपटाता, उस खुले से मैदान में नाथ के रोने की आवाज़ गूँजती, "मैंन्नू माँ नाल जाणा ये..मैंन्नू माँ कोल जाणा ए।" और फिर नाथ की नींद खुल जाती। नाथ काँपते हाथों से अपने भीगे चेहरे को छूता और महसूस करता कि वह रोया ज़रूर सपने में था पर 'माँ से मिलन की ख़्वाइश' के मामले में हक़ीक़त और सपने में कोई ज़्यादा फ़र्क़ कहाँ था?

नाथ के जीवन में प्रभात के समय उठकर फ़क़ीरों के कीर्तन को सुनने की प्रक्रिया का सिलसिला आने वाले कुछ वर्षों तक यूँ ही चलता रहा। कुछ वर्षों के बाद अचानक फ़क़ीरों की प्रभात फेरी बंद हो गई।

शायद आज़ादी के आन्दोलनों के चलते फ़क़ीरों ने भी असुरक्षित महसूस किया होगा इसलिए पहाड़ों की ओर रुख़ कर लिया होगा। बहरहाल, फ़कीर

तो चले गए पर अमरनाथ की सुबह चार बजे उठने की आदत जीवनभर बनी रही। प्रभात वेला में उठकर संगीत का रियाज़ करना ताउम्र उनकी जीवनशैली का अहम हिस्सा बना रहा।

नाथ जब पाँच बरस का हुआ तो पिताजी ने उसे घर के पास बने सरकारी विद्यालय में दाखिल करवा दिया। हैरानी की बात तो यह हुई कि मोहल्ले में नाथ की उम्र के बाकी बच्चे स्कूल जाने के नाम से ही रोने लगे पर नाथ अनोखा बच्चा जो था। उसके उत्साह का तो ठिकाना ही नहीं था। नई वर्दी, नई किताबें, नया बस्ता, कलम, पानी की बोतल मिलने के ख़याल भर ने ही नाथ के उत्साह को चरम सीमा तक पहुँचा दिया।

अमरनाथ को याद था कि कैसे पहले दिन उनके पिता दफ़्तर जाते समय उन्हें अपनी साइकिल पर आगे बिठाकर पाठशाला तक छोड़ने गए थे। पिताजी को वहाँ आए अधिकतर बच्चे रोते हुए दिखे पर नाथ के चेहरे पर खुशी देखकर उन्हें अच्छा लग रहा था। हालाँकि पिताजी थोड़े मायूस भी थे क्योंकि उनके लिए विद्यालय के नियमानुसार पहले दिन अपने बच्चे के साथ उसकी कक्षा में जाकर बैठना संभव नहीं हो सका। पर वे भी हालात के हाथों मजबूर थे। उन दिनों उनके दफ़्तर में काम का बहुत ज़ोर था, जिसके चलते अंग्रेज़ अफ़सर ने उनकी छुट्टी की अर्ज़ी को रद्द कर दिया था।

अपनी अनुपस्थिति की कमी की पूर्ति करने के लिए जाते समय पिताजी ने नाथ के हाथ में एक आना थमाया और पुचकारते हुए कहा, "काक्का, अद्दी छुट्टी वेल्ले कुछ चंगा जया खा लईं।"

नाथ ने भी आस–पास खड़े बच्चों को दिखाते हुए बहुत गर्व से वे पैसे कलफ़ लगी अपनी नई कमीज़ की जेब में डाल दिए। बच्चों के चेहरे पर छाई मायूसियत को देखकर पहली बार नाथ को लगा कि जैसे वह वाकई बाकी बच्चों से ज़्यादा खुशक़िस्मत है।

नाथ को पाठशाला जाने और पढ़ाई करने में बहुत मज़ा आने लगा। उसकी बुद्धिमत्ता व कुछ नया सीखने की इच्छा और क्षमता देखकर उसके पिताजी और अध्यापक दंग रह गए। संगीत के प्रति नाथ का ख़ास रुझान देखकर अध्यापकों ने सुबह की सभा में प्रार्थना और राष्ट्रगान गाने वाले बच्चों के समूह में उसका चयन भी कर लिया।

नाथ की प्रज्ञा और अपार सूझबूझ ने एक बार फिर सिद्ध कर दिया कि वह साधारण से हटकर अति प्रतिभावान बच्चा था।

नाथ के पिताजी रोज़ाना सुबह उसे अपनी साइकिल पर बैठाकर पाठशाला छोड़ते हुए दफ़्तर निकल जाते। इत्तेफ़ाकन दोपहर को उनके दफ़्तर के लंच ब्रेक का समय और नाथ की पूरी छुट्टी होने का समय तक़रीबन आसपास ही था। इसलिए पिताजी के लिए नाथ को सुबह विद्यालय छोड़ने और फिर वापस घर लेकर आने के नित्यक्रम में कोई असुविधा भी नहीं होती थी। बल्कि इस क्रम के चलते पिता और पुत्र के बीच घनिष्ठता और भी बढ़ गई। रास्ते भर दोनों में ढेर सारी बातें होतीं। पिता के प्यार और लाड ने नाथ के जीवन में माँ की कमी काफ़ी हद तक पूरी कर दी थी। नन्हा नाथ अब पिता में ही अपनी माँ की ममता को महसूस करने लगा था।

नाथ के घर और पाठशाला के रास्ते में हीर–राँझा की कब्र स्थित थी, जो 'माई हीर की मज़ार' के नाम से प्रसिद्ध थी।

हर दोपहर मकबरे के बाहर लगी पर्यटकों की भारी भीड़ को देखकर नाथ उत्सुक हो जाता और वहाँ जाने के लिए ज़िद भी करता। फिर एक छुट्टी वाले दिन नाथ के पिताजी उसे मकबरा दिखाने ले ही गए।

"पीतई ऐ 'माई हीर' कि होन्दा ए?" मासूम से नाथ ने पिता से पूछा।

पिताजी दुविधा में पड़ गए कि इतने छोटे से बच्चे को कैसे 'इज्ज़त बीबी' उर्फ़ 'हीर' और राँझा की प्रेमकथा और आपबीती सुनाएँ। बस उस वक्त परिस्थिति को संभालते हुए उन्होंने भी सरसरी तौर पर कह दिया, "पुत्तर, माई हीर पूरे जग दी माँ यै...ऐथे उना दा मकबरा ऐई।"

उस वक़्त नाथ को मकबरे का अर्थ कितना समझ में आया होगा यह तो वही जाने। परंतु पिता द्वारा दिया 'माई हीर' का विवरण, कि वह पूरे जगत की माँ है, उसके मन में ऐसा घर कर गया कि उस दिन के बाद वह अक्सर 'माई हीर' के मकबरे पर जाने लगा, पहले अपने पिता या नाना के साथ और थोड़ा बड़ा हो जाने पर अकेले ही।

यहाँ यह कहना मुश्किल होगा कि क्या नाथ 'माई हीर' की तस्वीर में अपनी माँ की छवि को ढूँढ़ता था या फिर अपनी माँ को ही 'माई हीर' मानता था। इतना ही नहीं, माई हीर की मज़ार पर गाए जाने वाले सूफ़ी संगीत ने तो जैसे नाथ का मन ही मोह लिया था। उम्र कुछ और बड़ी होने पर नाथ के कई घंटे उस सूफ़ी संगीत को सुनते हुए कैसे बीत जाते थे इसकी ख़बर उसे खुद को भी नहीं रहती थी। अगर यह कहें कि अमरनाथ के व्यक्तित्व में सूफ़ियाना रुझान का जन्म भी माई हीर की मज़ार पर हुआ होगा तो इसमें शक़ की कोई गुंजाइश ही नहीं है।

जब से नाथ ने पाठशाला जाना शुरू किया उसका अपने नाना के घर आना–जाना कुछ घट सा गया था। नाना जी को जब भी नाती की याद आती, वे खुद उससे मिलने झंग चले आते। अपने नन्हें–मुन्ने नाथ की पढ़ाई के प्रति बेमिसाल लगन को देखकर नाना जी भावुक हो उठते। उनकी आंतरिक इच्छा थी कि नाथ जीवन में खूब पढ़ाई करे। अपने ज्ञान की वृद्धि के लिए उसको जीवन में कभी पैसे और पुस्तकों का अभाव महसूस न हो। पर नाना जी यह भी जानते थे कि नाथ के घर के आसपास कोई अच्छा पुस्तकालय नहीं था। उन्होंने नाथ के नाम झंग शहर में ही पुस्तकालय निर्माण के लिए एक ज़मीन का टुकड़ा भी खरीद लिया। उस वक़्त नाथ नाबालिग था इसलिए उसके बालिग होने तक उस ज़मीन का संरक्षक नाथ के पिता को बना दिया गया था।

नाथ की माँ को गुज़रे हुए एक बरस बीत चुका था। शिव दयाल बेटे के जीवन में माँ और पिता दोनों की भूमिका बखूबी निभाने की कोशिश कर रहे थे। पिता और पुत्र के रिश्ते में अटूट स्नेह और आत्मीयता भी बन चुकी थी। पर शिव दयाल पिता होने के साथ–साथ एक पुरुष भी तो थे। हर पुरुष की कुछ जैविक ज़रूरतें भी होती हैं; इस बात का एहसास परिवार के बुजुर्गों को था। शीघ्र ही परिजनों के बीच शिव दयाल का दूसरा विवाह करवाने के चर्चे होने लगे।

हालाँकि इस विषय पर नाथ के नाना जी और दादी बुआ को भी शिव दयाल के प्रति सहानुभूति थी पर उन्हें नाथ के भविष्य को लेकर भी चिंता थी। उन्हें चिंता थी कि शिव दयाल की दूसरी शादी का नाथ के जीवन पर क्या असर पड़ेगा?

"हे रब्बा, मेरे नाथ दा कि होवेगा? मैत्रई ते मैत्रई ही होंदी ए, जद पगवान राम वी कैकई दे पैंतरों तों न बच सके ते साड्डा मुंडा किवें बचेगा," दादी बुआ ने नाना जी के समक्ष अपनी चिंता व्यक्त की। यह कहते वक़्त दादी बुआ का गला भर आया।

"पैण जी, ओसत्रां ते कौसल्या वी बाक्की बच्चयां दी मैत्रई माँ सिगी फेर वी उस कदी अपने ते सौतेलेयां विच कोई पेद–पाव कित्ता? वैसे तुस्सी चिंता न करो। मैं सोच लेया ऐ, नाथ नू लायलपुर अपने नाल लै जावांगा।"

नाना जी ने दादी बुआ को दिलासा तो दे दिया कि वे नाती को अपने साथ ही ले जाएँगे पर जब उन्होंने शिव दयाल के सामने अपना यह प्रस्ताव

रखा तो शिव दयाल ने इसे मानने से बिलकुल ही इनकार कर दिया। वे किसी भी हाल में नाथ को अपने से दूर नहीं करना चाहते थे।

"मैं ते जयदेवी दी यादाँ नाल ही ज़िंदगी बिता लैवांगा। मैं ऐ व्या नाथ वास्ते ही करांगा मेरे तों वद के उसनू माँ दी लोड़ हैग्गी," शिव दयाल ने पुत्र के प्रति अपनी चिंता और स्नेह को ज़ाहिर किया। पुत्र के लिए शिव दयाल की भावनाओं को जानकर नाना जी को बेहद सुकून मिला और उन्होंने शिव दयाल की भावनाओं का सम्मान भी किया।

फिर एक दिन शिव दयाल का रिश्ता 15 वर्ष की लड़की 'लाजवंती' से तय कर दिया गया। लाजवंती, नाथ की माँ जयदेवी की दूर के रिश्ते की बहन थीं। उस वक़्त शिव दयाल की उम्र 28 वर्ष की थी। उन दिनों पति–पत्नी की उम्र में इतना फ़ासला एक आम बात थी। रिश्ता करवाने वालों को भी दोनों की उम्र में इतने अंतर का आभास तो था ही पर उन्हें विश्वास भी था कि लाजवंती जैसी निपुण तरुणी शिव दयाल की गृहस्थी की गाड़ी को सुचारु ढंग से चला लेंगी।

नन्हें नाथ को जब पता चला कि उसकी माँ आने वाली हैं तो उसकी खुशी का ठिकाना ही नहीं रहा। "रब ने छड़ दित्ता मेरी माँ नू, वापस आएगी माँ हून!" मासूम नाथ ने अचंभा दिखाते हुए अपनी दादी बुआ से पूछा।

"नई पुत्तर रब दे कोल जा के कोई वापस नईयों आन्दा, तेरी दूज्जी माँ आवेगी," कहते वक़्त दादी बुआ की आँखें भर आईं।

"दूज्जी माँ! पर माँ ते इक्को ई होन्दी ऐ," परेशान से नाथ ने दादी बुआ से पूछा।

"त्वाडी मैत्रई माँ आएगी पुत्तर जी," बुआ ने उदास से स्वर में जवाब दिया।

नाथ सोच में पड़ गया।

"मैं ऊनानूँ किवें बलावांगा?" नाथ ने जिज्ञासु होकर पूछा।

दादी बुआ पहले तो सोच में पड़ गईं फिर लाड से नाथ के सिर पर हाथ फेरते हुए बोलीं,

"तू ..माताई कईं उन्नानू पुत्तर। मैत्रई माँ नू ज़्यादा इज्ज़त देनी पैंदी ऐ।"

बुआ की बातें सुनकर नाथ थोड़ा असमंजस में पड़ गया। रात को सोते समय उसने अपने पिता के साथ, नई माँ के आने की ख़बर को लेकर अपने मन में उठीं सब बाल शंकाएँ बाँटीं।

पिता ने भी धैर्यपूर्वक उसके सारे सवालों के जवाब दिए। उसे विश्वास दिलाया कि अब फिर से उनके अच्छे दिन आने वाले हैं। नाथ को पिता के मुख से सुनकर बहुत अच्छा लगा कि 'लाजवंती माँ' उसे उसकी अपनी माँ के जैसे ही प्यार करेंगी, उसका उतना ही ख़याल रखेंगी जितना कि उसकी 'जयदेवी माँ' रखती थीं। नाथ मन ही मन उतावला हो गया कि बस अब तो उसे जल्दी लाजवंती माँ को घर लाना है।

फिर क्या था, मासूम नाथ एक अधूरे परिवार के फिर से मुकम्मल होने के सपने संजोने लगा। दादी बुआ घर की एकमात्र औरत थीं। इस नाते शिव दयाल की शादी के सब प्रबंध करने की ज़िम्मेदारी भी अब उनके कंधों पर आ गई।

दादी बुआ ने शिव दयाल से कहा कि उनकी बूढ़ी हड्डियों में अब इतनी ताक़त कहाँ बची है कि वे शादी–ब्याह जैसे बड़े अवसर की तैयारी अकेले ही निपटा सकें, इसलिए उसे अपने दफ़्तर से कुछ दिनों की छुट्टी ले लेनी चाहिए। शिव दयाल बुआ की चिंता समझते थे, उन्होंने बुआ की बात मान भी ली।

घर में ब्याह की तैयारियाँ शुरू हो गईं। हालाँकि शिव दयाल ने बुआ से साफ़ कह भी दिया था कि ब्याह के रीति–रिवाज़ और महोत्सव का स्तर सादा और छोटा रहना चाहिए; जो भी हो यह उनका दूसरा विवाह था। पर इस मामले में बुआ की सोच कुछ अलग थी, "काक्का, मनया कि त्वाडा दुज्जा ब्या एयई..लेकन पुत्तर जी लाजवंती दा ते पईला लगन होणा ऐ। तुस्सी समझो पुत्तर जी उस कुड़ी दे वी ते कुछ अपणे अरमान होणगे..थोड़ा बोत ते करना ई पएगा न।"

शिव दयाल को बुआ की बात तर्कसंगत लगी इसलिए अपनी सोच बदलते हुए वे शुभ काम के आयोजन में व्यस्त हो गए।

उन्होंने महसूस किया कि जयदेवी की बीमारी के चलते बहुत समय से घर की न तो पुताई कराई गई थी और न ही कोई सफ़ाई अभियान ही किया गया था, इसलिए सबसे पहले घर की साफ़–सफ़ाई, रंगाई–पुताई का कार्यक्रम शुरू किया गया।

बुआ ने सलाह दी कि शिव दयाल की पहली पत्नी 'जयदेवी' का सब सामान घर से हटा देना चाहिए। उनका मानना था कि कोई भी नई बहू ससुराल में आकर अपनी सौतन की निशानियाँ देखना पसंद नहीं करेगी, चाहे उसकी सौतन दुनिया में है या नहीं।

पहले तो शिव दयाल को बुआ का यह सुझाव अटपटा लगा, लेकिन फिर जब उन्होंने इस मुद्दे पर गहराई से चिंतन किया तब उन्हें एहसास हुआ कि हो सकता है खुद एक औरत होने के नाते बुआ औरतों की मनोस्थिति को उनसे बेहतर समझती हों। आख़िरकार, शिव दयाल ने बुआ की बात मान ली।

पहली पत्नी के समान को देखकर शिव दयाल का मन भर आया। उसके साथ बिताए मधुर पलों की यादों ने मानों उनके हाथ बाँध दिए हों। उनकी हिम्मत ही नहीं हो रही थी 'जयदेवी' की यादों को इस तरह घर से मिटा देने की।

बुआ ने उन्हें समझाया कि उनसे किसने कहा कि वे जयदेवी को दिल से भी निकाल दें। उन्हें तो बस नई पत्नी की भावनाओं को ध्यान में रखते हुए सिर्फ़ जयदेवी का सामान ही तो घर से हटाना है। शिव दयाल ने अपने दिल पर पत्थर रखकर किसी तरह सफ़ाई अभियान को आगे बढ़ाया।

जयदेवी के कपड़े निकालते समय शिव दयाल की नज़र एक शॉल पर पड़ी। काले रंग की उस शॉल पर सफ़ेद रंग के रेशमी धागे से खूबसूरत कश्मीरी कढ़ाई की हुई थी। उन्हें याद आया कि जयदेवी किस तरह कुछ ख़ास मौकों पर ही उस कीमती शॉल को पहना करती थीं। शिव दयाल को अपने बेटे का ध्यान आया कि उस बच्चे को भी अपनी माँ की कम से कम एक निशानी रखने का अधिकार तो होना चाहिए। शिव दयाल ने भावुकतापूर्ण उस शॉल को ख़ाकी लिफ़ाफ़े में डाल कर अलग रख दिया और प्रण लिया कि सही मौका आने पर नाथ को उसकी माँ की अमानत सौंप देंगे। फिर बरसों बाद उन्होंने ऐसा किया भी। 1947 के देश विभाजन के वक़्त, जब शिव दयाल को परिवार समेत पाकिस्तान छोड़कर हिंदुस्तान आना पड़ा, तब शिव दयाल ने वह काली शॉल अमरनाथ के हवाले कर दी थी। उस वक़्त अमरनाथ की उम्र 23 बरस की रही होगी।

"काक्का, त्वाडी माँ दी निशानी ऐ हुन तुस्सी संभालो इसनू," शिव दयाल ने अमरनाथ से कहा। उस वक़्त भावुक हुए अमरनाथ ने भी अपनी माँ की उस निशानी को जीवनभर अपने सीने से लगा कर रखा।

फ़िलहाल, भारी मन से ही सही पर शिव दयाल ने जैसे–तैसे जयदेवी के क़रीब–क़रीब हर सामान का निपटारा कर दिया था, पर जब बारी उसके हारमोनियम की आई तब तो मानों जैसे शिव दयाल का कलेजा ही फट गया। उन्हें एहसास था कि जयदेवी का वह हारमोनियम नाथ की जान था।

उन्हें चिंता हुई कि उस हारमोनियम को घर से कैसे हटाएँ? पर, अपनी होने वाली नई पत्नी को उस हारमोनियम की उपस्थिति से होने वाली मानसिक पीड़ा की कल्पना करके तो शिव दयाल और भी असमंजस में पड़ गए। उन्हें समझ में नहीं आ रहा था कि उस हारमोनियम से जुड़ी अपने पुत्र की वेदना के बारे में चिंता करें या फिर नई पत्नी की भावनाओं की।

शिव दयाल भलीभाँति जानते थे कि पाठशाला से घर आने के बाद नाथ को हारमोनियम के साथ प्रभात फेरी वाले साधुओं का गाया भजन गाने में कितना मज़ा आता था। उसी हारमोनियम को घर से हटाकर एक छोटी–सी जान का दिल कैसे दुखाऊँ, यही सोच–सोच कर शिव दयाल परेशान हो उठे, *उस छोटे से बच्चे को कैसे समझाऊँगा कि नई माँ को लाने से पहले, उसकी पहली माँ के सामान को घर से बाहर करना कितना ज़रूरी है।*

नाथ की दादी बुआ शिव दयाल की दुविधा को भाँप गईं। दादी बुआ ने शिवदयाल को दिलासा दिया, "पुत्तर, तू चिंता न कर काक्के नू मैं समझा लांगी।"

बुआ को उम्र का तजुर्बा था। वे मानती थीं कि किसी की भलाई के लिए कभी–कभी झूठ बोलने में कोई बुराई भी नहीं होती। उन्होंने सोचा कि कुछ ऐसा बहाना बनाना पड़ेगा ताकि नाथ का दिल भी न टूटे और शिव दयाल के आने वाले नवनिर्मित जीवन में शांति भी बनी रहे। ऐसा सच भी किस काम का जिससे एक मासूम बच्चे का दिल टूट जाए।

आख़िरकार, शिव दयाल ने नाथ को समझाने के मकसद से एक कहानी सोच ली और उन्होंने अपनी मृत पत्नी की उस आख़िरी निशानी हारमोनियम को भी घर से बाहर कर दिया।

शिव दयाल ने फिर पूरे घर का अच्छे से निरीक्षण करके तसल्ली भी कर ली कि कहीं घर में कुछ ऐसा तो नहीं बच गया जिसमें पहली पत्नी की यादें बसी हों?

अचानक से उनका ध्यान अपने कमरे की मेज़ पर पड़ी नाथ की तस्वीर पर गया। शिव दयाल की रूह काँप गई।

मेरा नाथ! जयदेवी दी सबतों वड्डी निशानी ते मेरा पुत्तर हैगा!

शिव दयाल के मन में अजीब से ख़याल आने लगे। उनके अन्तर्मन में द्वंद्व छिड़ गया,

तो क्या लाजवंती को मेरे नाथ से भी? नहीं, नहीं यह नहीं हो सकता, नाथ मेरा अंश है। मेरे जिगर का टुकड़ा है, वह। लाजवंती को

उसे अपनाना ही होगा, आख़िर नाथ उसे माँ कहकर बुलाएगा। पर वह मेरे नाथ की सौतेली माँ होगी! लेकिन माँ तो माँ ही होती है। सौतेली हो या सगी।

शिव दयाल के दिल और दिमाग में चल रही कश्मकश का ताना–बाना चल ही रहा था कि बुआ की आवाज़ उनके कानों में पड़ी, "पुत्तर जी, नाथ दे आन द टैम हो गया ये..स्कूलों लै आओ काक्के नूँ।"

थोड़ी देर में शिव दयाल नाथ को स्कूल से घर ले आए। नाथ आते ही रोज़ाना की तरह अपनी माँ की निशानी, उनके हारमोनियम के बटनों को दबाने के लिए भागकर कमरे में घुस गया। बिलकुल वैसे जैसे कि बच्चा स्कूल से आकर सीधा अपनी माँ से मिलने जाता है। पर यह क्या! उसे तो कहीं अपना हारमोनियम नज़र ही नहीं आया।

"मेरा बाजा? कित्थे गया?" नन्हा नाथ बिलखकर रोने लगा, "कित्थे गया, हारमोनियम मेरी माँ दा?"

शिव दयाल का चेहरा सफ़ेद पड़ गया। नाथ रोते–रोते पूरे घर में दौड़ते हुए हारमोनियम को ढूँढने लगा।

नाथ की दादी बुआ थाली में नाथ का सबसे पसंदीदा पकवान 'शक्कर वाला घी का परांठा' लेकर उसके पीछे दौड़ीं, "चल पुत्तर, पैल्लां रोटी खाईए। देख, मैं कि बनाया!"

"नईं, नई मैंन्नू कुछ नी खाणा। बस, मैंन्नू बाजा चाईदा अई।"

शिव दयाल को समझ में ही नहीं आ रहा था कि वे अपने बच्चे को क्या और कैसे कहें। उन्होंने मन में जो कहानी गढ़ी थी, वही सुना दी। उन्होंने नाथ को झूठ कहा कि उसका बाजा पुराना सा दिखता था इसलिए उसे पॉलिश करवाने के लिए दुकान पर भेज दिया है। भोले–भाले नाथ ने पिता के झूठ को सच मान लिया।

दादी बुआ नाथ का ध्यान बँटाने के लिए उसे गोद में उठाकर छत पर ले गईं।

फिर कुछ ही दिनों में घर पर शिव दयाल के ब्याह की रौनकें लग गईं और नाथ भी हारमोनियम के बारे में भूल गया। यह ही तो फ़र्क़ होता है बच्चों और बड़ों में। बच्चे ग़मों को बहुत समय तक याद नहीं रखते और आगे बढ़ जाते हैं, जबकि उम्र में बड़े लोग ग़मों को पकड़ कर ऐसे बैठ जाते हैं कि उनके सामने समय को घुटने टेकने पड़ जाते हैं।

ख़ैर, छुटके से नाथ के लिए तो यह समय मज़ेदार बन गया। शिव दयाल के क़रीबी और दूर–दराज़ के रिश्तेदार ब्याह से चार–छह दिन पहले ही आ गए। शिव दयाल के चचेरे भाई भी अपनी पत्नी और बेटे संग वहाँ पहुँच गए। उनका बेटा सदानंद उम्र में नाथ से कुछ वर्ष बड़ा था। दादी बुआ ने उसे नाथ से मिलवाया, "पुत्तर, ऐ तेरा भाप्पा यई।"

"भाप्पा! ओ कि होंदा ये?" नाथ ने आश्चर्य से पूछा।

बुआ ने समझाया कि बड़े भाई को 'भाप्पा जी' कहकर बुलाया जाता है। नाथ को अच्छा लगा यह सुनकर कि उसका कोई बड़ा भाई भी था। जल्दी ही दोनों चचेरे भाइयों में ऐसी घनिष्ठता हुई कि वे उम्रभर एक–दूसरे के गहरे मित्र बने रहे।

उस विवाह महोत्सव के दौरान सदानन्द नाथ को घर से बाहर खेलने–कूदने ले जाता। उसे कभी मिर्ची भरे कचालू खिलाता तो कभी भुनी शकरकंदी की चाट। चटपटे कचालू के तीखे मसाले से भले ही नाथ की आँखें लाल होकर सूज जातीं, पर उसे उन कचालुओं और शकरकंदी की ऐसी लत लगी कि आने वाले कई सालों तक शायद ही कोई ऐसा दिन बीता होगा जब नाथ ने चाट बेचने वाले की घंटी की आवाज़ को अनदेखा कर चाट न खाई हो।

फिर, नाथ के पिता के ब्याह का दिन भी आ गया। नए कपड़े, जूते, रुमाल और सिर पर गुलाबी पगड़ी पहनकर नाथ के उत्साह की तो कोई सीमा ही नहीं थी।

जब पहली बार नाथ ने नई माँ लाजवंती को देखा तो वह अपनी भावनाओं को रोक ही नहीं पाया। वह तुरंत जाकर हक़ से माँ की गोद में बैठ गया। नाथ बेसब्री से इंतज़ार करता रहा कि कब वह नई माँ का चेहरा देखेगा और कब उनकी बाँहें उसे अपने में समेटेंगी। नाथ सच में चाहता था वह जल्दी से माँ के गले में बाँहें डाले और उनकी छाती से चिपक जाए। पर ऐसा कुछ हुआ नहीं। मासूम नाथ के चेहरे पर आई मायूसी उसकी दादी बुआ से छिपी नहीं रही।

दादी बुआ ने 15–16 वर्षीया, लंबे से घूँघट में बैठी नई नवेली दुल्हन की बेचैनी को भी भाँप लिया और जल्दी से नाथ को उसकी गोद से उठा लिया।

"पुत्तर जी, त्वाड्डी माताई दा कुंगट बोत पारी अई। जाओ पुत्तर, तुस्सी अजे बार जाके कुछ खाओ पियो। कर जाके वेख लैणा उन्नानू," बुआ ने पुचकारते हुए नाथ को वहाँ से भेज दिया।

अगले दिन सुबह नाथ की लाजवंती माँ उसके घर आ गईं। दादी बुआ ने रीति–रिवाज़ों से उनका स्वागत किया। नाथ बहुत बेचैनी से अपनी नई माँ का चेहरा देखना चाहता था जिसके लिए उसको मुँह दिखाई की रस्म तक का इंतज़ार करना पड़ा।

नाथ को लगा अब उसका परिवार फिर से पूरा हो गया है। उसे भी अब मोहल्ले के बाकी बच्चों की तरह माँ और बाप दोनों का प्यार मिलेगा।

क्या वाकई अब नाथ को माँ और पिता का प्रेम मिल जाएगा?

अब तू ही रहीम, रहम कर,
तू ही करीम, करम कर।

मुझ पापी का पाप छुड़ाओ,
डूबत नईया पार लगाओ,
बैरी माझी मोहे देहों बोरी।

देस पराया लोग बिगाने,
बोल न समझें भाव न जाने,
मैं कहूँ प्रीत वो रीत बखाने,
तेरी रचना न पहचाने,
अब तू ही रहीम रहम कर।

संत भी दुखिया साध भी दुखिया,
जिस मानस पर किया भरोसा,
सोई मानस सबसे दुखिया,
तोहे छाँड नहीं कोई साँचा,
अब तू ही रहीम, रहम कर।

3

क्या नाथ हो गया अनाथ?

नाथ की नई माँ लाजवंती का घर में पहला दिन था। नाथ को समझ में नहीं आ रहा था कि वह अपने भीतर उमड़ी उमंग को कैसे व्यक्त करे। वह पूरे दिन नई माँ के कमरे में जाकर उनके आसपास फुदकता रहा। कभी वह माँ की कलाईयों पर पहनी लाल चूड़ियों (जिसे पंजाबी में चूड़ा कहा जाता है) से खेलता, तो कभी उनके माथे पर लटके सोने के टीके को छेड़ता और ढेरों सवाल भी करता, "ऐ कि हैगा? मैंन्नू भी चाईदा ए।"

लाजवंती भी बच्चों के जैसे उसके मासूम से सवालों पर खिलखिलाकर हँसकर जवाब देती, "तुस्सी ये नी पा सकदे, ये ते कुड़ियाँ ते जनानियाँ लई होंदा ए।"

पर नाथ की जिज्ञासा की कोई सीमा ही नहीं थी। लाजवंती के हर उत्तर की प्रतिक्रिया में नाथ एक और प्रश्न पूछ लेता।

इसी के चलते विवाह के लिए घर पर आए अतिथियों को अब विदा करने का समय भी आ गया था। हालाँकि दादी बुआ और शिव दयाल मेहमानों को भेंट में भाजी और अन्य उपहार सामग्री देकर उन्हें विदा करने में व्यस्त थे फिर भी आते–जाते जब भी उनकी नज़र नाथ और लाजवंती के बीच शुरू हो रही दोस्ती पर पड़ती तो वे दोनों मन ही मन ऊपर वाले का धन्यवाद करते।

जल्दी ही सब मेहमान चले गए और अब घर पर थे सिर्फ़ चार लोग, शिव दयाल, नाथ, लाजवंती और नाथ की दादी बुआ।

नाथ ने अभी जी भर के अपने नए परिवार से मिली खुशियों का पूरा आनंद उठाया भी नहीं था कि तभी उसके नए संजोये सपने टूट गए। मौका पाकर एक दिन दादी बुआ ने उससे कहा कि अब से वह अपने माता–पिता के साथ नहीं, बल्कि बुआ के कमरे में उनके साथ ही सोया करेगा। दादी बुआ की बात सुनकर नाथ को तो जैसे झटका लग गया। कहाँ तो वह सपने देख रहा था कि अब से वह हमेशा अपनी नई माँ और पिता के साथ ही सोया करेगा और कहाँ यह एक और सच्चाई उसे पता चली कि नई माँ तो दूर अब तो वह पहले जैसे अपने पिता के साथ भी नहीं सो सकता।

नाथ रोकर ज़िद करने लगा कि उसे तो बस नई माँ और पिता दोनों के साथ ही सोना है। उस वक़्त तो दादी बुआ ने उसे फुसलाकर किसी तरह मना लिया और मायूस–सा नाथ दादी बुआ के कमरे में सोने भी चला गया, पर उसे अपने पिता के साथ सोने की आदत पड़ चुकी थी इसलिए पिता को याद करके वह रात को काफ़ी देर तक रोता रहा।

अमरनाथ अक्सर कहा करते थे कि उन्हें याद ही नहीं कि बचपन में उस दिन के बाद उनका तकिया किसी रात भीगा न हो।

दादी बुआ को इस बात की समझ थी कि अब शिव दयाल नाथ को ज़्यादा वक़्त नहीं दे पाएँगे क्योंकि उसे अपने नवनिर्मित वैवाहिक जीवन की नींव भी बिछानी है। पर बुआ यह भी समझती थीं कि नन्हा–सा नाथ बहुत भावुक बच्चा है, जिसने कहने को तो चार वर्ष की उम्र में माँ को हमेशा के लिए खो दिया था लेकिन असल में तो माँ को हुए क्षय रोग के कारण उसे बहुत पहले ही माँ से अलग कर दिया गया था। उसके लिए तो अब पिता ही उसकी माँ भी बन चुके थे। ऐसे में कहीं नाथ को फिर से जीवन में शून्यता का आभास न होने लगे इसलिए उसकी दादी बुआ स्वयं नाथ के साथ ज़्यादा से ज़्यादा समय बितातीं। वे पूरी कोशिश करतीं कि नाथ का सब काम वे खुद ही करें ताकि लाजवंती पर भी उसके काम का कोई बोझ न पड़े।

इसी बीच लाजवंती भी पूरा प्रयास करतीं कि वे बुआ के मार्गदर्शन से अपनी नई गृहस्थी के तौर–तरीके जल्दी से सीख लें। वैसे लाजवंती के

काम–काज करने के सुव्यवस्थित तरीकों को देखकर बुआ न केवल प्रसन्न थीं बल्कि उन्हें विश्वास भी हो चला था कि अब शिव दयाल का पारिवारिक जीवन सुखमय बीतेगा।

बुआ के निश्चिंत हो जाने का एक और बड़ा कारण था नाथ और लाजवंती के बीच एक भोले से रिश्ते का पनपना। लाजवंती उस वक़्त नाथ से केवल तक़रीबन दस वर्ष ही बड़ी थीं। उनके व्यवहार में बच्चों जैसी चंचलता अभी भी बरकरार थी इसलिए नाथ का दोस्त बनकर स्टापू और साँप–सीढ़ी जैसे खेल खेलने में भी वह हिचकिचाती नहीं थीं।

नाथ को तो ऐसे पल याद भी नहीं थे कि कभी उसने अपनी सगी माँ के साथ इस तरह के खेलकूद किए हों। इसलिए नाथ भी यह जानकर बहुत खुश था कि माँ एक दोस्त भी बन सकती है।

अभी नाथ का जीवन पटरी पर चलने ही लगा था कि तभी किसी कारणवश उसकी दादी बुआ के परिवार से बुलावा आ गया। बुआ की बहू को बच्चा होने वाला था इसलिए जच्चा–बच्चा की देखरेख करने दादी बुआ को अपने घर वापस जाना पड़ा।

परंतु इतने लंबे अरसे साथ रहकर दादी बुआ को नाथ से काफ़ी लगाव भी हो गया था। अचानक उससे इस तरह बिछुड़ने के ख़याल से ही उनका दिल भर आया पर कहीं न कहीं अब उन्हें विश्वास भी था कि लाजवंती बहू नाथ को कभी अकेला महसूस नहीं होने देगी। इसी सकारात्मक विचार को साथ लिए दादी बुआ अपने घर को रवाना हो गईं।

दादी बुआ के चले जाने के बाद नाथ का दिन तो निकल जाता पर रात को अकेले कमरे में दादी बुआ की कमी उसे बेहद खलती। देर रात तक बुआ को याद करते–करते उसके आँसू तकिये को गीला कर जाते और फिर उसी गीले तकिये के गीलेपन से बचते हुए वह तकिये के किसी सूखे से किनारे पर सोने की कोशिश करता।

बुआ के चले जाने के बाद लाजवंती के कंधों पर घर के काम की पूरी ज़िम्मेदारी आ गई।

परिस्थिति की नाजुकता को भाँपते हुए शिव दयाल सतर्क हो गए और सोचने लगे कि कहीं नाथ का काम लाजवंती पर बोझ न बन जाए। उन्होंने नाथ को समझाया कि उसे स्कूल से आने के बाद घर के कामकाज में अपनी माँ का हाथ बँटाना चाहिए।

भोले से नाथ को पिता के मन में चल रही दुविधा का अंदाज़ा तो नहीं हुआ पर हाँ, उसने पिता के आदेश का बिना किसी अगर–मगर के निष्ठापूर्वक पालन करना शुरू कर दिया। कुछ ही समय में अपनी स्कूल यूनिफ़ॉर्म को धोने, सुखाने और इस्तरी करने में वह माहिर हो गया। धीरे–धीरे उसने माँ के लिए सुबह और शाम कोयले की अँगीठी सुलगाने की ज़िम्मेदारी भी ले ली।

जब नाथ ठीक शाम को चार बजे चाय बनाकर माता जी को पिलाता तो उनके मुँह से अनायास ही निकल जाया करता था, "मेरा राम पुत्तर!"

इसमें तो कोई दो राय नहीं कि अमरनाथ ताउम्र परिवार के राम पुत्र बने रहे।

अपनी पढ़ाई करने के साथ–साथ नाथ को माता जी की रसोई के कामकाज में मदद करने की आदत–सी पड़ गई और उसे मज़ा भी आता था। काम करते वक़्त माँ और बेटे में हँसी–मज़ाक जो चलता था।

अमरनाथ अक्सर ज़िक्र करते थे कि, "लाजवंती माँ एक सुघड़ गृहणी थीं। सुव्यवस्थित और अनुशासित तरीके से गृहस्थी चलाने में उनका कोई जवाब नहीं था। बचपन में घर के कामकाज में हाथ बँटाते हुए कब उनकी अच्छी आदतें मेरे अंदर बस गईं इसका अंदाज़ा मुझे खुद भी नहीं है।"

शायद बचपन में लिए इस प्रशिक्षण का ही नतीजा था कि अमरनाथ न केवल पाक कला में निपुण थे बल्कि घर गृहस्थी को चलाने के अनोखे अनुशासित तौर तरीकों में भी उनका कोई मुकाबला नहीं था। अमरनाथ की दिनचर्या में इतना अनुशासन था कि उनकी रोज़मर्रा की गतिविधियों को देखकर आप अपनी घड़ी का समय मिला सकते थे।

पिताजी की नई गृहस्थी में लाजवंती माँ के साथ नाथ के दिन इसी तरह कट रहे थे। एक दिन लाजवंती हाथ में ऊन का गोला और सिलाइयाँ लिए स्वेटर बुन रही थीं। नाथ ने पहली बार ऐसा कुछ देखा था इसलिए उत्सुकता से पूछ लिया, "माताई, ऐ कि अई?"

"पुत्तर ऐ ऊन ते सलाईयाँ हैगियाँ, सर्दियाँ आन वालियाँ हैन, हुन स्वेटर ते बनाना पयेगा।"

लाजवंती माँ को स्वेटर बुनते देख नाथ दौड़कर पिता के पास गया। उसने हाँफ़ते हुए पिता से पूछा, "पितई, मेरी माँ 'जयदेवी माँ' वी स्वेटर बुनदे सीगे?"

शिव दयाल अख़बार पढ़ने में व्यस्त थे। उन्होंने बिना अख़बार से नज़रें उठाए नाथ को उत्तर दिया, "हाँ पुत्तर, बड़ी सयानी सी तेरी माँ। इन्नें सोने सोने स्वेटर बुनदी सी।"

जब तक शिव दयाल ने नाथ से और बातें करने के लिए अख़बार से अपनी नज़रें ऊपर उठाईं तब तक नाथ तो वहाँ से निकल गया था, पर लाजवंती सामने खड़ी थीं। शायद शिव दयाल के स्वेटर के लिए उनके कंधों का नाप लेने आई थीं। पर वे बेहद घबरा गए। उन्हें लगा ज़रूर लाजवंती को उनके मुँह से पहली पत्नी की तारीफ़ सुनकर ठेस पहुँची होगी। शिव दयाल ने तुरंत परिस्थिति को संभालते हुए लाजवंती को सफ़ाई देते हुए कहा, "मैं काक्के नू दस रेया सी तुस्सी बड़े वदिया स्वैटर बुनदे हो।"

लाजवंती शरमा कर मुस्कुरा दीं। देखकर शिव दयाल ने चैन की साँस ली।

नाथ इसी तरह किसी न किसी बात पर अपनी जयदेवी माँ को बहुत याद करता रहता था। हाँ, यह ज़रूर है कि माँ के हारमोनियम से जुदा हो जाने के बाद अब उसके उन्हें याद करने का ज़रिया कुछ बदल सा गया था।

हारमोनियम के स्थान पर अब कागज़ और कलम नाथ के संगी बन गए थे। वह कागज़ों पर काव्य रूप में मातृ प्रेम को व्यक्त करने लगा था। अध्यापक लोग नाथ की काव्य रचनाओं को बेहद पसंद तो करते ही थे पर साथ ही साथ इतनी छोटी उम्र में उसकी अपार कल्पना शक्ति और रचनात्मकता की प्रशंसा भी करते थे।

एक और शख़्स नाथ के इस गुण की सराहना बहुत गर्व से करते थे। वे थे नाथ के नाना जी।

हालाँकि शिव दयाल के विवाह के बाद नाथ के नाना ने झंग आना पहले से कुछ कम कर दिया था पर उनका अपने नाती के प्रति अभी भी असीम प्रेम था। जब भी उनका अपने नाती को मिलने का मन करता, वे नाथ की पसंद का ढेर सारा समान लेकर उससे मिलने चले आते। रात को अब भी बचपन की तरह नाथ उनसे लिपट कर ही सोता। नाना और नाती में देर रात तक खूब बातें होतीं। जब नाथ उन्हें अपनी लिखी काव्य रचनाएँ पढ़कर सुनाता, तब नाना जी अत्यंत भावुक हो जाते थे। उनकी यह भावना कि उनका नाती एक सामान्य बालक नहीं था और भी गहरी हो जाती।

एक बार इसी तरह नाना जी जब नाथ से मिलने झंग आए तो नाथ के गाल पर सूजन और लाली देखकर घबरा गए। उन्होंने मासूम नाती को छाती से लगाते हुए पूछा, "हय हय, ऐय कि होया पुत्तर?"

नाथ अपने छोटे से हाथ को गाल पर रखकर सहमा सा नाना जी को देखने लगा।

नाना जी ने दोबारा पूछा, "किसने मारया तैन्नू पुत्तर?"

"ओ...पितई.." नाथ की दोनों आँखों में आँसू थे।

नाना जी ने नाथ को गोदी में उठाया और अपनी छाती से लगा लिया।

नाथ का माथा चूमते हुए नाना जी ने तहकीकात करते हुए पूछा, "पुत्तर, तुस्सी कोई गल्त काम्म कित्ता सी?"

जब मासूम नाथ को खुद ही नहीं पता था कि वास्तव में उसकी गलती क्या थी तो फिर वह नाना जी को क्या बताता। नाथ की चुप्पी देखकर नाना जी और भी चिंतित हो गए।

"कि कित्ता सी तुस्सी? मैंन्नू दस्सो पुत्तर जी।"

"मैं...मैं पितई नू आख्या मैंन्नू दुज्जी माँ ल्या द्यो।"

भोले से नाथ के यह शब्द सुनकर नाना जी का सिर चकरा गया वे सोचने लगे *आख़िर बच्चे ने ऐसा क्यों कहा?* लाजवंती के साथ तो इसका काफ़ी लगाव हो गया है, फिर भला इसने ऐसा क्यों कहा होगा?

"न पुत्तर ...ये ते चंगा नई कित्ता। त्वाड्डी मात्ताई ते इन्नी चंगी ए...त्वानू प्यार वी करदी ये।"

नाथ ने मासूमियत से कहा, "लाल्लाजी, मैन्नू ते मात्ताई ने ई आख्या सी पित्तई नू कैन वास्ते, मैं कै दित्ता।"

"लेकन पता नई क्यूँ पितई गुस्सा ओ गए। मैन्नू ज़ोर दा चंडा मार दित्ता।"

नाना जी की आँखें भर आईं। नाथ का माथा चूमते हुए उनके मुँह से अनायास निकल गया, "जिस गल्ल दा डर सी ओईओ होन्दा प्या ऐ.. रब्बा मेरे बच्चे दी ख़ैर करे।"

वैसे आमतौर पर भारतीय परिवारों में बेटे की गलती पर पिता का डाँटना या थप्पड़ जड़ना एक छोटी–सी बात है। पर नाथ की स्थिति में पिता का उसे थप्पड़ मारना कोई आम बात नहीं थी। दरअसल, यह कहना मुश्किल है कि लाजवंती का मासूम नाथ को बार–बार सिखाना कि वह अपने पिता

से दूसरी माँ लाने के लिए ज़िद करे, लाजवंती का बचपना था या फिर वह परखना चाहती थीं कि शिव दयाल के मन में उनके लिए कितना प्रेम था। शिव दयाल के थप्पड़ से माँ को पति के प्रेम का सबूत तो मिल गया था तभी तो नाथ ने उस वक़्त माँ के चेहरे पर एक शरारत भरी मुस्कान देखी थी। हालाँकि उस उम्र में नाथ को उस मुस्कान का तात्पर्य समझ में नहीं आया पर कुछ सालों बाद जब उसने उस आपबीती घटना का विश्लेषण किया तो उसे एहसास हुआ कि राजनीति रिश्तों के बीच भी खेली जा सकती है, सौतेले रिश्तों के बीच तो यह राजनीति और भी सक्रिय रूप ले लेती है।

ख़ैर, उस दिन तो नाना जी से लाड–प्यार पाकर नन्हा नाथ पिता के थप्पड़ की बात को कुछ देर के लिए भूल गया था। पर उसके लिए उस घटना से मिला मानसिक ज़ख़्म इतना गहरा था कि अमरनाथ ताउम्र उसे भुला नहीं पाए। वैसे भी अमरनाथ जन्म से ही अत्यंत भावुक मिजाज़ के इंसान थे। दिल पर लगी बातों को आसानी से भुला नहीं पाते थे। इसलिए पिता से खाए उस थप्पड़ का ज़िक्र भी वे अक्सर बहुत दुःख से किया करते थे और मानते भी थे कि उस घटना ने जीवनभर के लिए उन के मन में रिश्तों को लेकर बहुत से प्रश्न चिह्न उत्पन्न कर दिए।

ख़ैर, उस थप्पड़ वाली घटना के पीछे का असली राज़ तो लाजवंती माँ ही जाने, पर यह ज़रूर है कि उस दिन से पिता और पुत्र के बीच फ़ासले बढ़ने लगे। पिता के साथ लड़याना तो दूर अब नाथ उनके सामने अपने मन की बात करने में भी कतराने लगा था। "कौन जाने किस बात पर वे थप्पड़ मार दें?"

अपनी पढ़ाई–लिखाई और घर के छोटे–मोटे काम निपटाकर नाथ अब ज़्यादातर अपने आप में व्यस्त रहने लगा। पर समय के साथ–साथ नाथ को अकेलापन भाने भी लगा। अकेले बैठकर वह घंटों चिंतन करता और अपने आप से ही बेइंतहा बातें भी करता।

किसे पता था कि दरअसल उस एकाकीपन रूपी कोख में एक भावी महान सर्जक और संगीतज्ञ पनपने लगा था। नाथ की बढ़ती कल्पना शक्ति और रचनात्मकता का प्रमाण उसकी रची कविताएँ और दोहे देने लगे। वह जब भी कुछ नया लिखता उसे अपने स्कूल के अध्यापकों को ज़रूर पढ़कर सुनाता था। वे सब नाथ की दिन–प्रतिदिन बढ़ती रचनात्मक शक्ति को देख कर दंग रह जाते।

फिर एक दिन उसके घर में छोटी बहन कृष्णा ने जन्म लिया। नाथ के जीवन में जैसे रौनक आ गई। वह मासूम सौतेले और सगे की परिभाषा कहाँ जानता था? बस छोटी बहन को बेहद प्यार करने लगा। बहन की किलकारियों ने उसके जीवन का सूनापन हटा दिया।

बहन से खेलना, उसकी देखरेख करना नाथ को बहुत भाने लगा। कृष्णा को गोद में लेकर पढ़ाई करना तो जैसे उसकी दिनचर्या का अहम हिस्सा ही बन गया था। बहन को सजाना, संवारना, उसके बालों में कंघी फेरना नाथ को बहुत अच्छा लगता।

छोटी बहन के प्रेम में मगन नाथ की काव्य रचनाओं में अब वात्सल्य रस की झलक भी मिलने लगी। यह कहना कठिन होगा कि नाथ बहन को माँ जैसा दुलार करता था या फिर बहन में ही माँ को देखने लगा था। आख़िर माँ ही तो थी जो नाथ के ज़ेहन में सदा बसी रहती थी। इसलिए जाने–अनजाने में उसके हर रिश्ते में किसी न किसी रूप में माँ तो झलकती ही थी।

ख़ैर, वजह जो भी हो, अमरनाथ जीवनभर छोटी बहन कृष्णा के साथ अपने रिश्ते को लेकर भावुक होकर कहा करते थे, "वह ईश्वर का वरदान बनकर आई थी मेरे जीवन में।"

भाई–बहन के प्यार ने नाथ के जीवन में खुशियाँ भर दी थीं। तभी कुछ ऐसा घटा जिसने फिर से उस मासूम को शोकग्रस्त कर दिया। एक दिन अचानक नाथ के नाना जी का निधन हो गया। नाथ के हाथ से मानों माँ की निशानी का आख़िरी छोर भी छूट गया।

नाना जी के परिवार में नाथ ही एकमात्र ऐसा सदस्य था जिसका उनके साथ ख़ून का रिश्ता था। अतः नाथ के हाथों ही नाना जी का दाह संस्कार करवाया गया। नाथ की उम्र उस वक़्त लगभग आठ वर्ष की थी। इस उम्र में श्मशान जाना और दाह संस्कार करना उसके लिए आसान नहीं रहा होगा।

अपने प्रिय नाना को चन्दन की चिता पर सोया देख नाथ का दिल दहल गया था। उन्हें मुखाग्नि देते वक़्त नाथ रो–रोकर बेहाल हो गया था।

नाथ के लिए नाना को खोने का ग़म कुछ वर्षों पहले माँ को खोने के ग़म से कम नहीं था। पर जब माँ का निधन हुआ था तब नाना जी ने संभाल लिया था उसे, पर अब किसके कंधे पर सिर रखकर रोता, मासूम नाथ?

भले ही पिता और पुत्र एक ही छत के नीचे रहते थे पर नाथ को कभी–कभी महसूस होता कि पिता से बात करने के लिए शायद अब उसे

माता जी से अनुमति लेनी होगी। नाना के दाह संस्कार के बाद नाथ के मासूम मन में जीवन और मृत्यु को लेकर ढेरों सवाल उत्पन्न होने लगे थे, *मृत्यु क्यों होती हैं? क्यों मृत्यु के बाद हमारे प्रियजनों को जला दिया जाता हैं? कितनी तकलीफ़, कितना दर्द होता होगा न उन्हें ?*

फिर एक दिन पिताजी को घर पर अकेला पाकर नाथ ने हिम्मत जुटाई और भोले भाव से पूछ ही लिया, "पितई, मेरी माँ नू वी ऐदाँ ई फुक्या सी?"

"आहो काक्के, मरण दे बाद हर बंदे दा दाह संस्कार ईवें ही होन्दा ऐए।" बहुत अरसे बाद नाथ को पिता के कहे इन शब्दों में फिर से माँ की ममता की झलक महसूस हुई। सहमे से नाथ के सिर पर प्यार से हाथ फेरते हुए शिव दयाल की आँखें नम हो आईं। पिता का यह रूप देख नाथ उनसे लिपटकर फूट–फूट कर रोया। ऐसा लगा मानों थप्पड़ कांड से मन में दबे हुए उसके गुबार को बाहर निकलने का मौका मिल गया हो। पिता ने भी उसे कस कर अपनी छाती से लगा लिया। नाथ के कानों में अपने नाना जी के कहे शब्द 'अब तेरा पिता ही तेरी माँ भी है' एक बार फिर से गूँज उठे।

नाथ के मन में फिर से पिता के लिए प्यार उमड़ पड़ा। बच्चों की इसी अबोधता और मासूमियत की खूबी को देखते हुए तो कहते हैं न 'बच्चे भगवान का रूप होते हैं।'

अपने पिता से मानव जीवन के सफ़र की सच्चाई जानकर मासूम–सा नाथ और भी डर गया था। उसका चिंतन और भी गहराइयाँ छूने लगा।

मेरी माँ भी लालाजी की तरह ही चिता पर जलाई गई होंगी, यह विचार उसे बेचैन कर रहा था। माँ को याद करते हुए उसकी रातें करवटें बदलते ही कटतीं। ऐसे में एक दिन सुबह अंगीठी सुलगाते वक़्त उसने जानबूझकर एक पल के लिए अपना हाथ जलते हुए कोयले पर रख दिया। शायद अपनी माँ को चिता पर हुई पीड़ा को वह स्वयं भी महसूस करना चाहता था।

नाथ का हाथ बुरी तरह से जल गया। उसके मुख से अनायास ही निकला, "ओ मेरी माँ!"

फिर काफ़ी दिनों तक नाथ बस माँ के बारे में ही सोच–सोच कर परेशान रहने लगा। वह मन ही मन कहता, *काश, कोई तो होता जो मुझे मेरी माँ के किस्से सुनाता।*

अक्सर जब हम किसी को याद करते हैं तो उस इंसान का चेहरा और आकृति हमारे ज़ेहन में घूमती है पर दुर्भाग्य से नाथ की यादों के पिटारे में

न तो माँ का चेहरा था और न ही उनकी कोई छवि। होती भी, कैसे? जब से नाथ ने होश संभाला था उसे अपनी माँ का चेहरा देखने का सौभाग्य मिला ही कहाँ था? उसे तो सिर्फ़ इतना याद था कि माँ बस एक आकृति के जैसे घर के आँगन में चारपाई पर लेटी रहती थीं। वह जब भी नन्हें पैरों से घिसटकर उनके पास जाने की कोशिश करता था माँ उसे पास आता देख अपना चेहरा दुपट्टे या चादर से ढक लेती थीं।

पर बचपन के मुक़ाबले अब नाथ समझदार हो गया था। भले ही उसको माँ का चेहरा याद नहीं था पर अब उसने माँ से रूबरू होने का एक अनोखा तरीका ढूँढ़ निकाला था। बरसों पहले माँ का दाह संस्कार जिस श्मशान घाट में किया गया था, नाथ को अब वहाँ पहुँचने का रास्ता पता चल गया था। वह अक्सर रविवार वाले दिन उस श्मशान घाट के बाहर जाकर बैठने लगा।

वहाँ बैठकर नाथ मन ही मन माँ से ढेरों बातें करके अपने अन्तर्मन को सुकून देता और वापसी में 'माई हीर की मज़ार' पर ज़रूर जाता था। बचपन से उसे बताया जो गया था कि "माई हीर" ही पूरे जगत की माँ थीं। मज़ार के बाहर बैठे सूफ़ी गायकों का संगीत सुनकर तो उसे लगता था जैसे माँ वाकई उसके रूबरू हो गई हों।

नाथ के दिन इसी तरह बीतने लगे। नाना जी को गए ग्यारह माह बीत गए। शिव दयाल ने नाथ के हाथों उनकी बरसी विधि–विधान से करवाई। नाना जी के घर का सामान गरीबों और ज़रूरतमंदों में बाँट दिया गया।

नाथ का क़िताबों के प्रति प्रेम देखकर शिव दयाल ने नाना जी की पुस्तकों का निजी संग्रह नाथ को सौंप दिया। नाना जी से बेहद प्रेम करने वाले नाथ को तो जैसे अपने नाना जी का अनमोल ख़ज़ाना ही मिल गया था।

वैसे भी क़िताबें पढ़कर ज्ञान बटोरना नाथ का शौक था। अपनी उम्र के बाकी बच्चों की तरह उसकी दिनचर्या में खेलकूद का कोई खास स्थान नहीं था। खेलने–कूदने के बजाय अपने खाली वक़्त में उसे चिंतन करना, कविताएँ व साहित्य पढ़ना, संगीत को सुनना और गुनगुनाना ज़्यादा सुहाता था।

इतनी छोटी–सी उम्र में ही उसने महान कवियों और साहित्यकारों की रचनाओं को न केवल पढ़ लिया था बल्कि उनसे मिली सीख को अपने जीवन में कैसे उतारना है इसका भी अभ्यास शुरू कर दिया था।

इस बीच शिव दयाल और लाजवंती की गृहस्थी में एक और संतान 'बेटे' ने भी जन्म ले लिया था। देश में अनिश्चित राजनीतिक माहौल के

चलते लाजवंती भी हर आम माँ के जैसे अक्सर अपने जन्में बच्चों के भविष्य को लेकर चिंतित रहतीं। उनके भविष्य को सुरक्षित करने की चाह में वे शिव दयाल के वेतन को किफ़ायत से खर्च करने की कोशिश में लगी रहतीं। अक्सर नाथ को सुनने को मिलता कि 'तू वड्डा प्रा यई..छोटेयां नूँ देणा तेरा फ़र्ज़ ऐ।' हालाँकि नाथ के अंदर त्याग भावना कुदरती कूट–कूट कर भरी थी और अपने से छोटों के प्रति तो उसका दिल बहुत ही बड़ा था। बिना किसी को जताए वह अपना फ़र्ज़ खुद ही पूरा करता था, ख़ासकर छोटे बहन और भाई के मामले में तो वह ज़्यादा ही भावुक था।

देखते ही देखते नाथ दस वर्ष का हो गया। नाथ के लिए उसका दसवाँ जन्मदिन बहुत ख़ास था। उस दिन उसकी पाँचवीं कक्षा का नतीजा जो निकलना था।

नाथ के मन में अपनी आगे की पढ़ाई को लेकर ढेरों सपने थे। वह हमेशा से प्राथमिक स्कूल पास करने के बाद हाई स्कूल और फिर उच्च शिक्षा के लिए यूनिवर्सिटी जाने के ख़्वाब देखता था।

उस दिन नाथ सुबह–सुबह मन में ख़ास उत्सुकता लिए स्कूल जाने के लिए तैयार हुआ। एक तो नतीजे की बेक़रारी और दूसरी जन्मदिन की। उसे लगा हर वर्ष के जन्मदिन की तरह उस दिन भी सुबह के नाश्ते में खाने को सूजी का हलवा तो ज़रूर मिलेगा। अक्सर ऐसे मौकों पर देसी घी में हल्की आँच पर सूजी भुनने की खुशबू आसपास के घरों तक भी पहुँच जाती थी। पर वह हैरान था कि उस दिन घर में हलवे की कोई खुशबू ही नहीं थी। और तो और, यहाँ तक कि पिताजी ने भी उसे हमेशा की तरह आकर जन्मदिन की मुबारक बाद तक नहीं दी।

नाथ को चिंता हुई क्योंकि और दिनों के जैसे पिताजी उस सुबह आँगन में भी नहीं दिखे। पर फिर उसे लगा शायद पिताजी भी सुबह–सुबह उसके साथ स्कूल जाने के लिए तैयार हो रहे होंगे। आख़िर हर साल वही तो नाथ को स्कूल लेकर उसका नतीजा देखने जाते आए हैं। नाथ जब तैयार होकर आँगन में आया तो भी सब कुछ सूना–सूना–सा लगा।

नाथ हैरान था कि पिताजी कहीं नज़र क्यों नहीं आ रहे। उतने में लाजवंती माँ ने चौके की खिड़की से कहा, "काक्का, आज कल्ले स्कूल जाओ। त्वाड़े पितई कुछ ज़रूरी काम्म लई कचहरी गए ने।"

माँ के बात करने के लहज़े को महसूस करके नाथ सहम सा गया। वह यह सोचकर मायूस भी हुआ कि उस दिन उसके नतीजे से ज़्यादा ज़रूरी पिताजी को आख़िर और क्या ज़रूरी काम हो सकता था!

"माताई अज ते मेरा रिजल्ट अइय..मैं स्कूल कल्ले जांवाँ?" नाथ ने हिचकिचाते हुए माँ से पूछा।

"नई नई काक्का तुस्सी पूरे मोहल्ले नू नाल ले जाओ," माँ ने चिढ़कर उत्तर दिया।

लाजवंती के बात करने के अंदाज़ से नाथ समझ गया कि ज़रूर कुछ तो गंभीर कारण है जिससे माता जी का मिजाज़ इतना गरमाया हुआ है।

नाथ माँ से पूछना तो चाहता था कि माताई मेरा हलवा किथ्थे हई? मेरा नया जोड़ा किथ्थे ने? पर माँ का मिजाज़ देख उसके ये सब प्रश्न मन में ही दब गए।

ऐसे में माँ उसे दही शक्कर खिलाकर स्कूल के लिए रवाना करेंगी, इसकी तो वह कल्पना भी नहीं कर सकता था।

नाथ बचपन से देखता आया था कि जब भी वह परीक्षा देने जाता था या उसका नतीजा लेने जाता था तो पिताजी हमेशा उसे दही शक्कर खिलाकर ही घर से जाने देते थे। नाथ उदास हुआ कि उस दिन उसके साथ ऐसा कोई शगुन नहीं किया गया। नाथ भावुक हो सोचने लगा कि इतने शुभ अवसर पर वह पिताजी का चेहरा भी नहीं देख पाया!

नाथ का अन्तर्मन दुःख से कराह उठा इस एहसास के साथ कि *क्या इतनी बड़ी दुनिया में कोई एक ऐसा नहीं था जो उसे उस दिन शुभकामनाएँ देता?* नाथ बहुत अकेला महसूस कर रहा था।

तभी उसके मन में विचार आया कि एक जगह है अभी, जहाँ से उसे शुभकामनाएँ ज़रूर मिलेंगी। नाथ ने अपनी साइकिल उठाई और तेज़ी से घर के बाहर निकल गया। कुछ देर बार नाथ श्मशान के बाहर खड़ा था। उसने अपने आँसू पोंछे और आँखें बंद करके अपनी माँ को याद किया, *ओ मेरी माँ*!

कुछ ही पलों में नाथ को वाकई महसूस हुआ कि उसकी माँ ने अपना आशीर्वाद उसे दे दिया है। बस फिर क्या था, एक मुस्कुराहट और सकारात्मक ऊर्जा को साथ लिए वह अपने स्कूल की ओर चल पड़ा।

उधर शिव दयाल कचहरी से लौटकर घर पहुँचे।

"कि काइन्दा है जी, वकील?" लाजवंती ने चिंतित स्वर में पूछा।

शिव दयाल उदासी भरे अंदाज़ में बोले, "अजे कुछ नी हो सकदा। नाथ जदों 18 साल दा होएगा..तदोईं कुछ हो सकदा ए।"

लाजवंती का उतरा हुआ चेहरा देखकर शिव दयाल ने उन्हें सांत्वना दी, "लाज्जो जी, मैं त्वाडी चिन्ता समजना ए, तुस्सी फ़िकर न करो, कुछ रब ते वी छड़ना चाईदा ए।"

पर लाजवंती की चिंता बरकरार रही।

"साल दो साल विच मेरे बच्चे वी ते वड्डे हो जाणगे। मुलक दा माहौल ते तुस्सी वी वेखया ऐ, कौन जाणे कल्ल कि होयेगा?"

"रब सब ठीक करेगा, लाजोजी! तुस्सी हुन नाथ दी पसंद दा कुछ चंगा जया खान नू चाड़ दयो। आज्ज मैं पैल्ली वार बच्चे नू जन्मदिन दी मुबारक तक नी दित्ति, नतिज्जा वेखन वी कल्ला ई गया ए," कहते–कहते शिव दयाल का गला भर आया।

वहाँ नाथ जब अपनी कक्षा में पहुँचा तो अध्यापक ने गर्व से नाथ की प्रशंसा करते हुए बताया कि नाथ का नतीजा न केवल अच्छा आया है बल्कि इतिहास और भूगोल में तो वह प्रथम भी आया है। सुनकर नाथ की खुशी का ठिकाना नहीं रहा। उसका हाई स्कूल जाने का सपना जो पूरा होने वाला था। इस गर्मजोशी के साथ नाथ बेहद खुश होकर घर पहुँचा।

लाजवंती माँ आँगन में तंदूर पर रोटियाँ सेक रही थीं। पिताजी वहीं दरी पर बैठे दोपहर का खाना खा रहे थे। बहन कृष्णा छोटे भाई ओम के साथ खेल रही थी।

पिताजी को दोपहर के वक़्त घर पर देख नाथ और भी खुश हुआ। अक्सर पिताजी सिर्फ़ रविवार या सरकारी छुट्टी वाले दिन ही दोपहर का खाना घर पर खाया करते थे। उसे याद आया कि माँ ने सुबह बताया था कि पिताजी को उस दिन कुछ काम था, उसने सोचा शायद इसलिए उन्होंने छुट्टी ली होगी।

नाथ ने खुशी से पिता को अपनी रिपोर्ट कार्ड दिखाई। पिताजी ने पढ़ते ही गर्व से माँ की तरफ देखते हुए कहा, "चंगे नंबर ल्याया ई?"

माँ ने गर्दन हिलाते हुए जानबूझकर पति की बात को जैसे अनसुना कर दिया हो। पत्नी की ठंडी सी प्रतिक्रिया के पीछे का असली कारण जानते हुए पिताजी थोड़ा सतर्क हो गए। उन्हें बेटे के इतने अच्छे नतीजे को लेकर

मन में उमड़ी गर्व और खुशी की भावनाओं को मजबूरन दबाना पड़ा। पर पिताजी की आँखों में ख़ुशी के आँसू तो आए। लेकिन उस वक़्त पत्नी के मिजाज़ की नज़ाकत को समझते हुए उन्होंने विषय को बदलना ही उचित विकल्प समझा।

"नाथ पुत्तर, आज तेरे जन्मदिन ते तेरी माताई ने 'काल्काँ' दी सब्ज़ी ते हलवा चाड़या ऐई, आओ रोटी खाओ।" पर नाथ के लिए उस वक़्त खाने से ज़्यादा महत्व आगे की पढ़ाई के बारे में पिता से बात करने का था।

अपने इतने अच्छे नतीजे के प्रति पिता की ठंडी–सी प्रतिक्रिया देखकर वह बेहद मायूस हुआ। कुछ पलों के लिए उसके मन में कुछ शंका भी उठी। इसीलिए पिता की रोटी खाने वाली बात को अनसुनी करते हुए उसने थोड़ा लाड़ दिखाते हुए कहा, "पितई, मैंन्नू हून वड्डे स्कूल्च जाणा ऐ, तुस्सी मेरा दाखला करा दयो।"

नाथ की बात सुनते ही पिताजी के मुँह में डाला हुआ रोटी का निवाला गले में ही फँस कर रह गया। वे जोर–जोर के खाँसने लगे।

माताजी ने पानी डालकर तंदूर की आग को बुझाया और नाराज़ सी अपने कमरे में चली गई।

मासूम नाथ की समझ में कुछ नहीं आया कि आख़िर माँ के उस बर्ताव के पीछे क्या कारण है? ख़ैर, उसने भोलेपन से पिता की खाँसी के दौरे को संभालने के लिए उन्हें पानी पिलाया और उनकी पीठ पर हाथ फेरने लगा। कुछ ही क्षणों में खाँसी थम गई। पिताजी ने इधर–उधर ऐतिहाती नज़रें घुमाईं। शायद निश्चित होना चाहते थे कि कहीं पत्नी जी तो आसपास में नहीं हैं। फिर अपने खाने की थाली में से एक कौर बनाकर नाथ के मुँह में डालते हुए धीमी आवाज़ में हिचकिचाते हुए कहा, "काक्का, हुन अग्गे पढ़न दी लोड़ कोई नी।"

सुनकर नाथ के तो जैसे पैरों के तले से ज़मीन ही निकल गई। उसे अपने कानों पर विश्वास ही नहीं हुआ। अभी–अभी पिताजी ने बड़े लाड़ से जो रोटी का निवाला उसके मुँह में डाला था वह अपने आप नाथ के गले से बाहर आ गया। अनायास नाथ की आँखों से आँसुओं की धारा बहने लगी।

"लेकन मेरे नंबर ते बोत चंगे ने पितई, मैंन्नू अग्गे होर पड़ाई करनी ऐ," नाथ ने पिता के सामने हाथ जोड़ते हुए कहा।

पिताजी घर में कोई बवाल नहीं चाहते थे। इसलिए वे चुपचाप बेटे का हाथ पकड़कर उसके कमरे में ले आए और उसे प्यार से समझाने लगे, "पुत्तर, ये कोई नई गल्ल नई हैग्गी, छोटे भैन भ्रावाँ लई वड्ड़ेयाँ नू कुर्बानी देनी पैंदी ऐय। तुस्सी पंजवीं तक पड़ लित्ता ऐ, हुन छोटेयां दी वारी यई। आखर इक बंदे दी तनखा विच गुज़ारा जो करना यई। त्वानू ते पत्ता ई, देश दा माहौल, कौन जाणे कल ऐ नौकरी वी रैन्दी ए जा नई?"

पिता का फ़ैसला सुनकर नाथ का दिमाग सुन्न हो चुका था। व्याकुलता के कारण उसका पूरा शरीर काँप रहा था। नाथ के स्थान पर कोई और बच्चा होता तो वह ज़िद करता, रो–रोकर इस वक़्त तक पूरे घर में तूफ़ान मचा देता और अपनी बात मनवा कर ही छोड़ता। पर वह नाथ था, वह तो आम बच्चों के जैसा था ही नहीं।

बचपन से उसने कभी किसी इच्छा को लेकर ज़िद की ही नहीं। अपनी माँ ज़िंदा होती तो साधारण बच्चों की तरह वह भी रूठता और ज़िद करता। माँ उसको मनाने के लिए किसी भी हद तक चली जातीं। पर नाथ का जीवन साधारण बच्चों जैसा नहीं था।

पिता की कही हर बात को सत्य वचन समझकर उसका पालन करना ही उसकी फ़ितरत थी।

वैसे उस वक़्त नाथ के पिता के लिए भी कोई आसान नहीं रहा होगा नाथ जैसे मेधावी और बुद्धिजीवी बेटे के भविष्य के साथ खिलवाड़ करना। लेकिन उन्हें पति धर्म का पालन भी करना था। वे समझते थे कि लाजवंती की अपने बच्चों को लेकर अनिश्चितता और चिंता भी अपने स्थान पर सही ही थी। आख़िर हर माँ अपने बच्चों के भविष्य को सुरक्षित करने का प्रयोजन करती है। शायद नाथ की सगी माँ भी ज़िंदा होतीं तो वे भी नाथ के भविष्य को सुनिश्चित करने की पूरी कोशिश करतीं।

नाथ को सिसकियाँ लेते देख पिताजी कुछ भावुक तो ज़रूर हुए, इसलिए कुछ सोचते हुए उसे सांत्वना देने के लिए उन्होंने कह दिया, "पुत्तर, गाणा बजाना सिख्खो, तैन्नू ते संगीत भान्दा वी ऐई।"

"पितई, मैंन्नू स्कूल वी ते भान्दा आई," नाथ गिड़गिड़ाया।

पिताजी के पास कुछ और कहने को था ही नहीं। वे असहाय से नाथ को बिलखता छोड़ बाहर चले गए। नाथ रातभर रोता रहा। उस रात उसे अपने नाना की कही दो बातें याद आईं। पहली यह कि "बेटा, मैं तेरे लिए इतनी

धन–संपत्ति छोड़ कर जाऊँगा कि तुझे कभी भी किसी तरह की आर्थिक कठिनाई का सामना नहीं करना पड़ेगा।" और दूसरी यह कि "बेटा, याद रखना अब तेरे पिता ही तेरे लिए माँ और बाप दोनों हैं।"

दस साल की उम्र में पहली बार नाथ को ऐसा लगा जैसे उसके नाना जी की कही दोनों ही बातें एक भ्रम था क्योंकि पैसे के अभाव में उसकी पढ़ाई छूट गई थी और पिता का माँ बनना तो दूर अब वे पहले की तरह सिर्फ़ उसके पिता भी नहीं थे।

छोटे से नाथ को लगा जैसे उसका अस्तित्व सिर्फ़ एक अनाथ जैसा ही है और उसका नाम 'अमरनाथ' भी एक भ्रम ही है।

क्या अमरनाथ का अनाथ होने का भ्रम कभी टूटेगा?

ख़्वाब यूँ बिखर गए,
ज्यों रेत पे अमृत गिरे।
गीत यूँ पिघल गये,
बर्फ़ जैसे गल चले,
वो ज़िंदगी के गीत,
ज़िंदगी को ही निगल गये।

4

माँ नहीं, गुरु में पिता मिले

अमरनाथ का स्कूल जाना तो बंद हो चुका था। पिता के इस कठोर निर्णय ने अमरनाथ को न केवल माँ की कमी फिर से महसूस करवा दी, बल्कि उन्हें तो जीवन में पिता की मौजूदगी होने पर भी संदेह हो चुका था इसलिए दुःखी मन से उन्होंने अपने आपको 'अमरनाथ' की बजाय 'अनाथ' तक कह दिया था।

हालाँकि उस वक़्त अमरनाथ की उम्र तक़रीबन दस बरस की थी, लेकिन एक असाधारण और प्रतिभाशाली बालक होने के कारण उनकी मानसिक आयु औसत से बहुत अधिक थी। यही कारण था कि उनमें विपरीत परिस्थितियों में भी सकारात्मकता के साथ जीने की विद्वत्ता थी, इसलिए उन्होंने इस परिस्थिति से उभरने और खुश रहने के विकल्प भी सोच लिए।

वे जानते थे कि उनका सिर्फ़ स्कूल जाना ही तो बंद हुआ था, पढ़ना और ज्ञान प्राप्त करना तो अभी भी उनके हाथ में ही है।

बचपन में अमरनाथ ने अपने नाना जी से एक सीख पाई थी कि "बेटा किताबें हमारी सबसे अच्छी मित्र होती हैं।" बस उसी को याद करके उन्होंने प्रण लिया कि "जो भी हो जाए पढ़ना कभी बंद नहीं करूँगा।" फिर क्या था? उन्होंने पड़ोस की बड़ी कक्षाओं से पास हो चुके छात्रों से उनकी पुरानी पाठ्य–पुस्तकें लेकर घर पर ही पढ़ना शुरू कर दिया।

काव्य रचना में तो बचपन से ही उनकी रुचि थी। बस, अब पढ़ना और अपने काल्पनिक विचारों को काव्यात्मक रूप में लिखना उनकी नई दिनचर्या का अहम हिस्सा बन गया। जिसका परिणाम यह हुआ कि बिना किसी पाठ्यक्रम व औपचारिक शिक्षा ग्रहण किए ही कुछ वर्षों में उन्होंने न केवल हिन्दी, उर्दू और अंग्रेज़ी भाषा में अपने आपको निपुण बना लिया, बल्कि अपने अति प्रिय विषयों इतिहास और भूगोल के क्षेत्र में भी पर्याप्त ज्ञान संचित कर लिया।

इस बीच, एक दिन पिताजी ने अमरनाथ को नया हारमोनियम भेंट किया। इस बात को लेकर घर पर विवाद भी छिड़ा क्योंकि उस समय के हिसाब से हारमोनियम की क़ीमत कुछ ज़्यादा ही थी। शिव दयाल ने अपनी उस महीने की तन्ख़्वाह का काफ़ी बड़ा हिस्सा उसे खरीदने में खर्च कर डाला था। शायद ऐसा करके वे अपने मेधावी बेटे का स्कूल बंद करवा देने के अपराधबोध से मुक्त होना चाहते थे।

प्यार से बेटे के सिर पर हाथ रखते हुए, भरे हुए गले से, उन्होंने लाड़ जताया, "लो पुत्तर जी, हुन तुस्सी गान बजान विच ध्यान लगाओ..।"

पिता के इस जज़्बे से अमरनाथ इतने खुश हुए कि पुराने गिले–शिकवों को एक पल में भुला दिया। इतना ही नहीं, उन्होंने तो मन ही मन उस पल को भी कोसा जब पढ़ाई छुड़वाने पर पिता से नाराज़ होकर उन्होंने अपने आपको अमरनाथ के बजाय अनाथ तक कह दिया था।

दरअसल, बचपन से ही अमरनाथ बेहद भावुक किस्म के व्यक्ति थे। 'मासूमियत' उनके व्यक्तित्व का ख़ास गुण था। किसी के प्रेम से बोले दो शब्दों से ही वे इतना खुश हो जाते थे कि अगली पिछली कड़वाहट पलभर में ही भुला देते थे।

हो सकता है, उस वक़्त उनके पिता ने संगीत की साधना करने की सलाह अपने अंदर चल रहे मानसिक संताप से मुक्ति पाने के लिए ही दी हो, पर अमरनाथ ने पिता की प्यार से दी हुई आज्ञा का इतनी गंभीरता से पालन किया कि संगीत को ही अपना पूरा जीवन समर्पित कर दिया। वैसे भी वे संगीत को 'माँ' का ही दर्जा देते थे। माँ ही तो थीं, जिन्होंने इस दुनिया से जाते–जाते स्वरों से उनका परिचय करवाया था। इसलिए उनके लिए शायद संगीत की सेवा करना ही एक ज़रिया था, माँ की उपस्थिति को हमेशा महसूस करने का।

इतने बरसों बाद फिर से हारमोनियम बजाकर अमरनाथ का मन गदगद हो गया, माँ की यादें फिर से ताज़ा हो गईं। उन्हें याद आ गया माँ का वह हारमोनियम, जो नाना जी ने माँ की निशानी कहकर उन्हें दिया था। कैसे बचपन में उन्हें उस हारमोनियम से गहरा लगाव हो गया था, जैसे कि वह माँ की निशानी नहीं बल्कि खुद माँ ही थीं, और फिर कैसे एक दिन वह हारमोनियम घर से बाहर कर दिया गया था। अमरनाथ नया हारमोनियम पाकर भावुक हो गए।

समय के साथ–साथ पिता का दिया तोहफ़ा, वह हारमोनियम, अब अमरनाथ की शख़्सियत का हिस्सा बन गया। बस, यहीं से आरंभ हो गया अमरनाथ का खुद से खुद को संगीत सिखाने का शुरुआती सफ़र।

अमरनाथ कहा करते थे कि उन्होंने संगीत सुन–सुनकर ही गाना शुरू किया था। उन पर अब्दुल क़रीम खान साहब की गायकी का बहुत असर पड़ा।

फ़िर एक दिन ऐसा भी आया जब अमरनाथ को झंग शहर के एकमात्र मंदिर के कीर्तनों में रामायण की चौपाइयाँ गाने के लिए बुलाया जाने लगा।

अमरनाथ जिस भावपूर्ण ढंग से रामायण की चौपाइयों को गाकर प्रस्तुत करते उसे सुनकर वहाँ उपस्थित बुजुर्ग महिलाओं के आँसू थमने का नाम नहीं लेते थे।

धीरे–धीरे न केवल किशोर बालक अमरनाथ की आवाज़ और गायन के चर्चे 'झंग' के कोने–कोने में होने लगे, बल्कि लगे हाथ उनकी सौतेली माँ 'लाजवंती' को भी शोहरत मिलने लगी। लोग जब भी लाजवंती माँ को बाज़ार में आते–जाते देखते तो उनकी फुसफुसाहट का सिलसिला शुरू हो जाता कि 'अमरनाथ इनका ही बेटा है।' कई महिलाएँ तो उत्सुकतापूर्वक उन्हें रोक कर इस बात की पुष्टि भी कर लेती थीं। ऐसे में लाजवंती माँ का सीना गर्व से फूल जाया करता था और उस दिन रात के खाने में वे अमरनाथ की दाल की कटोरी में एक चम्मच देसी घी डाल देतीं और गर्व से कहतीं, "ऐ ते मेरा राम पुत्तर अई..।"

लाजवंती माँ के गुरु स्वामी गुरुचरणदास जी, 'झंग' के उस एकमात्र मंदिर के महंत थे, गुरुचरणदास जी किशोर बालक अमरनाथ के गायन और रामायण की चौपाइयों के भाववाचक प्रस्तुतीकरण से इतने प्रभावित थे कि उन्होंने अमरनाथ को अपने आध्यात्मिक पुत्र के तौर पर गोद लेने तक के संकेत दे डाले थे। हालांकि परिवार ने ऐसा कुछ होने नहीं दिया पर वहीं से

अमरनाथ का उस महाकाव्य 'रामायण' के साथ एक ऐसा अनोखा भावात्मक रिश्ता जुड़ गया कि जीवन के अंतकाल तक जब भी कभी रामायण का ज़िक्र होता तो अमरनाथ की आँखों में अनायास ही भावुकता के आँसू आ जाते थे।

इस प्रकार के संस्कारों से जुड़ना, एक सच्चे कलाकार के जीवन के लिए विशेष महत्त्व रखता है। अमरनाथ ने तो चार–पाँच वर्ष की अवस्था से ही इन संस्कारों के साथ जुड़ना आरंभ कर दिया था; पहले प्रभात फेरी करते हुए 'जोगियों' के प्रति उनका आकर्षण, फिर माई हीर की मज़ार पर सूफ़ी गायकी से प्रभावित होना, मीरा की कविताओं से प्रेम करना और अब महाकाव्य 'रामायण' के प्रति उनकी आस्था और भावनाएँ। यह सब कड़ियाँ सांकेतिक हैं एक ऐसे उभरते हुए कलाकार की, जो अपने संस्कारों व साधना से संगीत को अंतर्मुखी बनाकर अध्यात्म से जोड़ने वाले थे। जो भविष्य में संगीतज्ञों के संगीतज्ञ के रूप में पहचाने जाने वाले थे।

कुछ ही वर्षों में अमरनाथ किशोर अवस्था को पार कर एक अत्यंत ही रूपवान और आकर्षक नवयुवक बन गए।

16 अक्तूबर 1942 को 18 वर्ष के नौजवान अमरनाथ का लाहौर रेडियो से पहला संगीत कार्यक्रम सुनवाया गया, जिसमें तीन आइटम प्रसारित हुए; 10 मिनट का यमन, पाँच मिनट का भजन और 15 मिनट का गौर मल्हार। लाहौर उन दिनों संस्कृति का केंद्र था। इस रेडियो प्रसारण ने उन्हें लाहौर के संगीत प्रेमियों के बीच लोकप्रिय बना दिया।

उस दिन अमरनाथ जैसे ही रेडियो स्टेशन से बाहर निकले, वहाँ खड़े कॉलेज के छात्रों के समूह ने उन्हें बाँहों में उठा लिया और कुछ ही देर में शहर के मशहूर कॉफ़ी हाउस में ले जाकर उनका शानदार अभिनंदन किया।

अभिनंदन करना तो बनता भी था। यह कोई छोटी बात नहीं थी। आख़िर उस ज़माने के रेडियो में गाने वाले तक़रीबन 16 दिग्गज गायकों, जिनमें पटियाला घराने के उस्ताद बड़े गुलाम अली खान साहब, और किराना घराने के उस्ताद अब्दुल वाहिद खान साहब जैसे महान कलाकार शामिल थे, के बीच अमरनाथ सबसे कम उम्र के गायक थे।

अमरनाथ ने कमाना शुरू कर दिया था। पहली कमाई लाजवंती माँ के हाथों में थमाई तो उन्होंने गर्व से बेटी कृष्णा को आदेश दिया, "कृष्णा पुत्तर भाप्पे दी दाल विच इक चम्मच घ्यो दा पा देईं..।"

शायद लाजवंती माँ का यह अपना ही तरीका था, अमरनाथ के खाने में ऊपर से घी डालकर उनके प्रति अपने लाड़ को व्यक्त करने का।

अमरनाथ के संगीत के सफ़र की इस शुरुआती उपलब्धि से कई वर्षों पूर्व ही उनके पिता शिव दयाल का तबादला हो जाने के कारण वे अपने परिवार सहित झंग से लाहौर शहर आकर बस गए थे।

पर झंग के साथ अभी भी अमरनाथ के बचपन की ढेरों यादें जुड़ी हुई थीं इसलिए जब भी मौका लगता वे झंग जाकर उन यादों को ताज़ा कर लेते। माई हीर की मज़ार और झंग के मरघट के दर्शन करके उन्हें ऐसा महसूस होता जैसे माँ के दर्शन कर लिए हों।

इस दौरान लाहौर शहर में अमरनाथ की दिनचर्या काफ़ी दिलचस्प थी। दिन की शुरुआत रियाज़ से होती थी, जिसके बाद वे दोस्तों के साथ सुबह की सैर करने निकल जाया करते थे। उनके दोस्त भी कोई साधारण नहीं थे, सब के सब बुद्धिजीवी और कला के क्षेत्र से जुड़े हुए थे। कोई भावी फ़िल्मकार, कोई भावी कवि, कोई लेखक तो कोई वामपंथी। जिनमें हिंदुस्तान के भावी अभिनेता बलराज साहनी, भावी फिल्म निर्माता अमर कुमार, विख्यात मार्क्सवादी तेजवर सामरी, और सितार वादक महमूद मिर्ज़ा जैसे तेजस नौजवान भी शामिल थे।

सर्दी के मौसम में सुबह–सुबह सब के सब नौजवान लंबे कोट या चमड़े की जैकेट पहन कर सैर किया करते, जिसके बाद उबले हुए अंडों को खाने का दौर चलता। अमरनाथ भी दो अंडे तो खा ही लिया करते थे पर साथ ही वे सबको हिदायत भी दे देते थे कि "मेरे घर पर किसी को न बताना," जिसका कारण यह था कि उनके घर पर शुद्ध शाकाहारी भोजन खाने की प्रथा थी। एक शांतिप्रिय शख़्सियत होने के नाते अमरनाथ इस खुलासे से घर का वातवरण खराब नहीं करना चाहते थे।

अंडे खाने के दौर के बाद सब नौजवानों के बीच देश की राजनीति, सिनेमा, शास्त्रीय व सूफ़ी संगीत, ड्रामा, पुस्तकें और ऐसे कई बौद्धिक विषयों व गतिविधियों पर चर्चाएँ होतीं, जिसमें शुद्ध उर्दू या उर्दूकृत हिन्दी भाषा का ही प्रयोग किया जाता था।

ताज्जुब की बात तो यह है कि सिर्फ़ पाँचवीं कक्षा तक स्कूल गए अमरनाथ, उस शिक्षित वर्ग के साथ न सिर्फ़ घुल–मिल गए थे बल्कि वे हर विषय की चर्चा पर भी खरे उतरते थे। इसमें कोई दो राय नहीं कि उनके

इस गौरवपूर्ण अवस्था तक पहुँचने का श्रेय उनके ही आत्मानुशासित जीवन और कड़ी मेहनत को जाता है।

पुस्तकें पढ़ने का शौक तो उन्हें बचपन में ही पड़ गया था, लाहौर आ जाने के बाद शायद ही कोई दिन ऐसा बीता होगा जब उन्होनें घंटो वहाँ के पुस्तकालय में बैठकर पढ़ा न हो, फिर चाहे वे पुस्तकें अंग्रेज़ी में लिखी हों, उर्दू या हिन्दी भाषा में, संगीत के ज्ञान को लेकर हों, साहित्यिक हों या उनके अन्य रुचिकर विषयों से संबंधित हों। उस ज़माने के अनेक हिन्दी और उर्दू के उत्कृष्ट लेखकों के अलावा अंग्रेज़ी भाषा के मिखाइल शोलोखोव (Mikhail Sholokhov) और जीन क्रिस्टोफ़े (Jean Christophe) भी उनके पसंदीदा लेखकों मे से थे।

पुस्तकें पढ़कर ज्ञान बढ़ाने के साथ–साथ अमरनाथ अपनी मित्र मंडली के साथ अच्छी फ़िल्में देखने का भी शौक रखते थे। एक बार बातों ही बातों में उन्होंने ज़िक्र भी किया कि 1945 में रिलीज़ हुई फ़िल्म *आम्रपाली* को उन्होंने 17 बार देखा था। सिर्फ़ हिन्दी सिनेमा ही नहीं हॉलीवुड की फ़िल्मों को भी वे शौक से देखते थे। अंग्रेज़ी फ़िल्मों में काम करने वाले उन दिनों के कलाकारों में से क्लार्क गेबल और ग्रेटा गार्बो उनके सबसे प्रिय सितारे थे।

अमरनाथ अपनी इस अवस्था को याद करते हुए अपने जीवन के सबसे सुंदर गीत की रचना की बात ज़रूर करते थे, जिसका मुखड़ा तो उन्होंने बीस साल से कम की उम्र में लिखा...

'हे री सजनी साँझ सलोनी आई,
कर कर सिंगार चलो पिया द्वार
चलो मन की आस अब लेहो पुजाई..'

पर उसका अंतरा कई दशकों बाद सूझा और लिखा गया, वह भी इंदौर से दिल्ली के सफ़र के दौरान रेल के प्रथम श्रेणी के एक डिब्बे में बैठे हुए, जिस वक़्त उनकी रेल छोटे से स्टेशन 'रतलाम' पर रुकी हुई थी।

'मीत मिलन के अकुलाने,
जुग बीतन लागे, जागे भाग सुहाग पुजाओ,
गाओ नित रंग राग,

तोरे मन की बात बन आई,
सजनी सांझ सलोनी आई।'

अमरनाथ जब भी अपनी इस अवस्था की पुरानी यादें ताज़ा करते तो यह किस्सा ज़रूर सुनाते थे कि कैसे उन्होंने अपने बचपन के मित्र ताजवर सामरी की कविता 'जीवन के सुहाने दिन सपनों की तरह बीते..' को सुरों में बाँधने की कोशिश की थी। किस प्रकार 'रसबिहाग' और 'बिहागड़ा' रागों में बँधकर उस कविता का ऐसा रंग निखरा था कि दूसरे मित्र ने उत्साहित होकर वादा ही कर डाला कि "यार अगर कभी मैंने फ़िल्म बनाई तो उसमें म्यूज़िक तुमसे ही दिलवाऊँगा.." और कई बरसों बाद उस मित्र ने ऐसा करके भी दिखा दिया। उस मित्र का नाम अमर कुमार था। विभाजन के बाद हिंदुस्तान आकर जब अमर कुमार ने अपनी पहली फ़िल्म *गरम कोट* बनाई तो उसका संगीत अमरनाथ से ही दिलवाया।

अमरनाथ एक आदर्श बेटे तो थे ही पर वे अपने छोटे पाँच बहन–भाइयों के प्रति भी ज़िम्मेदार भाई की भूमिका खूब निभाना जानते थे। जब वे घर पर होते तो अधिकतर रियाज़ करने में व्यस्त रहते। रियाज़ से उठते तो कमरे की खिड़की से झाँकते और छोटी बहन कृष्णा को अपनी सहेलियों के साथ स्टापू का खेल खेलते हुए पाते। बहन के साथ उनके लगाव का तो कहना ही क्या था! बस उसे जितवाने के लिए सब दाँवपेच सिखा डालते। कभी–कभी बहन को स्कूल से लेने भी चले जाया करते थे। आते वक़्त दोनों बहन–भाई सड़क पर खड़े खोमचे वालों से कचालू या शकरकंदी की चाट ज़रूर खाते, जिसके बाद मिर्ची के मारे दोनों की आँखों से पानी और कानों से धुआँ निकलने लगता। लेकिन दोनों के बीच में यह भी तय था कि घर पर माँ को मालूम नहीं चलना चाहिए कि बाहर क्या सब गंद–बला(जंक फूड) खाया है।

कुछेक ऐसे ही दिन अमरनाथ ने भावुक होते हुए बहन से वादा किया, "तुम जितना चाहे पढ़ना, मैं तुम्हारी पढ़ाई का हर खर्च उठाऊँगा। बस रुकना नहीं..स्कूल, कॉलेज... बस पढ़ते रहना...।" उन्होंने अपना यह वादा निभाया भी। वे कभी नहीं चाहते थे कि उनकी तरह उनकी बहन भी धन के अभाव के कारण औपचारिक शिक्षा पाने से वंचित रह जाए। वैसे तो उनकी बहन कृष्णा अपने भाप्पा जी से बचपन से ही बेहद प्यार करती थीं

पर उस दिन के बाद तो वह जैसे उनकी भक्त ही बन गईं। बीस–बाईस की उम्र तक तो वह यह भी नहीं जानती थीं कि अमरनाथ उनके सौतेले भाई हैं। अमरनाथ बहुत भावुक होकर बताते थे कि उनके जीवन में कृष्णा ईश्वर का उपहार बनकर आई थीं। जैसे ही वह सयानी हुईं तो एक माँ के जैसे उनका ख़याल भी रखने लगीं। सुबह स्कूल और फिर कॉलेज जाने से पहले अपने हाथों से उन्हें नाश्ता बनाकर देतीं। एक वक़्त तो ऐसा आया कि उन्होंने लाजवंती माँ से उनकी रसोई में अंडा बनाने की अनुमति भी ले ली। उन्हें मना लिया कि वह भाई के लिए नाश्ते में अंडे ही बनाएँगी, आख़िर उनकी सेहत और ज्ञान शक्ति का सवाल है। इतना ही नहीं, कृष्णा रात को अमरनाथ के घर आने का इंतज़ार करती रहतीं और उनके आने पर ताज़ी रोटियाँ बनाकर खिलाने के बाद ही सोने जातीं।

इन दोनों बहन–भाइयों के बारे में एक और दिलचस्प किस्सा भी मशहूर था। एक मर्तबा दोनों एक साथ टाइफ़ाइड से ग्रस्त हो गए। दोनों को अलग–अलग कमरे में रखा गया था और कई दिनों तक वे एक दूसरे को देख भी नहीं पाए थे। बहन छोटी और मासूम थी, उसे शंका हुई कि कहीं भाई को कुछ हो तो नहीं गया? इसी चिंता में एक दिन उसने रो–रोकर घर सिर पर उठा लिया। मजबूरन उसे कुर्सी पर बिठाकर पहली मंज़िल तक लाया गया, जहाँ अमरनाथ का कमरा था, वहाँ भाई को कमज़ोर पर ज़िंदा देखकर बहन ने चैन की साँस ली थी।

ऐसे कई उदाहरण हैं जो अमरनाथ की अपने छोटे भाई–बहनों के प्रति प्रेम और त्याग भावना को दर्शाते हैं, और यह सब भावनाएँ उनके स्वभाव में बचपन से ही थीं, और जीवन के अंत तक बनी रहीं।

पारिवारिक जीवन के सफ़र के साथ–साथ उनके संगीत का सफ़र भी गतिशील हो रहा था। उनके संगीत का जुनून उन्हें संगीत की छोटी–बड़ी सभाओं में खींचता था।

रेडियो से अपने पहले प्रसारण के कुछ महीनों बाद 1942 में ही उन्हें विष्णु दिगंबर जयंती में भी गाने का अवसर मिला। वहीं उन्होंने पहली बार किराना घराने के अनुयायी प्रोफ़ेसर बी.एन. दत्ता जी का गायन सुना। दत्ता जी के 'ललित' ने उन्हें इतना मोह लिया कि दूसरे ही दिन से उन्होंने आदरणीय दत्ता जी से संगीत की औपचारिक शिक्षा लेनी प्रारम्भ कर दी और उनका यह सिलसिला अगले पाँच वर्षों तक चला।

दत्ता जी के बारे में अमरनाथ कहा करते थे कि वे एक ऐसे महान प्रतिष्ठित आत्मा थे जिन्हें कुदरत ने दया, कोमलता, शालीनता जैसे सब गुणों से एक साथ नवाज़कर इस दुनिया में भेजा था।

दत्ता जी ने छोटी–सी उम्र में ही अपने पिता को खो दिया था जिससे उनके ऊपर सात बहनों को पालने की ज़िम्मेदारी आ पड़ी थी। परिवार की आर्थिक दशा कमज़ोर होने के कारण उनका पूरा दिन संगीत की ट्यूशन देने में ही निकल जाता। वे अपने घर में सुबह से रात तक बच्चों को संगीत सिखाते रहते। जीवन में जब भी दत्ता जी को याद करते तो अमरनाथ की आँखें नम हो जाती थीं, यह बताते हुए कि संगीत सीखते–सिखाते दत्ता जी के हारमोनियम के पटलों तक में गड्ढे पड़ चुके थे।

रात को जब सब शिष्य चले जाते थे तब जाकर वे अपना रियाज़ शुरू करते थे और देर रात तक अमरनाथ कभी उन्हें तानपूरे पर संगत देते तो कभी तबले पर ठेका। इन्हीं सब लम्हों के दौरान दोनों के बीच ऐसी आत्मीयता हुई कि दोनों एक दूसरे की ताक़त और पूरक ही बन गए। उन्हें लगने लगा कि वे दोनों एक दूसरे के बिना अधूरे हैं। दोनों एक भी दिन एक दूसरे को देखे बिना नहीं रह पाते थे।

इत्तेफ़ाक से एक दिन ऐसा हुआ कि घर के किसी निजी काम के चलते अमरनाथ दत्ता जी के यहाँ नहीं जा पाए। दत्ता जी पूरे दिन परेशान रहे और रात को जब उनसे रहा नहीं गया तब वे अमरनाथ के घर तक पहुँच गए और पहली मंज़िल(जहाँ अमरनाथ का कमरा था) की तरफ़ देखते हुए ज़ोर से चिल्लाए, "अमरनाथ नीचे आओ, कहाँ थे आज पूरा दिन?"

अमरनाथ को दत्ता जी के घर से लौटने में अक्सर काफ़ी रात हो जाया करती थी। तब तक घर पर सब सो जाते थे। कुछ सालों तक रात के खाने के नाम पर अमरनाथ रसोई में रखे उबले हुए आलू खाकर काम चला लेते थे।

दत्ता जी अमरनाथ की खुराक़ को लेकर हमेशा चिंतित रहते थे, "इतना रियाज़ करने के बाद सिर्फ़ उबले हुए आलू खाते हो!"

दूसरी ओर अमरनाथ भी दत्ता जी की सेहत को लेकर उतना ही परेशान रहते और हमेशा टोकते रहते, "आप कितना काम करेंगे? कभी तो रुककर साँस ले लिया करिए?"

आख़िरकार अमरनाथ ने जबरन अपने गुरु और दोस्त को राहत देने का उपाय सोच ही डाला। उन्होंने कुछ योजना बनाई और जल्दी ही उस पर

अमल भी किया। उन्हें पता था कि मेरी तरह मेरे गुरु को भी सिनेमा देखने का शौक है, ख़ासकर अंग्रेज़ी और क्लासिक सिनेमा का, इसलिए सप्ताह में एक दिन अमरनाथ दत्ता जी को सिनेमा देखने के लिए मनाते, दोनों मिलकर फ़िल्म देखने जाते, जिसके बाद दोनों बाहर खाना खाते और फिर संगीत के विषय में चर्चाएँ भी करते।

उन दिनों दत्ता जी अविवाहित ही थे। उनका विवाह देश–विभाजन के कहीं बाद दिल्ली में 40 वर्ष की उम्र में हुआ। हालाँकि उस ज़माने में इस उम्र तक लोग नाना या दादा बन जाते थे, पर दत्ता जी ने जब तक अपनी सभी बहनों की शादियाँ करके उनके घर बसवाये तब तक उनकी यह उम्र हो गई। वैसे तो 40 की उम्र में आकर ब्याह करने की न तो उनकी इच्छा थी और न ही कोई इरादा। पर सभी शिष्यों के दबाव डालने पर उन्हें आख़िर अपने बारे में भी सोचना पड़ा और वे घर बसाने के लिए मान ही गए।

गुरु के ब्याह पर, उनकी उम्र से काफ़ी छोटे और सबसे प्रिय शिष्य, अमरनाथ अपने दो बच्चों के साथ पहुँचे थे। अमरनाथ ने दत्ता जी को तोहफ़े के रूप में वीणा भेंट की थी। वे जानते थे कि गुरु के घर में वीणा के अतिरिक्त बाकी हर किस्म के वाद्ययंत्र मौजूद थे। ऐसा था गुरु और शिष्य का अनोखा–सा रिश्ता, ऐसा रिश्ता जो परिभाषा के दायरे से परे था।

अब अमरनाथ लाहौर में नियमित रूप से रेडियो पर गाते थे, जिससे उनके संगीत की यात्रा की शुरुआत एक सम्माननीय ढंग से हो चुकी थी। वे अच्छा कमाने लग गए थे। रेडियो कार्यक्रम के अतिरिक्त नियमित ट्यूशन देने विद्यार्थियों के घर भी जाने लगे थे, जहाँ उनका स्वागत सम्मान के साथ किया जाता था। लाहौर की अनगिनत नौजवान युवतियाँ न सिर्फ़ अमरनाथ के गायन की अनुरागी थीं बल्कि वे सब उनके आकर्षक रूप और व्यक्तित्व की भी दीवानी हो गईं थीं।

ऐसे में उनकी एक दीवानी, जो किसी रईस घर की बेटी थी, के परिवार से अमरनाथ के लिए शादी का रिश्ता भी आया था, जो लाजवंती माँ ने ठुकरा दिया था। दरअसल लाजवंती माँ की अपनी सोच थी, कि शादी–ब्याह के संबंध बराबर की हैसियत वालों के बीच ही होने चाहिए। ख़ैर, अमरनाथ के संगीत और व्यक्तित्व की दीवानी वह लड़की बड़ी होकर एक नामी घराने की मशहूर गायिका बन गईं पर अमरनाथ के गायन के प्रति उनका सम्मान हमेशा उसी प्रकार बना रहा।

बरसों बाद जब उन्होंने शिमला के इंडियन इंस्टीट्यूट फ़ॉर एडवांस स्टडीज़ में अमरनाथ को देखा और उनका कार्यक्रम सुना तो वे अत्यंत भावुक हो गईं थीं। अधेड़ अवस्था में पहुँचकर भी अमरनाथ के गायन के प्रति उनकी दीवानगी वैसी ही थी जैसे युवावस्था में हुआ करती थी।

दरअसल, अमरनाथ के संगीत और व्यक्तित्व में लोगों के दिल और दिमाग पर गहरी छाप छोड़ने वाली विशेषता तो थी।

1944–45 में जलंधर के 'हरबल्लब संगीत सम्मेलन' में गाकर अमरनाथ ने एक बार फिर हज़ारों प्रशंसकों को इतना मोह लिया था कि उनके गायन के चर्चे सुनकर ग्वालियर घराने के प्रसिद्ध संगीतज्ञ पंडित ओंकारनाथ ठाकुर तो स्वयं उन्हें देखने और मिलने लाहौर उनके घर तक आ पहुँचे थे।

इस दौरान देश में आज़ादी के आंदोलनों के चलते अमरनाथ के पिता शिव दयाल ने अंग्रेज़ी सरकार की अपनी रेलवे की नौकरी छोड़ दी और वे गाँधी जी के अनुयायी बनकर चरखा कातने लगे थे। वे दिन में एक चादर बुनते और शाम को उसे बाज़ार में बेचकर घर के लिए ज़रूरी सौदा–सामान ले आते।

देशभक्ति की भावना तो अमरनाथ में भी कूट–कूट कर भरी थी। उन्होंने भी सिर्फ़ सफ़ेद खादी पहनने का निर्णय ले लिया। घर की आर्थिक अवस्था को हिलता देख उन्होंने भी अपनी ट्यूशनों की संख्या बढ़ा दी। दिन में 7–8 घंटे के लिए रियाज़ करना, कई घंटे ट्यूशनों में व्यस्त रहना और फिर रात को दत्ता जी के घर जाकर गाना सीखना। इसका नतीजा यह हुआ कि गले की हालत खराब हो गई, यहाँ तक कि खून भी आने लगा। यह बात जैसे ही दत्ता जी को पता चली उन्होंने अमरनाथ पर दबाव डाला या यूं कहें कि उन्हें एक किस्म से धमका ही दिया, "देखो बेटा, मैंने घी का एक डिब्बा खरीदकर नीचे हलवाई की दुकान पर रखवा दिया है। (दत्ता जी पहली मंज़िल पर रहते थे, उनके घर के नीचे हलवाई की दुकान थी) हलवाई से एक गिलास दूध लेकर उसमें एक चम्मच घी मिलाकर पीने के बाद ही मेरे घर की सीढ़ी चढ़ना वरना मैं तुम्हें आगे नहीं सिखाऊँगा। जितना रियाज़ तुम आजकल कर रहे हो उबले आलुओं पर निर्भर रहकर ज़्यादा दिन जी नहीं पाओगे, और सुनो, घर पर किसी को यह घी वाली बात बताने की कोई ज़रूरत नहीं है।"

अमरनाथ के लिए वे क्षण बहुत मार्मिक थे। दत्ता जी के दरिया समान दिल से निकली माँ जैसी इस गुप्त अभिव्यक्ति को देखकर अमरनाथ के हृदय

में इतना उन्माद उमड़ा कि आभार व्यक्त करने के लिए भाषा भी कम पड़ गई, इसलिए आँसुओं को बहकर उस आभार को व्यक्त करना पड़ा। अमरनाथ यह सोचकर और भी भावुक हो गए कि जिस गुरु की अपनी आर्थिक स्थिति इतनी कमज़ोर हो कि वे अपने पुराने और घिसे हुए हारमोनियम से ही काम चला रहे हों, उन्होंने अपने शिष्य के लिए बिना झिझक घी का डिब्बा खरीदकर हलवाई के पास रखवा दिया था!

गुरु और शिष्य के बीच मधुर संबंधों के ऐसे हज़ारों लम्हों से साक्षात्कार हुआ होगा अमरनाथ का अपने जीवन में, तभी तो गुरु–शिष्य परंपरा के प्रति उनकी अपार श्रद्धा थी और समर्थन भी।

उस वक़्त दत्ता जी की प्यार भरी धमकी काम भी कर गई। वैसे अमरनाथ भी जानते थे कि आमतौर पर संगीत के पारंपरिक घरानों में इतने घंटों के रियाज़ के बाद गायक को काफ़ी समृद्ध खुराक़, जिसमें उच्च कोटि के प्रोटीन और वसा युक्त भोजन शामिल रहते हैं, खिलाने की प्रथा रही है। गाने वालों के गले को तर रखने के लिए उन्हें शुद्ध घी से बना माँस, दूध, घी का बना हलवा, सूखे मेवे इत्यादि खिलाए जाते रहे हैं। पर वे यह भी जानते थे कि वे तो एक आम परिवार में रहते हैं, जहाँ पारंपरिक संगीत घरानों के तौर–तरीके नहीं चलते।

इस दौरान लाहौर रेडियो स्टेशन पर अमरनाथ के गाने का क्रम भी नियमित रूप से चल ही रहा था। जब भी वहाँ जाते तो सबसे छोटा कलाकार होने के नाते उन्हें हर बड़े कलाकार से प्रेम मिलता।

ऐसे ही एक मौके पर बातचीत के दौरान लाहौर के कलाकार उस्ताद वहीद खाँ साहिब ने उस्ताद अमीर खाँ साहिब, जो दिल्ली रेडियो पर अधिकतर रविवार को ही गाते थे, के गाने की बेहद तारीफ़ की, जिससे अमरनाथ की भी उन्हें सुनने की उत्सुकता बढ़ी। अमरनाथ को पता चला कि रविवार सुबह 12 बजे तक या शाम को 5 बजे से रात 11 बजे तक अमीर खाँ साहिब के चार या पाँच आइटम तो हो ही जाते हैं जिसे सुनने के लिए अमरनाथ ने 285 रुपये जुटाकर एक फ़िलको का रेडियो खरीद ही लिया। वे जज़्बाती तो थे ही बस बेसब्री से रविवार का इंतज़ार करने लगे। फिर जब पहली बार अमीर खाँ साहिब को सुना तो सिसकियाँ भरने लगे। बस फिर यूँही हर रविवार के आने का इंतज़ार करते और फिर अमीर खाँ साहिब का गाना सुनते और कई दिनों तक सुन्न हो जाते।

1945–46 में लाहौर में एक पंजाब क्लासिकल सोसाइटी स्थापित हुई। अमरनाथ को भी उसमें गाने के दो चार अवसर मिले। फिर एक बार उन्हें पता चला कि पंजाब क्लासिकल सोसाइटी में अमीर खाँ साहिब को बुलाया गया है।

यह खबर सुनते ही अमरनाथ बेसब्री से उनके दर्शन का इंतज़ार करने लगे। दुर्भाग्य से खाँ साहिब के आने के दो दिन पहले ही अमरनाथ को बुखार ने आ घेरा। वे छटपटाने लगे क्योंकि बुखार में घर से बाहर कौन निकलने देता? पर अमरनाथ इस मौके को खोना भी नहीं चाहते थे इसलिए चुपके से कंबल ओढ़कर वाई.एम.सी. हॉल, माल रोड, जहाँ खाँ साहिब गाने वाले थे, जा पहुँचे। मन में डर भी था कि कहीं बुखार तेज़ हो गया तो? इसलिए सबसे पीछे जाकर बैठ गए कि अगर ज़रूरत पड़ी तो वहीं से घर को भागना आसान होगा।

जैसे–जैसे समय बीतता गया खाँ साहिब की पहली झलक पाने के लिए अमरनाथ के दिल की धड़कनें बढ़ने लगीं। इतने में एक लम्बा, तगड़ा–सा आदमी, बेहद खुला पाजामा, कमीज़ और छोटा कोट पहने, सलीम शाही जूतियाँ पहने और टोपी हाथ में लिए अमरनाथ के पास से ही गुज़रकर अगली सीटों की तरफ़ बढ़ गया। सब उस सुपरिन्टेंडेंट जैसे दिखने वाले पुरुष को देखकर हैरान थे, किसी को अंदाज़ा भी नहीं हो सकता था कि वे कौन थे, क्योंकि उससे पहले उन्हें कभी लाहौर की किसी महफ़िल में देखा नहीं गया था।

अमीर खाँ साहिब की छवि के बारे में अमरनाथ ने कल्पना की थी कि ज़रूर कोई बड़ी सी पगड़ी पहने, हुक्का, वगैरह साथ में लिए दिखते होंगे, पर जब वह सुपरिन्टेंडेंट जैसा दिखने वाला व्यक्ति मंच पर आया तो उनके आश्चर्य का ठिकाना नहीं रहा। उन्हें यकीन ही नहीं हो रहा था कि वे 'लखनवी छैला' जैसे दिखने वाली शख़्सियत भला अमीर खाँ साहिब भी हो सकते हैं!

पर उससे भी ज़्यादा हैरानी तो अमरनाथ को तब हुई जब उन्होंने खाँ साहिब का गाना सुना। खाँ साहिब ने जिस अंदाज़ से दरबारी गाया, अमरनाथ उन्हें सुनकर जैसे एकदम सुन्न से हो गए। उस रात खाँ साहिब के दर्शन कर और गाना सुनकर अमरनाथ इतने स्तब्ध हो गए थे कि अगले 15–20 दिनों तक अपने तानपूरे को हाथ तक नहीं लगा पाए।

उन्हें हर पल महसूस होता जैसे उनका अमीर खाँ साहिब से कई जन्मों का रिश्ता है, जैसे कई जन्मों से खाँ साहिब उनके गुरु रहते आए हों। उनकी आंतरिक इच्छा हुई, *मैं इस जन्म में भी महाराज(अमरनाथ खाँ साहिब को ऐसे ही संबोधित करते थे) से गाना सीखूँ..*।

अमरनाथ जैसे–जैसे खाँ साहिब का गाना सुनते गए वैसे–वैसे खाँ साहिब का गाना अमरनाथ के संस्कारों में बसता चला गया। यहाँ तक कि जो भी अमरनाथ का गाना सुनता वह यही कहता, "अमरनाथ पर उस्ताद अमीर खाँ साहिब का रंग चढ़ रहा है।" इस बात का आभास स्वयं अमरनाथ के गुरु दत्ता जी को भी हो चुका था।

पर पिछले पाँच वर्षों में दत्ता जी और अमरनाथ के संबंध इतने आत्मीय हो चुके थे कि अमरनाथ अपने दिल की बात गुरु को बताकर उनके मन को चोट नहीं पहुँचाना चाहते थे इसलिए बता ही नहीं पाए कि वे उस्ताद अमीर खाँ साहिब से सीखना चाहते हैं। परंतु वे दुविधा में तो थे कि करूँ तो क्या करूँ? वैसे हिन्दुस्तानी संगीत के घरानों की यह प्रथा रही है कि यदि किसी गुरु से सीखने के दौरान आप दूसरे गुरु की शरण में जाना चाहते हैं तो आपको अपने वर्तमान गुरु से आज्ञा लेनी पड़ती है।

परंतु दत्ता जी तो अनोखे गुरु थे, बिन कहे शिष्य के मन की चाह और दुविधा भाँप गए। वे समझ गए कि अब अमरनाथ को तृप्त करना मेरे ज्ञान की सीमा से परे है, उसे अब डुबकी मारने को तालाब नहीं, सागर चाहिए।

दत्ता जी ने अमरनाथ को प्रेम से कहा, "बेटा, मुझे मालूम है कि अब तुम्हारी आत्मा किस चीज़ की प्यासी है। जाओ, उस्ताद अमीर खाँ साहिब के पास चले जाओ। तुम्हें किसी भी प्रकार की ज़रूरत पड़ी तो मैं तुम्हारी मदद करूँगा, तन, मन, और धन से।"

अमरनाथ ने भावुक होकर दत्ता जी के चरण पकड़ लिए।

"मैं हमेशा सेवा करना चाहता हूँ आपकी।"

"बेटा, मेरी सेवा करनी है तो तुमने जो मुझसे सीखा वह सब आगे सिखा देना, अपने ज्ञान को गुप्त नहीं रखना, प्रचुर मात्रा में आगे बाँट देना। यही आदर्श शिक्षा का सिद्धांत है।"

गुरु की उदारता देख अमरनाथ और भी भावुक हो गए। उनकी आँखों से आँसुओं की धाराएँ बह उठीं। उन्हें महसूस हुआ कि जैसे उनके सामने गुरु नहीं बल्कि उनकी माँ बैठी हैं, जिसने उन्हें खुले आसमान में उड़ने के

लिए छोड़ दिया है, बिलकुल उस चिड़िया की तरह जो अपने बच्चों के पंख आने पर उन्हें अपने घोंसले से बाहर उड़ा देती है ताकि वे दुनिया को अपनी नज़र से देख सकें।

अमरनाथ को औपचारिक रूप से दूसरे गुरु की शरण में जाने की आज्ञा तो मिल गई पर अमरनाथ लाहौर में थे और उस्ताद अमीर खाँ दिल्ली में!

कैसे तय करेंगे अमरनाथ लाहौर और दिल्ली के बीच की दूरी?

मत बुला मेरे प्रिय अतीत,
मूक मीत, मत बुला।
बीच हमारे, काँच किवड़िया,
मन पंछी,
सिर फोर–फोर लौट आए,
तुझ तक पहुँच न पाये,
इतना झिलमिल, मत सुहा,
मत बुला मेरे प्रिय अतीत,
मूक मीत, मत बुला।
तेरे लिए मैं सजल नयन हूँ,
मेरे लिए तुम फिरा बचन हो,
और ये हाय काँच किवाड़िया
इतना खिल–खिल मत रुला।

5

क्या पत्नी पाकर पूरी होगी माँ की तलाश

अमरनाथ का मन उस्ताद अमीर खाँ साहिब से संगीत सीखने के लिए लालायित हो चुका था। उस्ताद अमीर खाँ साहिब के लाहौर दौरे के बाद अब उन्हें लाहौर रेडियो पर भी गाने के लिए बुलाया जाने लगा था। उनका गाना सुनकर अमरनाथ की बेताबी और भी बढ़ जाती और उनके अन्तर्मन की आवाज़, कि *ये तो जन्म–जन्मांतर से मेरे गुरु होते चले आ रहे हैं* और भी प्रबल हो जाती।

हालाँकि अमरनाथ के मन की दशा जानते हुए उनके वर्तमान गुरु आदरणीय बी.एन. दत्ता जी ने तो उन्हें कह ही दिया था, "अब दिल्ली जाओ और खाँ साहिब से मिलो, उसके लिए ज़रूरत पड़ी तो मैं तुम्हारी आर्थिक मदद भी कर दूँगा।"

पर देश में अंग्रेज़ी सत्ता के ख़िलाफ़ बढ़ रहे आंदोलनों के बीच अमरनाथ को दिल्ली जाना इतना आसान भी नहीं लग रहा था।

लेकिन फिर मानों 'बिल्ली के भागों छींका टूटा', कुछ ऐसा घटा जिसने अमरनाथ के दिल्ली जाने का रास्ता साफ कर दिया।

1947 में चारों ओर देश–विभाजन की हवा फैलने लगी। हर तरफ़ मार–काट और दहशत का माहौल बन गया। लाहौर में खासकर हिंदुओं को अपना भविष्य अंधकारमय लगने लगा। सुबह घर से निकला इंसान शाम को सही सलामत अपने परिवार के पास लौटेगा भी की नहीं, यह तक सुनिश्चित

नहीं था। फिर धीरे–धीरे स्थितियाँ और बिगड़ने लगीं। लाहौर और झंग शहर में घर और दुकानें जलाई जाने लगीं, अस्पताल भरने लगे। हिंदुओं और मुसलमानों के बीच नफ़रत और हिंसा की आग फैलने लगी।

इन हालातों में परिवार की सुरक्षा, चिंता का एक महत्वपूर्ण विषय बन गया था। फिर अमरनाथ के घर के पास स्थित 'शलामी दरवाज़े' के जलने से तो ख़तरे की घंटी और भी जोर से बज उठी। लोग सुरक्षा के विभिन्न विकल्पों के बारे में सोचने को मजबूर हो गए। आख़िरकार वहाँ के हिन्दू परिवारों को समझ में आ ही गया कि अब सामान बाँधकर हिंदुस्तान जाने का वक़्त आ गया है।

ऐसे में अमरनाथ के परिवार के लिए भी पाकिस्तान छोड़कर हिंदुस्तान चले जाने का फ़ैसला ही सुरक्षा का एकमात्र तरीका था।

इस मुसीबत की घड़ी में सभी दूर या करीब के सगे संबंधी और रिश्तेदार एक दूसरे की मदद के लिए हाथ बढ़ाने लगे। रेलगाड़ियाँ खचाखच भरी हुई थीं पर अमरनाथ की दादी बुआ के पुत्र, लाला राय साहिब उर्फ़ लाला चोकानंद सिंधवानी, जो उस वक़्त रेलवे में कार्यरत थे, की वजह से अमरनाथ के पिता शिव दयाल अपने परिवार को थोड़े बहुत ज़रूरी समान के साथ रेल के माध्यम से सुरक्षित रूप से हिंदुस्तान पहुँचाने में सफल हो गए।

ज़रूरी समान के नाम पर अमरनाथ ने अपने दिल के सबसे करीब की दो चीज़ें– तानपूरा और अपनी जयदेवी माँ की काले रंग की कश्मीरी शॉल ही उठाई और फिर कभी न वापस आने के लिए अपने वतन को छोड़ने के लिए तैयार हो गए। उनके लिए अपने अतीत, उन गलियों और रास्तों, जहाँ उन्होंने अपने जीवन के तेइस वर्ष बिताए थे, को छोड़ कर चले जाना इतना आसान नहीं था। ख़ासकर माई हीर का मज़ार, झंग का मरघट और दत्ता जी के घर को जाने वाली निस्बत रोड से सम्बन्धित तो उनके पास अनगिनत यादों की पोटली थी। लेकिन इस पोटली को अपने दिल के एक कोने में संजोकर रखने और आगे बढ़ने के अलावा अब कोई चारा भी तो नहीं था, उनके पास।

पर वे मायूस नहीं थे। उनकी अंतरात्मा से आवाज़ आ रही थी कि यह देश–विभाजन उनके लिए एक तरह से अभिशाप में छुपा वरदान साबित होगा, क्योंकि कहीं न कहीं उन्हें विश्वास था कि हिंदुस्तान ही उनका गंतव्य है, उनके भाग्य में वहीं जाकर जन्म–जन्मान्तरों से होते आ रहे उनके गुरु, उस्ताद अमीर खाँ साहिब से उनका मिलन लिखा है।

तेइस वर्ष की उम्र में अमरनाथ शरणार्थी के तौर पर दिल्ली आ पहुँचे। अगले कई दिनों तक परिवार के साथ शरणार्थियों के लिए बनाए शिविरों में जीवन बसर करते रहे। जहाँ हर दिन चुनौतीपूर्ण था। परिवार के लिए किसी न किसी तरह खाना, पानी और रोज़मर्रा की अनिवार्यता को जुटाना ही जैसे जीवन का लक्ष्य बन गया था। पर अमरनाथ को अपने जीवन के असली लक्ष्य की ओर भी तो बढ़ना था, इसलिए बिना समय नष्ट किए वे पार्लियामेंट स्ट्रीट स्थित ऑल इंडिया रेडियो स्टेशन पर गए और शास्त्रीय कलाकारों की श्रेणी में अपना नाम भी दर्ज करवा दिया।

अमरनाथ ने शिविर में ही रियाज़ फिर से शुरू कर दिया था। शिविरों में रहने वाले कुछ शरणार्थी उनकी संगीत साधना और आत्म अनुशासन की प्रशंसा करने लगे।

दिल्ली आने के बाद अपने पहले रेडियो कार्यक्रम से हुई कमाई से जब अमरनाथ ने अपने लिए दो सिल्क की कमीज़ें और दो पैंटें खरीदीं तो शिविर में रहने वाले कई लोग उनसे ईर्ष्या करने लगे। इनमें विशेषकर वे लोग शामिल थे जो अपने जवान बच्चों के लिए अभी तक नौकरियाँ तलाश रहे थे ताकि उनके परिवार फिर से बस सकें। लोग अमरनाथ को देखकर हैरान थे कि इतनी मुसीबत की घड़ी में भी कैसे इस व्यक्ति की दिनचर्या और गतिविधियाँ इतनी नियमित हो सकती हैं।

कई लोगों ने तो यहाँ तक टिप्पणी कर डाली कि "नाथ नू ते पार्टिशन रास आया ई..।" मतलब अमरनाथ की तो देश–विभाजन से किस्मत चमक गई।

फिर कुछ ही समय में अमरनाथ के पिताजी शिव दयाल ने रेलवे में वापस अपना पद ग्रहण कर लिया। सरकार की तरफ़ से उन्हें किशन गंज इलाके में रहने के लिए रेलवे क्वाटर भी मिल गया। जल्दी ही उनका परिवार शरणार्थियों के शिविर से रेलवे क्वाटर में आकर बस गया। उनका मकान नंबर 27 पहली मंज़िल पर था जिसका खास आकर्षण था उसकी बरसाती। यह बरसाती अमरनाथ को इतनी अच्छी लगी कि उन्होंने सीधा जाकर वहीं अपना तानपूरा रख दिया और फिर अगले पाँच वर्षों तक की लंबी अवधि तक उसी बरसाती में बैठकर रोज़ाना पाँच घंटे रियाज़ किया, जिसे वे साधना मानते थे। साधना करने के लिए जिस एकांत वातावरण की आवश्यकता होती है वह उन्हें इस बरसाती में खूब मिला।

अमरनाथ की दिनचर्या अब फिर से लाहौर के जीवन की तरह नियमित सी हो गई थी। प्रतिदिन प्रातः काल पाँच घंटे रियाज़ के बाद कई घंटे संगीत की ट्यूशन देते। फ़र्क़ सिर्फ़ इतना था कि अब वे लाहौर की तरह संगीत सिखाने विद्यार्थियों के घर नहीं जाते थे बल्कि सीखने वाले लोग उनके पास आते थे और अमरनाथ उन्हें अपने बरसाती वाले कमरे में ही घंटों सिखाया करते थे।

वैसे तो लाहौर के दिनों से ही अमरनाथ के मन में उस्ताद अमीर खाँ साहिब से मिलने और उनसे तालीम हासिल करने की तीव्र इच्छा बनी हुई थी, और अब जब हिंदुस्तान आने के बाद उनका समान्य जीवन भी पटरी पर चलने लगा था, तब उन्होंने पूरे जोश के साथ खाँ साहिब तक पहुँचने के रास्ते खोजने शुरू कर दिए।

अमरनाथ ने दिल्ली रेडियो से ही उस्ताद अमीर खाँ साहिब के घर का पता लिया और उनके घर अजमेरी गेट पहुँच गए। संयोग से उन्हें खाँ साहिब घर के बाहर ही अपनी गाड़ी का दरवाज़ा खोलते हुए दिख गए। पता चला वे इंडिया गेट घूमने जा रहे थे। ऐसे में अमरनाथ उन्हें सिर्फ़ आदाब ही कह पाए। इसके बाद अमरनाथ ने जब भी खाँ साहिब से सीखने की गुज़ारिश की, बस वे टाल देते। एक बार तो उन्होंने यह भी कह दिया, "मियाँ आजकल कोई नहीं सीखता न ही कोई रियाज़ करता है।"

पर अमरनाथ ने भी हिम्मत नहीं हारी। वे फिर भी खाँ साहिब से मिलते रहते। उनका गाना भी हमेशा सुनते, पर जब भी खाँ साहिब का गाना सुनते उनकी खाँ साहिब से सीखने की तड़प और बढ़ जाती।

1948 का एक दिन अमरनाथ की यादों में हमेशा बसा रहा, उस शाम खाँ साहिब का गाना कलकत्ता रेडियो से प्रसारित हो रहा था। खाँ साहिब ने 15 मिनट पूर्वी गाया, अभी सिर्फ़ गंधार तक ही गए थे कि उनका निर्धारित समय पूरा हो गया। इस पर अमरनाथ इतने बेचैन हो गए कि जब शाम को टहलने बाहर निकले तो पता ही नहीं चला कि कब कितना चल लिए। जब होश आया तो पता चला कि दिल्ली तो बहुत दूर रह गई। ख़ैर, किसी तरह तांगा करके वापस रात को किशन गंज के अपने घर पहुँचे। उस रात फिर खाँ साहिब की अभोगी सुनी, जो उनके मन को इस कदर छू गई कि अगले 15 दिनों तक उन्होंने अपना तम्बूरा छुआ तक नहीं।

अमरनाथ के एक अत्यंत करीबी मित्र 'जयदेव', जो कुछ वर्षों बाद बंबई सिनेमा इंडस्ट्री के प्रसिद्ध संगीत निर्देशक बने, अमरनाथ के मन की हालत

जान गए थे। उनको भी आभास हो गया था कि खाँ साहिब की शागिर्दी न पा सकने के कारण उनका इतना प्रतिभावान दोस्त कितना बेचैन और दुःखी था। दोस्त की यह हालत उनसे देखी नहीं जा रही थी।

जयदेव अमरनाथ के दिल को बहलाने की बहुत कोशिश करते। कभी ज़बरदस्ती उन्हें फ़िल्म दिखाने ले जाते तो कभी कनॉट प्लेस के काके दा होटल, अमरनाथ का मन पसंद गोश्त खिलाने। पर हर बार उनकी कोशिश नाकामयाब रहती। जयदेव से अमरनाथ की यह हालत देखी नहीं जा रही थी। वे अपने यार की मदद करने के लिए कुछ भी करने को तैयार थे। पर सोचते रहे कि करूँ तो क्या करूँ? एक तरफ़ दोस्त है जो अड़ा हुआ था कि उस्ताद अमीर खाँ साहिब की शागिर्दी नहीं मिली तो जी नहीं पाऊँगा। दोस्त पर जुनून ऐसा सवार है कि वे हर दूसरे दिन खाँ साहिब के दौलतखाने पहुँच जाया करते, उनसे मिन्नत करने। और दूसरी तरफ़ खाँ साहिब हैं, जो टस से मस होने को तैयार नहीं।

फिर जब जयदेव को पानी सिर से ऊपर जाता हुआ नज़र आने लगा तब एक दिन वे खुद खाँ साहिब के घर पहुँच गए और उनसे विनती करने लगे, "खाँ साहिब कितना तड़पाएँगे उसको, मर जाएगा बेचारा यार मेरा।"

पर तब भी अमीर खाँ साहिब नहीं माने।

इत्तेफ़ाक से अमरनाथ भी उस वक़्त खाँ साहिब के घर पहुँच गए। शायद एक बार फिर से उन्हें मनाने गए थे। पर जब अपने दोस्त को उनके सामने मिन्नत करते हुए और अमीर खाँ साहिब को न कहते हुए पाया तो वे भावुक हो उठे और खाँ साहिब को एक तरह से चुनौती दे आए, "महाराज, अब हम न कहेंगे, आप ही कहेंगे एक दिन कि हमारे शागिर्द बन जाओ।"

अमरनाथ को पूरा विश्वास था कि वह दिन भी जल्दी ही आ जाएगा क्योंकि वे मन ही मन जानते थे कि खाँ साहिब तो कई जन्मों से उनके गुरु होते चले आ रहे थे।

कितना सही था अमरनाथ का यह विश्वास!

कुछ ही दिनों में अमरनाथ के गायन के चर्चे सभी संगीत प्रेमियों के बीच होने लग गए।

फिर एक बार कलकत्ता में किसी ने अमीर खाँ साहिब से कहा, "एक लड़का है अमरनाथ, दिल्ली से, क्या खूब गाता है! आपके गाने से मिलता जुलता है। क्या आपका शागिर्द है?"

इस किस्से के बाद अमीर खाँ साहिब खुद अमरनाथ का गाना बहुत ध्यान से सुनने लग गए।

धीरे–धीरे अमरनाथ के गाने से खाँ साहिब का मन सच में पिघल गया और 1948 में एक दिन जब अमरनाथ रेडियो स्टेशन से बाहर निकल रहे थे तो खाँ साहिब वहीं एक पेड़ के नीचे उनका इंतज़ार करते हुए मिले। अमरनाथ ने गरिमापूर्ण पर इज्ज़त से आदाब किया। खाँ साहिब अमरनाथ से काफ़ी लंबे थे। उन्होंने मुस्कुराते हुए अमरनाथ के कंधों पर अपनी बाँह फैलाई मानों पिता अपने रूठे हुए बेटे को मना रहे हों, गला साफ किया और कहा,

"मियाँ, अब तुम रस्म अदा कर ही दो।"

यह सुनकर अमरनाथ की खुशी का तो ठिकाना नहीं रहा। उस पल उन्हें मानों जैसे जन्नत मिल गई थी। एक पल के लिए तो उन्हें विश्वास ही नहीं हुआ कि *सपना देख रहा हूँ या सच में मेरे भाग खुल गए हैं, महाराज खुद कह रहे हैं कि अब...*।

खुशी इतनी थी कि मुँह से कोई शब्द कहते नहीं बन रहा था, बस टपा टप आँसू बहने लगे।

तभी खाँ साहिब ने कहा, "भई, आज मंगल है, परसों रखते हैं तुम्हारी गंडा–बंद रस्म।"

"जी महाराज जैसा आपका हुक्म...।" अमरनाथ ने शिष्टतापूर्वक उस्ताद अमीर खाँ साहिब का हुक्म सिर आँखों पर रख लिया। एक बार भी नहीं जताया, और न ही उन्हें यह कहकर शर्मिंदा किया कि "देखा महाराज, मैंने कहा था कि आप ही एक दिन मुझे कहेंगे शागिर्द बनने को, क्योंकि यह बात तो मुझे मालूम है, आपको नहीं कि मैं कई जन्मों से आपका शागिर्द बनता चला आ रहा हूँ।"

इतना पाक और मासूम था अमरनाथ का दिल, सामने वाले की आत्मीयता देखकर बस पल भर में ही पिघल जाया करते थे और उसी पल सब गिले–शिकवे मिटा देते थे, यहाँ तो मामला उनके सदगुरु का था, वह भी ऐसे सद्गुरु, जो उनके विश्वासानुसार जन्म–जन्मांतर से उनके साथ थे।

अमरनाथ ने जाकर यह खुशखबरी सबसे पहले अपने दोस्त जयदेव को दी, जिसे सुनकर जयदेव अपने जिगरी दोस्त के लिए बेहद खुश हुए।

"ओए भाप्पे..सैलिब्रेशन बनता है यार...दिल खुश कर दित्ता।"

फिर एक दिन के बाद गुरुवार को अमरनाथ ऑल इंडिया रेडियो स्टेशन के प्रांगण में शहर के गुणीजनों के सम्मुख उस्ताद अमीर खाँ साहिब के

'गंडा–बंद' शागिर्द बन गए। यहाँ से अमरनाथ के संगीत के सफ़र का एक नया अध्याय शुरू हो गया।

पर इस खूबसूरत शुरुआत के बावजूद अमरनाथ यह भी कहा करते थे कि खाँ साहिब से सीखने का उनका सफ़र कोई आसान नहीं था।

"क्या–क्या पापड़ नहीं बेले!...सिखाने के मामले में तो वे बिलकुल सख़्त व्यवहार करते थे। कई इम्तिहान हमने पास किए। पर फिर एक ऐसा समय आया कि हमारा प्यार भी खूब बढ़ गया..एकदम बाप–बेटे जैसा... यहाँ तक कि हम भी उनसे रूठने लगे कभी कभी..।"

खाँ साहिब को दिए इम्तिहान के कुछ दिलचस्प किस्से अमरनाथ अक्सर सुनाते थे।

"वैसे तो जो मुझे महाराज से भीख में मिल जाता था उसी का रियाज़ करता रहता था ...पर एक दिन गलती से मैं उन्हें कह बैठा कि मुझे कोई बल कहलवाइए पर शायद उन्होंने मेरी इस गुस्ताख़ी को छोटा मुँह बड़ी बात समझ लिया। या यूँ कहिए कि छोटा मुँह बड़ी फ़रमाइश समझ लिया और भीम पलासी में यह तान लिखवाई,

मसगप गमनीमपसं पनीसंमंगंरं संनीधप मगरस
और दूसरी
गमपनी संमंगंगंरंसं नीप नीनी पमगरसनीस

"यह पहला बल इतना भारी पड़ा कि दो–तीन दिन तक उच्चारण न बना। फिर क्या था? सारी ही कड़ी भूल गए, परेशान, भूख प्यास सब गई। फिर जयदेव ने आख़िर खाँ साहिब से कहा, 'इसका राज़ बताइए, नहीं तो, यह लड़का मर जाएगा। इस ने तीन रोज़ से खाना भी नहीं खाया।' तब खाँ साहिब ने बताया कि शुरू के मध्यम को अलग करके कहो, बाद में जोड़ना। ऐसा करने से फ़ौरन हो गई।"

इसी संदर्भ में अमरनाथ एक और आपबीती इस प्रकार सुनाया करते थे।

"एक बार महाराज (उस्ताद अमीर खाँ साहिब) ने मुझपर बड़ी कृपा की और बंबई बुला लिया। मैं भी बहुत खुश हुआ कि कुछ सीखने का मौका मिला। मैं उन दिनों रेडियो में नौकरी करता था। वहाँ से महीने भर की छुट्टी ली, वह भी बिना वेतन के। इधर–उधर ठहरने का इंतज़ाम किया और रोज़

जाने लगा खाँ साहिब के यहाँ। उन्हें सुनता रहता पर वे सिखाने की न सोचते। फिर एक दिन उन्होंने रहम किया मुझपर और दरबारी शुरू कराया।

'हे री बीर री जाको मन चाहे..' बहुत बड़ी अस्थाई है, पर अंतरा नहीं दिया। मैंने गुज़ारिश की तो बोले कि 13 दिन बाद दूँगा।

"फिर 13 दिन भी बीत गए। तीन हफ़्ते की मेरी छुट्टी ख़त्म होने में सिर्फ़ दो दिन ही रह गए थे। मुझे वापस दिल्ली भी आना था। मैंने गुज़ारिश की कि महाराज अंतरा भी दे दीजिए तो बोले, 'वह कॉपी ट्रंक में रखी है सामने, अभी भूल रहा हूँ, तुम अगली बार आओगे तो मिल जाएगी।'"

इस दौरान सितार वादक पंडित रवि शंकर जी, जो रोबू दा के नाम से पुकारे जाते थे, भी अमरनाथ के जिगरी दोस्त बन चुके थे। अमरनाथ भरत राम के निवास स्थान पर हफ़्ते में दो दिन ट्यूशन लेने जाते थे, रवि शंकर जी से उनकी पहली मुलाक़ात वहीं पर हुई थी। लेकिन धीरे–धीरे दोनों की दोस्ती इतनी गहरी हो गई कि अक्सर या तो रोबू दा किशनगंज के मकान में अमरनाथ की बरसाती में होते या फिर अमरनाथ सरदार पटेल मार्ग पर भरत राम के निवास पर जहाँ रवि शंकर उन दिनों रहते थे।

दोनों के बीच गहरी दोस्ती का मुख्य कारण था हिंदुस्तानी संगीत संस्कृति के प्रति उनके विचारों की समानता। अग्रगामी स्वभाव होने के बावजूद रोबू दा भी अमरनाथ की ही तरह घराने की पारंपरिक संगीत संस्कृति के मूल्यों में गहराई से डूबे हुए थे। दोनों की गहरी मित्रता का परिणाम यह हुआ कि रोबू दा ने अमरनाथ को ऑल इंडिया रेडियो के एक्स्टर्नल सर्विसिज़ डिविजन में अपने साथ कंपोज़र–सुपरवाइज़र के रूप में काम करने के लिए निमंत्रण दिया, जिसे अमरनाथ ने खुशी से स्वीकार कर लिया।

अमरनाथ इस पद पर 1949 से 1956 तक कार्यरत रहे। यहाँ उनका काम था गीतों की रचना करना–लिखना, उन्हें संगीत देना और फिर राष्ट्रीय ऑर्केस्ट्रा के साथ रिकॉर्ड करना, जो 'सॉन्ग ऑफ़ द वीक' की श्रेणी में बजाया जाता था।

इसके अतिरिक्त उन्हें 'सॉन्ग ऑफ़ द मंथ' की ख़ास श्रृंखला के लिए भी एक गीत की रचना और फिर रिकॉर्डिंग करनी होती थी, जिसे श्रोताओं की फ़रमाइश पर बार–बार, हर रोज़, पूरे दिन और पूरे महीने बजाया जाता था।

अमरनाथ अक्सर अपने उन दो गीतों का ज़िक्र किया करते थे जो इन्ही श्रृंखलाओं के अंतर्गत सुपर–डुपर हिट हो गए थे, और जिनकी चर्चा आज

भी होती है। इनमें से एक गीत तो अमरनाथ ने पंडित विनय चंद्र मुद्गल के छोटे भाई विनोद कुमार के साथ स्वयं गाया था। यह युगल गीत 'सजन बिन रोए, जोगनिया हाय राम' तो इतना लोकप्रिय बन गया था कि कई महीनों तक हर संगीत प्रेमी उसे गुनगुनाता था।

दूसरा युगल गीत शांति माथुर और शांता सक्सेना द्वारा गवाया गया था, ये दोनों ही दिल्ली में उस ज़माने की मशहूर आवाज़ें थीं। जयंत मल्हार में रचित वह गीत था, 'जा जा रे बदरा जा, रे...' यह एक ऐसा गीत है जो माना जाता है कि उस समय के प्रसिद्ध फ़िल्मी गीतों की तुलना में कहीं ज़्यादा लोकप्रिय हुआ था।

लाहौर से दिल्ली आने के बाद अमरनाथ फिर से अच्छा कमाने लगे थे। गाने में भी नाम हो रहा था। रेडियो से हर महीने जो 320 रुपए वे कमाते थे उसमें से 100 रुपए अपने पिताजी को घर खर्च के लिए देते थे। कई बरसों पहले किए अपने वादे को निभाते हुए छोटी बहन कृष्णा की पढ़ाई के खर्चे की ज़िम्मेदारी तो वे हमेशा से ही पूरी करते आ रहे थे। लेकिन इस पर भी उनकी कमाई और घर खर्च के लिए दिए जाने वाले पैसों के बीच के फासले को लेकर घर पर माहौल गरमाने लगा। पर अमरनाथ अब और सहने के लिए तैयार नहीं थे।

इसलिए सन् 1952 में उन्होंने दिल्ली में बने अपने अच्छे दोस्त जयदेव के साथ घर से अलग रहने का निर्णय ले लिया। जयदेव और अमरनाथ के बीच संगीत में तो ज़बरदस्त समस्वरण था ही पर दोनों की दोस्ती भी निराली थी। दोनों एक–दूसरे के दुःख और सुख को बिना कहे सिर्फ़ चेहरे के भाव पढ़कर ही समझ जाते थे।

उन दिनों जयदेव लुधियाना के अपने पुश्तैनी घर से भागकर दिल्ली आए हुए थे और आगे चलकर बंबई फ़िल्म उद्योग में एक प्रसिद्ध संगीतकार बनने वाले थे। दोनों ने मिलकर करोलबाग के रोहतक रोड पर एक घर किराये पर ले लिया और मज़े में जीवन बसर करने लगे।

रोहतक रोड के घर में दोनों दोस्तों की देखभाल करने के लिए नौकर शेर सिंह को रखा गया था। हालाँकि शेर सिंह अच्छा इंसान था पर खाने–पीने के मामले में वह मालिकों से ज़्यादा ध्यान अपनी खुराक़ का रखता था। दूध, घी, फल, माँस, मछली सब में पहले अपना हिस्सा अलग से रख लेता था और बचा–खुचा खाना उन दो लोगों को मिलता जो दिन–रात मेहनत करके कमा रहे थे।

जयदेव, उस्ताद अली अकबर खान साहिब के शागिर्द थे और ट्यूशन ही उनकी कमाई का ज़रिया था। अमरनाथ को रेडियो के अलावा संगीत कार्यक्रमों से भी अच्छी कमाई होने लगी थी। जो भी था, दोनों की खून–पसीने की कमाई से नौकर की सेहत बन रही थी।

वैसे जब भी कभी दोनों मालिकों को घर वापस आने में देर हो जाती तो उनके आने तक शेर सिंह अपना खाना–पीना निपटा लिया करता था। अमरनाथ को इस बात का पता भी चल जाता था। पर जब भी उन्हें शेर सिंह की यह हरकत खलती तो जयदेव मज़ाक में कह भी देते थे, "यार भाप्पे, वह माँ नहीं है हमारी, जो हमेशा बच्चों का पेट भरने के बाद ही खुद का पेट भरती है, वह नौकर है, उसकी मर्ज़ी। और वैसे भी यार हमारी असली खुराक़ तो संगीत ही है और वह हमें मिल रही है।"

अमरनाथ समझ गए कि उन्हें जीवन में माँ की कमी कितनी खलती है, इसका एहसास तो अब तक उनके जिगरी दोस्त को भी हो ही गया था।

दोनों दोस्त यह भी मानते थे कि जो भी हो शेर सिंह ने उन्हें संगीतकार और कलाकार के रूप में विकसित होने के लिए बेफ़िक्री और एक आदर्श माहौल तो दिया है, जिसमें वे दोनों स्वतंत्र जीवन जीने लगे थे इसलिए उसकी छोटी–मोटी कमियों को अनदेखा करने में कुछ हर्ज़ भी नहीं है।

अमरनाथ और जयदेव ने संगीत को एक दूसरे के साथ बहुत बाँटा। इससे भी ज़्यादा उन्होंने घंटों एक दूसरे को रियाज़ करते हुए सुना। दोनों ने अपनी–अपनी संगीत कृतियों और रचनाओं को भी साझा किया। इस समय तक अमरनाथ ने अलग–अलग रागों में अपनी स्वयं की बन्दिशों और गीतों की रचना शुरू कर दी थी।

अमरनाथ कई बार कहते थे कि वे संगीतकार से पहले एक कवि थे। जयदेव भी बंबई फ़िल्म इंडस्ट्री के लिए गाने बनाते और अमरनाथ को सुनाकर उनकी राय भी लेते। बंबई में अपनी पहली फ़िल्म 'हम दोनों' के लिए लिखे इस गाने की रचना भी जयदेव ने वहीं रोहतक रोड के मकान में की थी,

'अल्लाह तेरो नाम,
ईश्वर तेरो नाम,
सबको सन्मति दे भगवान।'

इस गाने को लता मंगेशकर जी ने गाया था। बंबई में इस गाने की रिकॉर्डिंग के दौरान अमरनाथ भी मौजूद थे। दिलचस्प बात तो यह है कि चाहे दोनों दोस्त संगीत के क्षेत्र से ही थे पर फिर भी प्रतिस्पर्धी नहीं थे, बल्कि दोनों एक–दूसरे के संगीत से बेहद प्रेम करते थे। जो आज की पीढ़ी के लिए यकीनन सच्ची दोस्ती और असली रचनात्मक सम्मान की अनूठी मिसाल है।

गाने की रिकॉर्डिंग के दौरान अमरनाथ ने लता जी को सुझाव दिया कि जब वे 'ईश्वर तेरो नाम' गाती हैं तो उस शब्द के अंतिम दोहराव में सिर्फ़ एक तान अति टीप या अतिरिक्त–उच्च रेंज में बढ़ा सकती हैं, जिसका लता जी ने प्रेम से अनुसरण भी किया, और उसके खूबसूरत परिणाम को देखकर वे इतनी खुश हो गईं कि उन्होंने अमरनाथ से कह दिया, "अमरनाथ जी, मुझे उस दिन का इंतज़ार रहेगा जब मैं आपके लिए भी गाऊँगी।"

यकीनन ऐसा हुआ भी। कुछ वर्षों बाद 1954 में जब अमरनाथ ने फ़िल्म *गरम कोट* के संगीत का निर्देशन किया तब लता जी ने उसमें पाँच गाने गाए।

फिलहाल रोहतक रोड के घर में अमरनाथ और जयदेव की दिनचर्या दिलचस्प बन गई थी। अमरनाथ ने दिल्ली आकर तो नए दोस्त बना ही लिए थे पर उनके लाहौर के बचपन के कलाकार दोस्तों की टोली भी दिल्ली आकर बस चुकी थी, जिनमें से बलराज साहनी, अमर कुमार, मार्क्सवादी ताजवर सामरी जैसे कई अन्य का भी अमरनाथ के इस घर में आना–जाना लगा रहता। गाने की महफ़िलें लगतीं। अमरनाथ के गुरु उस्ताद अमीर खाँ साहिब और जयदेव के गुरु उस्ताद अली अकबर खान साहिब अक्सर वहाँ आते जिससे उनके घर का माहौल और भी संगीताना बना रहता।

संगीत के क्षेत्र में बहुमूल्य योगदान के अलावा अमरनाथ अपने पहनावे के लिए भी मशहूर हो गए थे। रंगों में सफ़ेद रंग के कपड़े उनके सबसे पसंदीदा थे। जब तक वे रेडियो में कार्यरत थे, सफ़ेद कमीज़ और सफ़ेद पैंट की पोशाक तकरीबन उनकी पहचान बन गई थी। एक वक़्त तो ऐसा भी था जब उन्होंने सफ़ेद रंग के कपड़े से घड़ी के पट्टे भी सिलवाए थे, जिन्हें वे रोज़ बदल कर पहना करते थे।

कुछ वर्षों बाद जब उन्होंने रेडियो की नौकरी छोड़कर त्रिवेणी कला संगम में लगभग 18 वर्षों तक संगीत सिखाया, तब भी सफ़ेद कुर्ता पाजामा ही उनकी पोशाक थी। पर हाँ, कभी–कभी शौकिया बदलाव के लिए वे अपने

सफ़ेद कपड़ों को चाय पत्ती के पानी में रंग कर एक अनोखा सा रंग दे दिया करते थे।

अब एक वक़्त ऐसा आ गया जब अमरनाथ के पास कमाई के अच्छे साधन हो गए, उस्ताद अमीर खाँ साहिब जैसे गुरु का साया उनके सिर पर था, जान छिड़कने वाले दोस्त–यार भी थे, पर इतना सब कुछ होते हुए भी कभी–कभी वे छटपटा जाते थे। परिवार और माँ की कमी विशेष रूप से महसूस करते थे। उनकी यह तड़प दोस्त जयदेव ने भी भाँप ली थी।

एक बार संगीत की महफ़िल में बिस्मिल्लाह खान साहिब ने बहुत ही अच्छी कजरी बजाई जिसे सुनकर सबने अपने–अपने तरीके से दाद दी।

पर अमरनाथ बहुत भावुक हो गए थे और खान साहिब को दाद देते हुए बोले, "खान साहिब, आपकी शहनाई सुनकर ब्याह कराने को मन करता है।"

पास ही खड़े जयदेव के कानों में भी अमरनाथ के ये शब्द पड़े और मौके का सही फ़ायदा उठाते हुए उन्होंने अमरनाथ से कह दिया, "ओ भाप्पे, यार, अब ब्याह कर ही लो। परिवार की कमी तो अपनी गृहस्थी बनाकर ही पूरी हो सकती है, इसके लिए दूसरा कोई और रास्ता नहीं है।"

बस उस दिन के बाद जयदेव यदा–कदा मौका देखकर अमरनाथ को शादी करने के लिए प्रोत्साहित करने लगे।

अमरनाथ को भी लगा कि शायद उनका दोस्त सही कह रहा था। *दिल के जिस कोने को माँ सूना कर गई थी शायद एक ममतापूर्ण पत्नी उसे फिर से आबाद कर दे! एक अच्छी जीवन संगिनी ही मेरे अकेलेपन को दूर कर सकेगी.. मेरा भी अपना एक परिवार होगा।*

उन दिनों तीन युवतियाँ सरला, कान्ता और माया, अमरनाथ से ट्यूशन लेती थीं। तीनों पहले अमरनाथ के किशन गंज वाले घर पर भी संगीत सीखने जाती थीं और अब जब अमरनाथ जयदेव के साथ रोहतक रोड वाले घर पर रहने लगे तो वहाँ आकर भी इन तीनों ने संगीत सीखना जारी रखा।

इन तीनों लड़कियों में से माया सबसे आकर्षक, चुलबुली और भावुक वृत्ति की थीं। माया अमरनाथ के अनूठे संगीत के साथ–साथ उनके प्रभावशाली व्यक्तित्व से भी मोहित थीं। खुद संवेदनशील प्रकृति की होने के कारण माया अमरनाथ के निजी जीवन के प्रति भी विशेष सहानुभूति रखती थीं। अमरनाथ से संगीत सीखने के दौरान वह उनके जीवन के अत्यंत भावुक पहलू, उनके माँ की कमी को महसूस करने के दर्द से भी परिचित हो गई थीं। इन्हीं सब

कारणों से माया अमरनाथ को ख़ास व्यक्तिगत भाव देती थीं, कभी उनके लिए अपने घर से देसी घी से बना सूजी का हलवा लेकर आती थीं, तो कभी दाल की पिन्नी। कभी–कभी तो अमरनाथ के घर के नौकर शेर सिंह को भी निर्देश दे जाती कि वह खाने में ऐसा क्या बनाए जिससे घंटों रियाज़ करने के बाद अमरनाथ और जयदेव के गले को तरावट मिले।

जयदेव सब देख रहे थे और अब तो समझ भी चुके थे कि माया के दिल में अमरनाथ के लिए ऐसा कुछ तो है जो संगीत से हटकर है। अक्सर मज़ाक में वे अमरनाथ को इसी बात पर चिढ़ाया भी करते। पहले तो अमरनाथ खुद इस बात को स्वीकारने में सकुचाते थे पर धीरे–धीरे माया का स्नेही व्यवहार अमरनाथ के मन को इतना छूने लगा कि उन्हें अपने दिल की आवाज़ सुननी ही पड़ी कि माया ने उनके दिल में अपनी एक ख़ास जगह बना ली है।

अमरनाथ माया के साथ एक सुंदर भविष्य की कल्पना करने लगे। अपने आदर्श भावी जीवन में उन्होंने जिन दो पहलुओं की कामना की थी, उन्हें विश्वास था कि माया से ब्याह करके वे दोनों सार्थक होंगे।

पहला, यह कि संगीत के उनके सफ़र में उनकी जीवन संगिनी हमेशा उनके साथ रहेंगी। माया को संगीत में रुचि थी इसलिए उन्हें अपनी यह इच्छा पूरी होती नज़र आ रही थी।

और दूसरा, यह कि पत्नी उनके जीवन से बिना शर्त प्यार देने वाली माँ की कमी के एहसास को मिटाने वाली होगी। माया का निःस्वार्थ और स्नेही स्वभाव देखकर अमरनाथ को पूर्ण विश्वास हो गया था कि माया से विवाह करके उन्हें एक ऐसा घर मिलेगा जिसमें पत्नी का प्यार भी मिलेगा और माँ के वात्सल्य की झलक भी।

वहीं माया भी अमरनाथ के साथ एक सुखी और आदर्श जीवन बिताने के सपने सँजोने लगीं थीं। बस फिर क्या था? मियाँ बीबी राज़ी तो भला क्या करता काज़ी!

माया के माता–पिता, अमरनाथ के किशन गंज वाले घर गए और उनकी लाजवंती माँ और पिता शिव दयाल के सामने दोनों के विवाह का प्रस्ताव रखा।

वैसे अमरनाथ की लाजवंती माँ और बहन कृष्णा को तो बहुत पहले ही यह एहसास हो गया था कि दोनों(अमरनाथ और माया) के बीच कुछ तो ख़ास है, पर उन्होंने कभी इस बात को अभिव्यक्त नहीं किया। उन्हें शायद इस सही समय का ही इंतज़ार था।

अमरनाथ के परिवार की तरह ही माया का परिवार भी देश–विभाजन के समय लाहौर से दिल्ली आया था और अब समय के साथ–साथ बाकी शरणार्थियों की तरह उनके जीवन में भी स्थिरता आ चुकी थी और वे धूमधाम से बेटी का ब्याह करने के लिए तैयार थे।

अक्सर ऐसा होता है कि युवक–युवतियाँ ब्याह से कुछ दिन पहले अचानक अपने भावी जीवन में मिलने वाली ज़िम्मेदारियों के बारे में सोचकर घबरा जाते हैं। उस वक़्त ऐसा ही कुछ अचानक अमरनाथ के साथ भी हुआ और घबराहट में उन्होंने अपने माता–पिता से कह भी दिया कि वे अभी शादी नहीं करना चाहते, कुछ वक़्त और इंतज़ार करना चाहते हैं।

अमरनाथ की बात सुनकर शिव दयाल मुस्कुराए, "पुत्तर, ये कोई नई गल्ल नी ए, ब्याह तो पेल्लाँ हर कोई ऐवें ईं घबरानदा अयी...।"

अमरनाथ को लगा कि जीवन में कुछ और आर्थिक स्थिरता आ जाए उसके बाद ही घर बसाना चाहिए।

इस तरह अमरनाथ का अचानक पीछे हटना देखकर लाजवंती माँ घबरा गईं, "ऐ ते बेजती दा मसाल्ला बन जाणा ये ...कुड़ी वाले कि कैणगे?"

यह बात माया के घरवालों के कानों तक भी पहुँच गई। फिर अचानक पता चला कि माया की एक सरकारी मंत्रालय में नियुक्ति हो गई है। बस फिर क्या था! परिजनों ने अमरनाथ को समझाया कि अब जब वे भी कमाने लग गई हैं तो चिंता की क्या बात है? तुम्हारी आर्थिक स्थिरता आने तक दोनों मिल बाँट कर गृहस्थी चला लेना।

हालाँकि अमरनाथ का सपना पत्नी से नौकरी करवाने का नहीं बल्कि उसे अपने संगीत के सफ़र में संगिनी बनाने का था। माया भी उनकी इस भावना का सम्मान करती थीं इसलिए उन्हें भरोसा दिलवाया कि भविष्य में जो भी होगा अच्छा ही होगा।

शादी की तैयारियाँ शुरू हो गईं। माया के घरवाले चाहते थे कि विवाह की सभी रस्में अमरनाथ के पिता के किशन गंज वाले घर से ही हों। अमरनाथ ने अपनी शादी के पहले दो कार्ड अपने दोनों गुरुओं को दिए।

उनके पहले गुरु आदरणीय प्रोफ़ेसर बी.एन. दत्ता जी लाहौर से दिल्ली आकर करोलबाग में ही बस चुके थे। अमरनाथ के विवाह की खबर पाकर वे खुशी से बोले, "अमरनाथ, तुम्हारी घोड़ी का खर्च भी मैं दूँगा और तुम्हें उस पर बिठाऊँगा भी मैं ही, मेरी तरफ़ से यही होगा, तुम्हारी शादी का तोहफ़ा।"

दरअसल, हिन्दू रीति रिवाज़ों के अनुसार दूल्हे को घोड़ी पर बैठाना एक शगुन की तरह होता है। यहाँ तो गुरु स्वयं अपने शिष्य के लिए यह शगुन करना चाहते थे। गुरु का यह स्नेह और आत्मीयता देखकर अमरनाथ अत्यंत भावुक हो गए थे।

उधर उनके दूसरे गुरु उस्ताद अमीर खाँ साहिब भी ब्याह का निमंत्रण पाकर बेहद खुश हुए और बोले, "मियाँ, तुम शेरवानी तो हमारी दी हुई ही पहनोगे।"

खाँ साहिब की दी हुई शेरवानी अमरनाथ को ताउम्र बहुत प्रिय रही, उनके लिए वह सिर्फ़ एक पोशाक नहीं थी बल्कि पिता समान गुरु का दिया हुआ आशीर्वाद था जिसे उन्होंने हमेशा संभाल कर रखा था। हर कुछ महीनों बाद वे उस शेरवानी को हवा–धूप लगवाते और फिर संभाल कर सूती कपड़े में लपेटकर वापस अटैची में रख दिया करते थे। यहाँ तक कि तीन दशकों बाद अपने सुपुत्र की शादी में भी अमरनाथ ने बहुत गर्व के साथ वही शेरवानी पहनी। ताज्जुब की बात तो यह है कि तीस वर्ष बाद भी वह शेरवानी उनके नाप की ही रही।

फिर 24 अगस्त 1952 में अमरनाथ और माया का विवाह हो गया।

विवाह के बाद पति और पत्नी दोनों रोहतक रोड वाले घर में ही रहने लगे। जयदेव ने अमरनाथ के विवाह से पहले ही निर्णय कर लिया था कि वे अपने लिए अलग मकान ढूँढ़ लेंगे पर उसकी नौबत नहीं आई क्योंकि उन्हें बंबई फ़िल्म इंडस्ट्री से फ़िल्म 'हम दोनों' के लिए संगीत निर्देशन करने का प्रस्ताव मिल गया था और वे बंबई चले गए।

उन दिनों हिन्दू परिवारों में नियम था कि शादी के बाद पत्नी के नाम के आगे पिता के स्थान पर पति के परिवार का उपनाम या गोत्र जुड़ जाता था। चूँकि वे सरकारी नौकरी करती थीं इसलिए दफ़्तर के रिकॉर्ड में उन्हें नया उपनाम लिखवाना था।

विवाह से पहले माया अपने नाम के आगे अपने पिता का उपनाम 'डावर' लगाया करती थीं और अब विवाह के बाद अमरनाथ के परिवार का उपनाम 'चावला' लगाना था।

माया ने अमरनाथ से जिज्ञासापूर्ण पूछ लिया कि आख़िर वे अपने नाम के आगे अपने खानदान का उपनाम 'चावला' क्यों नहीं लिखते। इस पर अमरनाथ ने कहा कि झंग की भाषा में 'चा' का मतलब 'खू' यानि कुआँ होता

है। उनके दादा और परदादा ज़मींदार थे और उन ज़मीनों से उपजे अनाज के भंडार को वे सूखे कुओं में भरकर रखते थे। क्योंकि वे ऐसे कई कुओं के मालिक थे इसलिए उन्हें चा–वाला यानि खू–वाला कहा जाता था। अब उन जैसे कलाकार के लिए 'खू' का मालिक होना कोई गर्व की बात तो नहीं थी इसलिए उन्होंने सिर्फ़ 'अमरनाथ' को ही अपनी पहचान माना।

"अमरनाथ शिव का नाम भी है, मुझे अच्छा लगता है।" उन्होंने बताया।

शायद इसलिए अमरनाथ माया को भी 'उमा' नाम से पुकारते थे। उमा पार्वती जी का ही एक नाम है।

अमरनाथ की यह सोच उनकी अंतरात्मा में बसी अध्यात्म वृत्ति का एक और खूबसूरत उदाहरण था।

हर पत्नी की तरह माया ने भी घर–गृहस्थी को संभालने की अपनी हर ज़िम्मेदारी को गंभीरता के साथ निभाना शुरू कर दिया था। उन्होंने नौकर शेर सिंह की तो एक हफ़्ते के अंदर ही छुट्टी कर दी और अब पति की खुराक़ का पूरा ज़िम्मा खुद उठा लिया। वे अक्सर कहा करती थीं, "जब हमारी शादी हुई उन दिनों पंडित जी टी.बी. के मरीज़ की तरह कमज़ोर दिखते थे, पर मैंने भी ठान लिया था कि इनकी सेहत बना कर ही दम लूँगी।" और सच में उन्होंने ऐसा करके भी दिखाया।

खुद शाकाहारी थीं पर पति के लिए रोज़ गोश्त बनातीं थीं। गायक पति के गले का इतना ख़्याल रखतीं कि सुबह के नाश्ते से लेकर रात के खाने तक का हर व्यंजन सिर्फ़ शुद्ध देसी घी में ही बनातीं। पति की सेहत बनाने के लिए उन्होंने अपनी माँ से पारंपरिक नुस्खे, जैसे मोहन रोटी, आटे की चुरी और गेहूँ के आटे व गुड़ से बना शुद्ध घी का हलवा बनाना भी सीख लिया था। अमरनाथ को भी इन देसी नुस्खों से बने खाने बहुत भाने लगे थे।

माया अतिथियों का स्वागत भी खुले दिल से किया करती थीं। उस्ताद अमीर खाँ साहिब जब भी उनके यहाँ आते तो माया के हाथों से बने खाने की बेहद तारीफ़ किया करते थे। घर में अक्सर संगीत की महफ़िलें भी लगा करती थीं जिनमें शहर के उभरते कलाकार और संगीत के घरानों के दिग्गज भी शामिल रहते थे। वे सबकी आवभगत हँसकर करतीं, किसी को खाली पेट घर से नहीं जाने देतीं। अमरनाथ को अपनी पत्नी पर गर्व होता।

रविवार के दिन जब माया के दफ़्तर की छुट्टी रहती तो उस दिन प्रातः पति के रियाज़ के वक़्त तानपूरे पर उनका साथ देतीं और सुर भी लगातीं।

माया के पिता, जिन्हें सब लालाजी कहकर संबोधित करते थे, दामाद अमरनाथ की सिर्फ़ इज्ज़त ही नहीं बल्कि उन्हें बेटे जैसा प्यार भी करते थे। लालाजी को होम्योपैथी चिकित्सा प्रणाली पर बहुत विश्वास था इसलिए उनके पास होम्योपैथी की पुस्तकों का काफ़ी बड़ा संग्रह भी था। उन्होंने एक पुस्तक दामाद को भी भेंट कर दी।

बस, फिर क्या था? पुस्तकें पढ़ने का शौक तो अमरनाथ को था ही, उन्होंने एक के बाद एक लालाजी के पास रखी होम्योपैथी की सभी पुस्तकें पढ़ डालीं।

कई सालों के बाद भी इस संदर्भ में वे अपना एक अनुभव सुनाया करते थे कि शादी के कुछ ही महीने बीते थे जब उनकी पत्नी को त्वचा सम्बन्धी कुछ परेशानी हो गई थी जिसका होम्योपैथिक उपचार उन्होंने पुस्तकें पढ़कर खुद किया था। जिसका परिणाम यह हुआ कि वे हमेशा के लिए इस चिकित्सा प्रणाली के ऐसे अनुयायी बन गए कि उन्होंने आगे चलकर अपने पुत्र को भी गर्व से होम्योपैथिक डॉक्टर बनाया।

अमरनाथ के पारिवारिक जीवन के साथ–साथ संगीत के क्षेत्र में भी खुशियाँ बढ़ने लगी थीं। रेडियो में उनके रचे गीत मशहूर हो रहे थे। उस्ताद अमीर खाँ साहिब की शागिर्दी में उनकी प्रतिभा और भी बढ़ रही थी। अमरनाथ को अपना जीवन सुरलोक सा प्रतीत होने लगा था। उन्हें लगा जीवन में जैसा चाहा था वैसा पा लिया, माँ की तलाश का उनका सफ़र अब ख़त्म हुआ।

पत्नी से उन्हें रम्भा जैसा प्रेम और माँ जैसी ममता मिल रही थी ऐसे में क्या वाकई अमरनाथ का माँ की तलाश का सफ़र ख़त्म हो गया था या उनका यह सफ़र अभी दूर तक जाना था?

दाता, तोहे तब ही निरंजन मानूँ,
जो मोरे मन प्रीत न उपजे,
उपजे तो दरद न होये।
जग छल करे तो भाव न समझूँ,
समझ बेकल नहीं होऊँ।
नैन रहें, पर कोई ना दीखे,
जो दीखे सो तेरा,
आस निरास ते ऊपर करिहों,
करिहों जगत नबेरा।

6

वे उनकी माँ न बन सकीं, पर माँ बन गईं

अमरनाथ का अपना परिवार बन गया था। उन्हें पत्नी संग नव निर्मित वैवाहिक जीवन के सुखों का परम आनंद प्राप्त हो रहा था। बचपन में ही माँ को खो देने के कारण जिस शून्यता का आभास वे अपने अब तक के जीवन काल में महसूस करते आ रहे थे, उससे अब उन्हें राहत मिल चुकी थी।

शादी के कुछ ही महीनों के अंदर पत्नी को दिल्ली के गोल डाकखाने इलाके में एक अच्छा–खासा सरकारी घर भी मिल गया। घर के आँगन में हरी–भरी घास और फूल–पौधों से भरा एक खूबसूरत सा लॉन भी था, जो अमरनाथ के मन को बहुत भाता था, वैसे भी उन्हें बचपन से ही पेड़–पौधों और प्रकृति की सुंदरता के प्रति आकर्षण तो था ही।

इस घर और रेडियो स्टेशन के बीच की दूरी सिर्फ़ इतनी थी कि अमरनाथ वहाँ पैदल चलकर जाना ही पसंद करते थे। उन दिनों रेडियो में हर तरफ़ उनके काम की प्रशंसा के चर्चे हो रहे थे।

इस दौरान अमरनाथ पत्नी के साथ कभी–कभी अपने पिता के घर सबसे मिलने भी चले जाया करते थे। हालाँकि उन दोनों की व्यस्त दिनचर्या के चलते अब मिलने मिलाने का सिलसिला धीरे–धीरे कम भी होता जा रहा था। लेकिन जब भी परिजनों से पुनर्मिलन होता तो माहौल काफी भावनात्मक बन जाया करता था।

अमरनाथ उस्ताद अमीर खाँ साहिब से सीखने के लिए रेडियो की नौकरी से छुट्टी लेकर कभी कलकत्ता चले जाते, तो कभी बंबई। धीरे–धीरे गुरु–शिष्य के बीच आत्मीयता इतनी बढ़ने लगी कि उनके बीच पिता और पुत्र का सा रिश्ता बन गया। अमरनाथ तो यूँ भी गुरु–शिष्य परंपरा के अनुयायी थे। खाँ साहिब की मौजूदगी को हर पल जीना चाहते थे। उनका मानना था, "मैं उस परंपरा का हिस्सा हूँ जहाँ शिष्य अपने आपको पूरी तरह से गुरु को सौंप देते थे, वे गुरु के साथ सालों–साल इतना वक़्त बिताते थे कि गुरु की अच्छाइयाँ और गुण खुद–ब–खुद उन शिष्यों में समा जाते थे। खूबसूरत बात तो यह है कि शिष्यों को ज्ञात भी नहीं होता था कि कब उन्होंने गुरु के जीने की शैली को अपना भी लिया।"

अमरनाथ कहा करते थे कि उस्ताद अमीर खाँ साहिब का भी यह मानना था, "शिष्य ने अगर गुरु का सोच–विचार नहीं समझा तो कुछ नहीं सीखा।"

अमरनाथ को एहसास हुआ कि गुरु के सोच–विचार को समझने और उनकी जीवन शैली का हिस्सा बनने के लिए यह ज़रूरी था कि वे खाँ साहिब के साथ अधिक से अधिक समय बिताएँ। इसी भाव को ध्यान में रखते हुए अमरनाथ ने भी एक बार बच्चों की तरह खाँ साहिब से लाड़ किया और कह दिया कि जब भी आपका दिल्ली आना होगा मैं आपको अपने घर के अलावा और कहीं रहने नहीं दूँगा। अमरनाथ की पत्नी माया ने भी पति की इस भावना का आदर करते हुए उनका पूरा साथ दिया।

अमरनाथ अमीर खाँ साहिब के साथ अपने ये अनुभव बहुत भावुक हो कर सुनाते थे।

"बस, उसके बाद जब भी कार्यक्रम के सिलसिले में उस्ताद अमीर खाँ साहिब दिल्ली आते, तो मैं उन्हें लेने रेलवे स्टेशन पहुँच जाता। खाँ साहिब के साथ कभी–कभी उनकी पत्नी 'मुन्नी बाई' जिन्हें हम अम्मा कहकर पुकारते थे, भी ठहरती थीं। हालाँकि मेरी पत्नी उन दोनों का सास–ससुर के जैसे ही आदर–सम्मान करतीं थी इसके बावजूद अम्मा अपना पूरा समय चौके में बितातीं थीं कि कहीं खाँ साहिब की खुराक़ में कुछ 19–20 न हो जाए।"

खाँ साहिब के साथ बिताए दिनों को याद करते हुए अमरनाथ कहते थे, "महाराज खाते बहुत कम थे, लेकिन नखरा पूरा करते। खाना बढ़िया पका होना चाहिए, रोज़ गोश्त चाहिए, कुछ सब्जियाँ जैसे भिंडी, करेला, अरबी, मेथी, वगैरह, पसंद करते थे पर अगर कभी पालक परोस दो तो थाली में

से उठवा देते। दालों में उड़द की दाल बहुत पसंद करते थे। वैसे एक दो बार सालन करीम होटल से ज़रूर लाना पड़ता था। आख़िर मैंने भी अम्मा से कुछ चीज़ें पकाना सीखीं। मंगलवार को हमारे यहाँ गोश्त नहीं बनता तो उस दिन लगता था कि न जाने बेचारे कैसा महसूस करेंगे। पर हम भी कोशिश करते थे कि कुछ तो ऐसा स्वादिष्ट पकाएँ कि उन्हें गोश्त की कमी कुछ ज़्यादा न खले।"

इसी संदर्भ में माया भी एक दिलचस्प अनुभव सुनाया करती थीं, "एक बार मंगलवार के रोज़ बाहर बहुत तेज़ बारिश हो रही थी, बाज़ार जाना मुश्किल था। उन दिनों हमारे पास फ्रिज नहीं होता था। बस, घर पर जो समान पड़ा था उसी में से कुछ अच्छा सा बनाना था। खाने को लेकर खाँ साहिब के नखरों के बारे में सोचा, तो लगा चुनौतीपूर्ण काम तो होगा, पर फिर भी कोशिश की। हम दोनों (अमरनाथ और माया) ने पाक कला की अपनी–अपनी रचनात्मक प्रतिभा का प्रयोग किया और कुछ ख़ास पका दिया, जिसे खाकर खाँ साहिब ने खूब दाद दी, 'वाह बहू जीते रहो, क्या साग बनाया है! पर यह तो बताओ कि इस जून के महीने में सरसों का साग मिला कहाँ से!' इस पर हम दोनों पति–पत्नी हँसी दबाते हुए एक दूसरे को देखने लगे। पर अम्मा असलियत जानती थीं उनसे रहा नहीं गया, उनकी हँसी निकल गई और उन्होंने अपने से अंदाज़ में खाँ साहिब को चिढ़ाते हुए कहा, 'अरे, यह तो बहू ने करतब दिखा दिया, जो पालक इतने बरसों हम आपको न खिला सके वो बहू ने खिला दिया।'"

इस किस्से को आगे बढ़ाते हुए अमरनाथ हँसते हुए कहते, "दरअसल, वह सरसों का साग था ही नहीं! खाँ साहिब की दो पसंदीदा चीज़ें उड़द दाल और मूली को पालक में मिला कर एक नया व्यंजन पकाया गया था जो संयोगवश स्वाद में सरसों के साग जैसा लगा। असलियत जानकर महाराज थोड़ा खिसियाए ज़रूर लेकिन फिर भी स्वाद लेकर पूरा खाना खाया, इसके बाद वे खुद खुशी से यह किस्सा आने वाली कई महफ़िलों में सुनाया करते थे।"

शिष्य और उस्ताद के बीच इस प्रकार के आत्मीय सम्बन्धों के पलों की कल्पना मात्र से ही हृदय गदगद हो उठता है। इन महान हस्तियों को शत शत प्रणाम।

इसी तरह एक–दूसरे के साथ समय बिताते हुए गुरु और शिष्य के बीच घनिष्ठता बढ़ती गई। उस्ताद अमीर खाँ साहिब अमरनाथ पर इतना भरोसा

करने लगे कि उनसे सलाह मशवरा भी कर लेते, कभी घर परिवार के मुद्दों को लेकर, तो कभी गाने को लेकर।

एक बार जब खाँ साहिब अमरनाथ के घर पर ही रुके हुए थे, तो रात का खाना–पीना हो जाने के बाद उन्होंने प्यार से अमरनाथ के कंधे पर अपनी बाँह डाली और कहा, "बेटा, तुम्हारी जयंत मल्हार की तारीफ़ सुनी है, ज़रा कहो.."

यह उन दिनों की बात है जब रेडियो पर अमरनाथ का रचा गीत, जयंत मल्हार में 'जा जा रे बदरा जा..', शांति माथुर व शांता सक्सेना की आवाज़ में रिकॉर्ड हुआ था और रेडियो सुनने वाले हर इंसान की ज़ुबान पर था। इसी को सुनने की फ़रमाइश की थी, खाँ साहिब ने।

अमरनाथ ने भी थोड़ा झिझकते हुए सुना दिया। अमीर खाँ साहिब सुनकर बहुत खुश हुए और कहा, "तुमने खुद से तो कभी नहीं बताया कि तुम लिखते भी हो! ख़ैर, तुम्हारी रचनाएँ पहले भी सुनता रहता हूँ। कई बार मुझे भी कोई नया मुखड़ा सोचने में मदद मिलती है।"

अमरनाथ इस किस्से को सुनाते वक़्त कहा करते थे, "यह सुनकर हमारी प्रतिक्रिया कुछ मिलीजुली सी हुई, एक तरफ़ खुश थे कि गुरु ने तारीफ़ की, पर थोड़ा संकोच भी हुआ यह सोचकर कि हमारे काम से उन्हें सोचने की प्रेरणा मिलती है!"

इस क़िस्से के ठीक चार महीने बाद जब अमीर खाँ साहिब फिर से दिल्ली आए तो स्टेशन से घर आते समय टैक्सी में ही अमरनाथ को 'रामदासी' का मुखड़ा सुनाने लगे,

"छाए बदरा कारे कारे .."

और फिर उत्सुकता से बोले, "देखो ..यह कुछ वैसा ही है ना..वो...तुम्हारे जयंत मल्हार जैसा।"

जब भी अमरनाथ उस्ताद अमीर खाँ साहिब का यह किस्सा सुनाते थे तो साथ में यह भी कहते थे, "हमारे अंदर भी गुरु के ये गुण तो आ गए .. शागिर्दों से भी प्रेरणा ले लेते हैं और उन्हें पता ही नहीं चलता।"

फिर सन् 1954 में अमरनाथ पिता बन गए। पुत्र के जन्म ने अमरनाथ और माया के जीवन को खुशियों से भर दिया। अमरनाथ ने बेटे का नाम 'विशाल' रखा। इसी वर्ष एक और खुशखबरी आई अमरनाथ के जीवन में, और वह थी उनका बंबई फ़िल्म इंडस्ट्री में संगीत निर्देशक के रूप में चुना जाना।

अमरनाथ के बचपन के मित्र अमर कुमार ने बरसों पहले उनसे जो वादा किया था कि अगर कभी मैंने फ़िल्म बनाई तो उसके संगीत निर्देशक तुम ही बनोगे, उसे अब पूरा कर दिया था।

अमर कुमार ने जब बंबई में फ़िल्म 'गरम कोट' को निर्देशित करने का निर्णय लिया तो उन्होंने उसके संगीत निर्देशक के रूप में अमरनाथ का चुनाव किया।

'गरम कोट' एक ऐसी क्लासिक फ़िल्म थी, जिसकी कहानी उस वक़्त के प्रगतिशील हिन्दी और उर्दू के उपन्यासकार, निर्देशक, पटकथा लेखक व नाटककार, राजिन्दर सिंह बेदी द्वारा लिखी एक लघु कथा पर आधारित थी।

हालाँकि शुरू में फ़िल्म के मुख्य नायक बलराज सहानी के साथ गीता बाली को नायिका बनाने की योजना थी, पर फिर निरुपा रॉय ने इस भूमिका को निभाया। दोनों के बीच के दृश्य गहरी भावनाओं से ओत–प्रोत थे। इस फ़िल्म में दर्शाया गया था कि किस तरह एक मध्यम वर्गीय परिवार एक पूरा महीना घर के मुखिया की एक महीने की तन्ख़्वाह, जो मात्र 100 रुपए थी, के बिना बिताता है। दरअसल, कहानी का मुखिया वह 100 रुपए का नोट अपने कोट की जेब में रख देता है, जो इत्तेफ़ाकन कोट के अस्तर के अंदर कहीं घुस जाता है और फिर जाकर कहीं तकरीबन महीने भर के बाद अचानक हाथ लगता है। परिवार में उस महीने के तनावपूर्ण वातावरण के बीच पत्नी और बच्चों की गुमसुम खामोशी में छिपी एकजुटता, अनुराग और परायणता के सुंदर पलों को फ़िल्म में बहुत दिलकश ढंग से पिरोया गया था, जो उस ज़माने के भारतीय परिवारों की जादुई सुंदरता की झाँकी थी।

फ़िल्म में पाँच गीत थे और उनमें से दो को लता जी ने गाया था। अमरनाथ ने इस फ़िल्म की म्यूज़िक रिकॉर्डिंग का मुहूर्त उस्ताद अमीर खाँ साहिब से ही करवाया था।

फ़िल्म के सब गीत उस ज़माने के बड़े हिट गाने बने। विशेषकर, मीराबाई का भजन 'जोगिया से प्रीत किए दुःख होए' को तो बहुत ही लोकप्रियता प्राप्त हुई थी। यहाँ तक कि लता जी को भी यह गीत इतना पसंद आया कि जब उन्होंने अपने दस प्रिय गानों की पहली एल्बम निकाली तो उसमें इस गाने को भी रखा था। ज़ाहिर सी बात है कि उस वक़्त अमरनाथ को अपनी इस उपलब्धि पर बहुत गर्व का अनुभव हुआ था।

फ़िल्म 'गरम कोट' के बारे में एक और किस्सा बहुत प्रसिद्ध हुआ था, वह यह कि लता जी को जब इस फ़िल्म में गाने के लिए फ़ीस/शुल्क का

चैक दिया गया तो उन्होंने उस चैक को यह कहते हुए वहीं फाड़ दिया कि "कई वर्षों के बाद ऐसा हुआ है कि कुछ गीतों ने मुझे इतना मोहित और प्रेरित किया हो। इस फ़िल्म को बनाने के आपके नवोद्यम उपक्रम में इसे मेरा योगदान समझ लीजिए।"

लता जी के कहे ये शब्द, उस ज़माने के जाने–माने फ़िल्म अखबार 'स्क्रीन' में, मुख्य पृष्ठ की खबर बने थे। अमरनाथ जी से जब पूछा गया कि उन्होंने उस फटे हुए चैक का क्या किया तो उन्होंने हँसते हुए बताया, "मैंने कई मुद्दत तक उसे अपने कोट की एक जेब में ही पड़े रहने दिया था।"

सन् 1955 में अमरनाथ ने 'गरम कोट' में दिए गए अपने संगीत से काफ़ी शौहरत हासिल कर ली थी। इसी वर्ष 1955 में ही अमरनाथ और माया की गृहस्थी में पुत्री ने जन्म लिया। जिसका नाम अमरनाथ ने 'बिन्दु' रखा।

अमरनाथ के एक दार्शनिक मित्र ने टिप्पणी दी, "अमरनाथ ने अपने बच्चों का नाम बड़े वैज्ञानिक महत्व के साथ रखा था। उदाहरण के लिए 'विशाल और बिन्दु' का नामकरण 'बूँद से सागर' और फिर 'सागर से बूँद' जैसा है, जो रियाज़ के लिए 10 मौलिक पलटों के अपने स्वयं के गठन में महत्वपूर्ण है, या यह एक स्क्रिप्ट की यात्रा की तरह है, जो केवल एक कहानी से एक पूरी बाध्य लिपि तक है, और फिर स्क्रिप्ट के शीर्षक का नामकरण करने के लिए वापस लौटने जैसा..।"

अमरनाथ के घर बिटिया ने जन्म लिया है, यह खबर मिलते ही उनके पिता अपनी पत्नी लाजवंती व बेटी कृष्णा को लेकर उनसे मिलने आए। हर बार की तरह इस बार भी परिवार का मिलन भावनात्मक था। लाजवंती माँ ने भीगी आँखों से देखते हुए बेटे को आशीर्वाद दिया और पुरानी एक कहावत दोहराई, "हाय हाय, लड़न रात आवे ते बिछड़न रात न आवे।"

यानि झगड़े की रातें तो आएँ पर जुदाई की रात कभी न आए। दूसरी माँ के कहे इन शब्दों ने स्वभाव से ही संवेदनशील रहे अमरनाथ के मन को लंबे समय तक प्रभावित किए रखा। जिसके परिणामस्वरूप कुछ ही दिनों बाद उन्होंने राग 'जयजयवंती' में इस ख़याल बंदिश की रचना की.. (अमरनाथ कहा भी करते थे कि सहती सहती घुटन से गीत बनता है.. मन की बात कहने को या तो स्वर फटते हैं या फिर कविताएँ।)

'बिधाना ऐसि कबहूँ न रचिए,
जामे मिलन की बात न रखिए।
लड़न रात सौ सौ रचिए,
पर बिछुड़न रात न एक रखिए'।

इस दौरान 1955 में अमरनाथ ने 'बेगम कुदसिया ज़ैदी' द्वारा रचित म्यूज़िकल ड्रामा 'आम्रपाली' के लिए बहुत से गीत बनाए।

बेगम कुदसिया ज़ैदी ने 1954 में 'हिंदुस्तानी थिएटर' का निर्माण किया था। बेगम ज़ैदी कला के क्षेत्र की कुलीन महिला थीं। कम उम्र में रंगमंच के प्रति उनके जुनून ने उन्हें पंडित जवाहर लाल नेहरू के रूप में एक करीबी प्रशंसक दे दिया, जिनसे उनकी दोस्ती उम्रभर बनी रही। 'आम्रपाली' उनकी शुरुआती विशेष प्रस्तुतियों में से एक थी और उन दिनों राजधानी की एक बड़ी हिट भी, जिसे खचाखच भरे 'सपरू हाऊस' में महीनों प्रदर्शित किया गया।

आम्रपाली और अजातशत्रु की कहानी वैसे भी अमरनाथ के दिल के बहुत करीब थी और इस ड्रामा में दिए संगीत ने उन्हें न केवल बहुत सी प्रशंसाएँ दिलवाईं बल्कि ऐसे कई प्रशंसकों से भी मिलवा दिया जो उम्रभर के लिए उनके मित्र भक्त ही बन गए। इनमें से एक हस्ती थी नियाज़ हैदर, जिन्होंने इस म्यूज़िकल ड्रामा की पटकथा लिखी थी।

अपने इस अनोखे मित्र के बारे में बताते वक़्त अमरनाथ कहते थे कि "नियाज़ हैदर कुँवारे व ठेठ उर्दू कवि थे, जिन्हें सब 'नियाज़ बाबा' कहकर पुकारा करते थे। अपने लंबे कोट के पहनावे से नियाज़ बाबा मिर्ज़ा ग़ालिब की तरह दिखते थे और उनके चेहरे पर कंधे तक की लंबी सफ़ेद दाढ़ी रबीन्द्रनाथ टैगोर की याद दिलवाती थी।"

नियाज़ बाबा के बारे में सुना है कि उन्हें अमरनाथ से सूफ़ी वाला प्रेम था, ऐसा प्रेम जो अक्सर पीर बाबा और भिक्षुकों से किया जाता है। शायद नियाज़ बाबा भी उन चाहने वालों में से एक थे जिन्होंने अमरनाथ के व्यक्तित्व में बसे संत रूप को पहचान लिया था।

जहाँ तक अमरनाथ के आम्रपाली की कहानी को पसंद करने की बात है, शायद वो इसलिए भी कि अमरनाथ ने कहानी में पारिवारिक जीवन की सीमाओं और भागीदारी के भीतर संन्यासी होने की पीड़ा को देखा, कुछ ऐसा

जो हमेशा उनके भीतर गुंजायमान रहता था। हो सकता है उन्होंने आम्रपाली के चरित्र में भिक्षुकपन की एक ऐसी छवि देखी हो जिसमें उन्होंने खुद का प्रतिनिधित्व किया हो, तभी तो 1945 में बनी फ़िल्म 'आम्रपाली' को उन्होंने लाहौर में तकरीबन 17 बार देख डाला।

फिर जब 1966 में फ़िल्म 'आम्रपाली' दोबारा बनी, जिसमें सुनील दत्त और वैजयंती माला ने अभिनय किया था, उसे भी अमरनाथ ने बहुत पसंद किया। इस फ़िल्म के एक गाने की इन पंक्तियों 'यह भोग भी एक तपस्या है, तुम त्याग के मारों क्या जानों' ने तो अमरनाथ के दिल को पूरी तरह से छू लिया था। इसमें कोई भी अतिशयोक्ति नहीं होगी अगर हम कहें कि कहीं न कहीं इसका संबंध उस आध्यात्मिक आधारशिला से था जिसकी नींव अमरनाथ के चरित्र में बचपन में ही पड़ गई थी और जिसका प्रमाण 'शुद्ध कल्यान' में लिखी उनकी इस बंदिश से भी मिलता है–

सकल साज, सकल आज,
छाँड रहे तुमरे काज,
साधू के मत अनेक,
जो साधू मोह करे,
हम तों उनमें से एक,
साँची कहत, कौन लाजा।

इन सब घटनाक्रमों के चलते माया और अमरनाथ की गृहस्थी की दिनचर्या में भी बदलाव आ रहे थे। नौकरी के साथ दो बच्चों की देखभाल करने में माया इतनी व्यस्त हो गईं कि कब पति के ऊपर से उनका ध्यान हट गया, इसका पता ही नहीं चला। माया की प्राथमिकताएँ अब बदल चुकी थीं। अपनी नई गृहस्थी के शुरुआती दिनों में तो वे कम से कम रविवार के दिन तो पति के रियाज़ के वक़्त तानपूरे पर उन्हें संगत दे दिया करती थीं। संगीत के कार्यक्रमों को सुनने के लिए भी पति के संग जाया करती थीं पर अब तो इन सब बातों के लिए उन्हें समय ही नहीं मिलता था।

दोनों बच्चे अभी इतने छोटे थे कि उनके सोने और उठने के वक़्त भी सुनिश्चित नहीं हुए थे। रात को कभी बेटी के लंगोट बदलने के लिए उठना पड़ता, तो कभी बेटे के। कभी एक को भूख लगती, तो कभी दूसरे

बच्चे को, इसी में कब रात बीत जाया करती, यह माया को पता भी नहीं चलता था।

पर माया नहीं चाहती थीं कि उनकी तरह बच्चों के कारण पति की नींद में भी बाधा आए और उसका असर उनके रियाज़ करने की दिनचर्या पर पड़े। इसीलिए उन्होंने अमरनाथ को अलग कमरे में सोने का सुझाव दिया।

इसमें कोई संदेह नहीं कि अमरनाथ को अपने बच्चों से बेहद लगाव था और वे भी अपने दिन और रात बच्चों के बीच ही बिताना चाहते थे पर यह भी सच है कि उन्होंने हमेशा अपने रियाज़ को साधना का दर्जा दिया इसलिए पत्नी का सुझाव उन्हें भी व्यावहारिक तो लगा पर कभी–कभी अकेलापन महसूस करने लगे। पत्नी के साथ अधिक समय न बिता पाने की टीस उनके दिल को बेचैन भी कर जाती।

विवाह के बाद से ही वे अपनी संगीत की दुनिया में चल रही गतिविधियों को पत्नी के साथ साझा करते आए थे। अपने रचे नए गीत और नई काव्य रचनाएँ सबसे पहले पत्नी को ही सुनाते थे और वे भी खूब दाद देती थीं, कभी–कभी सलाह भी दे देती थीं, जो अमरनाथ को बहुत अच्छा लगता था। पर अब परिस्थितियाँ बदल रहीं थीं। पत्नी का अधिकतम समय दफ़्तर, बच्चों और गृहस्थी के कामकाज में ही निकल जाता।

पर अमरनाथ पहले की तरह अब भी अपनी पत्नी के साथ अपनी रची कविताएँ और गीत साझा करने को बेताब रहते, लेकिन पत्नी को व्यस्त देख कर थोड़ा निराश भी हो जाते। ऐसे ही एक बार जब उन्होंने नया गीत लिखा तो बेसब्री से इंतज़ार करने लगे कि कब पत्नी का कामकाज ख़त्म हो और कब वे उनको सुनाएँ। पत्नी भी बेताब थीं कि पति के साथ कब एकान्त के दो पल बिताऊँ और उनकी नई रचना सुनूँ।

और फिर दिन के किसी पहर में वे पति के पास आकर बैठ गईं। अमरनाथ ने भी अपनी डायरी खोली और अपनी नई रचना सुनानी शुरू कर दी, पर जब पत्नी की तरफ़ से प्रशंसा और दाद जैसी कोई प्रतिक्रिया नहीं मिली तो अमरनाथ को थोड़ी निराशा हुई कि शायद पत्नी को उनकी रचना पसंद नहीं आई।

जब अमरनाथ ने डायरी पर से नज़र उठाई तो पत्नी को गहरी नींद में सोया पाया, यह देख अमरनाथ गुस्सा तो नहीं, लेकिन बेहद दुःखी और निराश हुए। हालाँकि उन्हें पत्नी की बेहद व्यस्त हो चुकी जीवन शैली के

प्रति पूरी सहानुभूति थी, पर उन्होंने भी कहाँ जीवन को इस प्रकार से जीने की कल्पना की थी?

जब पत्नी की आँख खुली तो अपनी उस बेसुधी पर उन्हें बहुत खेद हुआ और उन्होंने पति के आगे क्षमा याचना भी की जिस पर अमरनाथ ने भावुक होकर कहा, "इसीलिए मैं नहीं चाहता कि तुम नौकरी करो। तुम्हारे साथ जीवन के बहुत से सपने संजोये थे मैंने सोचा था पत्नी के साथ अच्छे पल बिताऊँगा। हमारे बच्चे हर पल माँ की नज़रों के सामने रहेंगे। माँ की अहमियत समझता हूँ, इसलिए। पर, देख रहा हूँ सब धुँधला–सा पड़ता नज़र आ रहा है।"

"मैं समझती हूँ आपकी भावनाएँ, लेकिन मैं भी कहाँ अपने लिए नौकरी करने जाती हूँ। बच्चों को दिल्ली के सबसे बड़े स्कूल में पढ़ाने का सपना मैंने भी देखा है। मैंने सोच लिया है कि जैसे ही आपका काम और अच्छा हो जाएगा, तो मैं यह नौकरी छोड़ दूँगी।"

"हूँ...," अमरनाथ पत्नी की कही बातों का अभिप्राय समझ गए थे, समझते थे कि पत्नी के सपनों को पूरा करने के लिए उन्हें और भी ज़्यादा कमाना होगा, पर चुप रहे।

बचपन से बेहद संवेदनशील प्रवृत्ति होने के कारण अमरनाथ अपने दिल की कसक को, दिल पर लगी ठेस को गुप्त ही रखते थे। खुद घुटते थे पर कड़वे शब्दों के बाण से किसी को भी दुःख नहीं देते थे। इस बार भी उन्होंने ऐसा ही किया।

पत्नी से हुए इस वार्तालाप के बाद उन्हें माँ की बहुत याद आई और फिर उस रात बहुत अरसे के बाद उदास से अमरनाथ ने फिर वही बचपन वाला सपना देखा, जिसमें उनकी जयदेवी माँ ढोलनी की पोशाक में गीत गाते हुए एक बड़े से खुले मैदान में चल रही हैं, छोटा–सा बच्चा नाथ उनकी ओर बढ़ रहा है, पर लोग बच्चे को आगे नहीं जाने दे रहे, तभी माँ अंधेरे में कहीं लुप्त हो जाती हैं, बच्चा माँ माँ पुकारता हुआ रोता और चिल्लाता है।

इतने में अचानक अमरनाथ की नींद खुल गई। उन्होंने अपने माथे पर आया पसीना पोंछा और दर्द भरी आवाज़ में कहा, "ओ मेरी माँ....।"

फिर कुछ दिनों के बाद उन्होंने अपनी घुटन को इस प्रकार काव्य में लिखकर व्यक्त कर दिया,

आज का दिन भी गया,
फिर ये तेरे बिन गया।
देह भोग पाई ना,
तू तो सुख भी गिन गया।
अतीत का अमल, सुझा–सुझा हर एक दिन गया,
ये क्या मधु पीया गया, कि भूलना भी छिन गया।
रात रूठती रही, दिन से, तेरी याद में,
हँस के टालता रहा, दिन जो तेरे बिन गया।
हर घड़ी ये ही लगे, यहीं कहीं से आओगे,
कहोगे साँझ हो रही, घर चलो कि दिन गया।

इस बीच अमरनाथ के काम के चर्चे हर जगह हो रहे थे। रेडियो पर प्रसारित उनके गीत, फ़िल्म 'गरम कोट' के गाने व संगीत नाट्य 'आम्रपाली' में दिए उनके संगीत ने सबका मन मोह लिया था। ऐसे में बंबई से भी उनके मित्रों के ख़त आने लगे कि 'बंबई आ जाओ ..अच्छा काम मिलेगा..।'

अमरनाथ वैसे भी बंबई जाने के लिए मौके का इंतज़ार करते रहते थे ताकि वहाँ जाकर उस्ताद अमीर खाँ साहिब के साथ वक़्त बिता सकें और गुरु के आशीर्वाद से अपने संगीत की प्रतिभा को और अलंकृत कर सकें। फिर क्या था? अमरनाथ 1957 में बंबई चले गए।

पत्नी माया भी फ़िल्म इंडस्ट्री में पति की कामयाबी के लिए मंगल कामना करने लगीं। आख़िर वे भी चाहती थीं कि घर की आर्थिक स्थिति इतनी मज़बूत हो जाए ताकि वे अपनी नौकरी छोड़कर पति और बच्चों के साथ एक आदर्श जीवन बिताएँ। एक ऐसा जीवन जिसकी कामना उनके पति, जो बिन माँ के बेटे हैं, ने हमेशा से की है।

बंबई पहुँचकर अमरनाथ अपने जिगरी दोस्त जयदेव के घर पर रुके, जहाँ उनसे मिलने उनके एक अच्छे शागिर्द और मित्र 'ब्रिज भूषण' भी आए। कुछ वर्षों पहले जब ब्रिज भूषण दिल्ली में अमरनाथ से संगीत सीखा करते थे तब अमरनाथ ने उन्हें सलाह दी थी कि उनकी बेहतरीन आवाज़ के कारण उनका भविष्य फिल्म इंडस्ट्री में 'प्ले बैक या वॉयस ओवर' के क्षेत्र में उज्ज्वल बन सकता है। इसलिए उन्हें बंबई जाकर काम पाने की कोशिश करनी चाहिए। गुरु और दोस्त से प्रेरणा पाकर ब्रिज भूषण बंबई आए और कामयाब भी हुए।

बंबई में आकर बसे अमरनाथ के और दोस्तों की तरह ब्रिज भूषण की भी आंतरिक इच्छा थी कि अमरनाथ भी फ़िल्म इंडस्ट्री में कामयाबी हासिल करें इसलिए वे अमरनाथ को उस वक़्त के उभरते निर्माता–निर्देशक, एक बंगाली महाशय 'मुखर्जी' से मिलवाने ले गए।

हालाँकि मुखर्जी अमरनाथ द्वारा 'गरम कोट' में दिए संगीत के चर्चे पहले ही सुन चुके थे और यह भी जानते थे कि किस तरह अमरनाथ के संगीत ने सुरों की मल्लिका लता मंगेशकर का दिल जीत लिया था, पर मुखर्जी अपने अहंकारी व्यवहार के हाथों मजबूर थे। उन्होंने अमरनाथ को अशिष्टता पूर्ण तरीके से कहा, "ऐ.. कुछ सुना!"

मुखर्जी के अहंकारी लहज़े से अमरनाथ को कुछ बेचैनी हुई, जो उनके मित्र ब्रिज भूषण ने भाँप ली थी। शायद उसी वक़्त अमरनाथ वहाँ से बाहर निकल जाते पर उनके मित्र ने मेज़ के नीचे से अमरनाथ का हाथ पकड़कर शांत हो जाने का संकेत दिया।

जैसे–तैसे अमरनाथ ने अपने गुस्से को कुछ वक़्त के लिए काबू में रखने की कोशिश की और फिर अपने हाथ में पकड़ी डायरी को मेज़ पर रखकर अपने लिखे एक गीत का मुखड़ा सुनाना शुरू किया। अमरनाथ ने अभी गाना ख़त्म भी नहीं किया था कि मुखर्जी महाशय ने अपने दोनों पैर मेज़ पर रख दिए और व्यंग्यात्मक लहज़े में कहा, "अरे भई, कुछ और है क्या तेरे पास? वो सुना!"

अब तक अमरनाथ शांत मुद्रा में आँख बंद करके गा रहे थे। अचानक मुखर्जी की आवाज़ सुनकर जब उन्होंने गाना बंद किया और आँखें खोलीं तो पाया कि मुखर्जी महोदय ने जूते समेत अपना पैर उनकी डायरी पर रखा हुआ था।

बस, फिर क्या था! अमरनाथ यह अपमान सहन न कर सके, उनका चेहरा गुस्से से लाल–पीला हो गया। उन्होंने महोदय के पैर के नीचे से अपनी डायरी को बाहर निकाला और अपने माथे से लगाते हुए रूखेपन से जवाब दिया, "आपको सुनाने के लिए कुछ नहीं है मेरे पास..।"

इतना कहकर अमरनाथ कमरे से बाहर निकल आए। वहाँ का यह अटपटा सा माहौल देख कर अमरनाथ के साथ गए उनके मित्र ब्रिज भूषण की हालत भी अजीब सी हो गई। एक तरफ़ तो बॉलीवुड इंडस्ट्री का नामी निर्माता–निर्देशक था जिसके साथ उनका व्यावसायिक संबंध और रोज़ का उठना–बैठना था, दूसरी तरफ़ ऐसा दोस्त और गुरु था जो उनके दिल के

बहुत करीब था। ऐसे में ब्रिज भूषण को समझ में नहीं आ रहा था कि आख़िर, वे करें तो क्या करें?

मुखर्जी से आँखें मिलाए बिना वह दोस्त भी अमरनाथ के पीछ–पीछे कमरे से बाहर निकल आया।

तब तक अमरनाथ बिल्डिंग से बाहर निकल चुके थे। दोस्त ने जल्दी से पीछे से आकर अमरनाथ के कंधे पर हाथ रखते हुए उन्हें रोकते हुए कहा, "यार, ये फ़िल्मी दुनिया के लोग हैं। इन लोगों के बात करने का लहज़ा थोड़ा अलग है, और यार इस वक़्त हमें इनसे काम है, सहना पड़ेगा। थोड़ा कुछ और गा देते।"

"नहीं चाहिए ऐसा काम, मैं सिर्फ़ उनके लिए गाता हूँ जो इज्ज़त से पेश आते हैं। मुझे संगीत में दिखावा करना नहीं आता और ऐसे बदतमीज़ लोगों के साथ तो मैं वैसे भी काम करना कभी पसंद नहीं करूँगा।"

"यार, यह व्यापार है। इन लोगों से माँ जैसा प्यार नहीं मिल सकता।"

ब्रिज भूषण अमरनाथ को बहुत करीब से जानते थे इसलिए यह भी समझते थे कि किस तरह अमरनाथ को हर रिश्ते से माँ जैसी आत्मीयता की अपेक्षा रहती है इसलिए उन्हें समझाने की कोशिश कर रहे थे पर उन्हें इसमें कामयाबी नहीं मिली और वे अमरनाथ को बंबई में रहकर फ़िल्म इंडस्ट्री के कुछ और लोगों से मिलने के लिए नहीं मना पाए।

लेकिन ब्रिज भूषण इतनी आसानी से हिम्मत हारने वालों में से नहीं थे इसलिए उन्होंने बंबई में बसे अमरनाथ के अन्य मित्रों से भी इस बारे में बातचीत की कि किसी तरह अमरनाथ को दिल्ली वापस जाने से रोक लीजिए। जिसके परिणामस्वरूप कई मित्रों ने अमरनाथ को मनाने की कोशिश भी की। सारंगी वादक पंडित राम नारायण जी भी उनमें से एक थे। पंडित राम नारायण जी, उन दिनों फिल्मों में भी बजाया करते थे, उन्होंने भी अमरनाथ को समझाया, "अमरनाथ, टिके रहो। दो–तीन हफ़्ते और रुक जाओ। हो सकता है, मुखर्जी से अच्छा कोई और मिल जाए यहाँ।" पर अमरनाथ नहीं माने। वे हताश हो चुके थे। जल्दी से जल्दी दिल्ली वापस पहुँच जाना चाहते थे। उन्हें अपनी संगीत की साधना और बीवी–बच्चों की याद आ रही थी।

फिर उस शाम जब अमरनाथ उस्ताद अमीर खाँ साहिब के घर गए तो उन्हें आपबीती व सारी दास्तान सुना डाली।

अमरनाथ काफ़ी दुःखी थे। अपने गुरु से सवाल करने लगे, "मैंने कुछ गलत किया क्या, महाराज? आपका ही हुक्म है कि जब तक बात ठीक न लगे तब तक न मानना। आपसे ही ऐसा सोच–विचार सीखा है, महाराज! इज्ज़त से कमाई करनी है, वरना नहीं। दुनिया बंबई तक सीमित नहीं है। नहीं मिलता यहाँ काम, तो न मिले।"

खाँ साहिब ने भी प्यार से अमरनाथ के सिर पर हाथ फेरते हुए कहा, "बेटा, तुम संगीत के साधक हो। ये फ़िल्म वाले लोगों की सोच तुम्हें रास नहीं आएगी। अब तो यहाँ तब ही काम करना जब ये खुद तुम्हें बुलाएँ।"

फिर अमरनाथ वापस दिल्ली आ गए। जब बच्चों और पत्नी से मिलकर मन शांत हुआ तब जाकर उन्होंने पत्नी को बताया कि किस तरह बंबई की फ़िल्म इंडस्ट्री उन्हें रास नहीं आई।

पत्नी माया ने पति को सांत्वना दी और प्रोत्साहित भी किया, "आप निराश मत होएँ यहाँ दिल्ली में ही आपके काम को इतनी सराहना मिल रही है।"

पर अकेले में वे खुद अपनी ही निराशा से जूझती रहीं। जब से अमरनाथ बंबई गए थे तब से उनकी पत्नी के मन में एक आशा की किरण जाग गई थी और उन्होंने तय भी कर लिया था कि जैसे ही आमदनी के और रास्ते खुल जाएँगे तो वे भी जल्दी ही नौकरी छोड़ देंगी ताकि एक आदर्श परिवार को लेकर पति की उनसे जो अपेक्षाएँ हैं उनको वे अच्छे से निभा सकें। लेकिन बंबई में पति के साथ हुए बुरे अनुभव ने उन्हें निराश कर दिया था।

उस वक़्त माया ने इस मामले में पति से कोई शिकायत तो नहीं की, बल्कि उन्हें हिम्मत देती रहीं पर खुद निराश हो गईं। पर वास्तव में परिवार के आर्थिक भविष्य को लेकर बहुत चिंतित हो उठीं कि अब क्या होगा!

वो ही मन मोरा
वो ही मोरे भाव रे,
तेरे ही थक गए चाव रे!
इक मन से मोहे पास बुलावो,
इक मन से कहो जाओ रे,
सजना, तुम तो हो गए न्यारे,
सुख भी तरस गए बेचारे,
कोई तो भूल सुझाओ

पंडित अमरनाथ जी का यह चित्र न्यूयार्क के एक कार्यक्रम का है, जिसमें वे अपने तानपुरे 'राम जी' को मिला रहे हैं। दिलचस्प बात यह है कि पंडित जी ने अपने तानपुरों की जोड़ी का नामकरण 'राम जी' और 'लक्ष्मण जी' के नाम से किया था। घर पर पंडित जी एक दिन राम जी को खोलते थे और दूसरे दिन लक्ष्मण जी को। बाहर के संगीत समारोहों में वे राम जी को ही साथ लेते थे। उनके तानपुरों की जोड़ी ख़ासतौर से सूफ़ियाना अंदाज़ में बिना किसी नक्काशी और आडंबर से बनी थी। छायाचित्रः आइरा लैंडगर्टेरन

1980 के दशक में पंडित अमरनाथ जी संगीत की अभिव्यक्ति करते हुए। तानपुरे पर संगत देती हुईं उनकी शिष्याएँ; दाईं ओर बिन्दु चावला और बाईं ओर अमरजीत जस।

यह चित्र सन् 1954–55 में फिल्म 'गर्म कोट' की रिकॉर्डिंग के बाद का है। उस्ताद अमीर खाँ साहिब के दाईं ओर पंडित अमरनाथ जी और उनके बाईं ओर पंडित राम नारायण जी हैं।

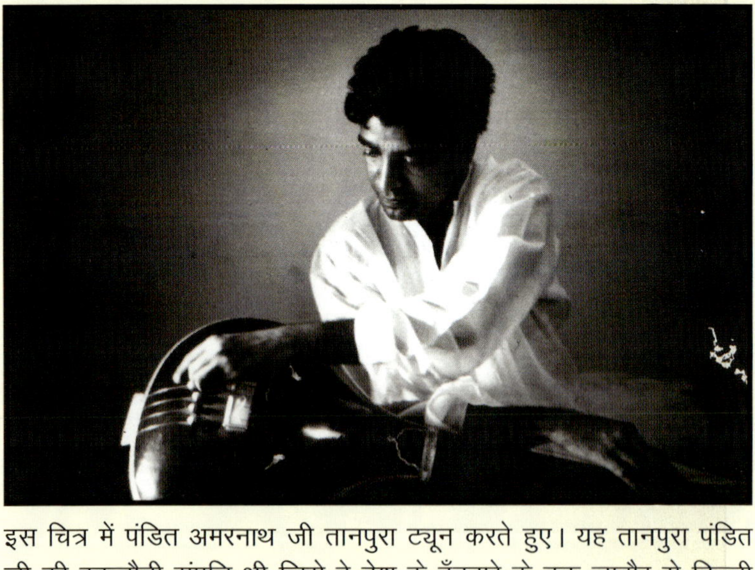

इस चित्र में पंडित अमरनाथ जी तानपुरा ट्यून करते हुए। यह तानपुरा पंडित जी की इकलौती संपत्ति थी जिसे वे देश के बँटवारे के वक्त लाहौर से दिल्ली लाए थे। आख़िर में यह तानपुरा 1970 के दशक में पंडित जी के साथ पेरिस गया और फिर वहीं रह गया। छायाचित्रः श्री ओ.पी. शर्मा।

यह चित्र 1950 के दशक का है। पंडित अमरनाथ जी भारत के भूतपूर्व प्रधान मंत्री पंडित जवाहर लाल नेहरू जी के साथ।

1980 के दशक में पंडित अमरनाथ जी संगीत गोष्ठी को संबोधित करते हुए।

1980 के दशक में पंडित अमरनाथ जी, पूर्व सूचना और प्रसारण मंत्री श्री वसंत साठे से वार्तालाप करते हुए।

1960 के दशक में पंडित अमरनाथ जी मंच पर गायन में लीन। तानपुरे पर संगत देते उनके शिष्य, उनके दाईं ओर महेंद्र और बाईं ओर सुरेन्द्र।

उस्ताद अमीर खाँ साहिब, सुरमंडल के साथ रियाज़ करते हुए। खाँ साहिब अपने इस सुरमण्डल को कभी कार्यक्रमों में नहीं ले जाते थे पर घर पर इसके साथ कभी–कभी 'निग्गा' सुर लगाते थे।

सन् 1986 में पंडित अमरनाथ जी अपने लाडले पोते 'कबीर' को उसकी पहली वर्षगाँठ पर गोद में उठाए हुए।

सन् 1952 का यह चित्र पंडित अमरनाथ जी के संग उनकी पत्नी माया के विवाह का है।

सन् 1980 के दशक में पंडित अमरनाथ जी संगीत के एक कार्यक्रम में गाते हुए।

1980 के दशक में पंडित अमरनाथ जी, भारतीय कला केंद्र में शिष्यों को संगीत की शिक्षा देते हुए।

1960 के दशक में पंडित अमरनाथ जी, भारत के भूतपूर्व राष्ट्रपति श्री ज़ाकिर हुसैन खान साहब के साथ वार्तालाप में मग्न।

1948–49 के इस चित्र में ऑल इंडिया रेडियो में संगीत निर्देशन करते हुए पंडित अमरनाथ जी, सारंगी पर हैं पंडित राम नारायण जी और सितार पर पंडित रवि शंकर जी।

सन् 1969 में फ़िल्म 'ग़ालिब' की रिकॉर्डिंग के दौरान टेक से पहले। पंडित अमरनाथ जी, कैफ़ी आज़मी (माइक के पीछे) और उस्ताद अमीर खाँ साहिब (माइक के सामने)।

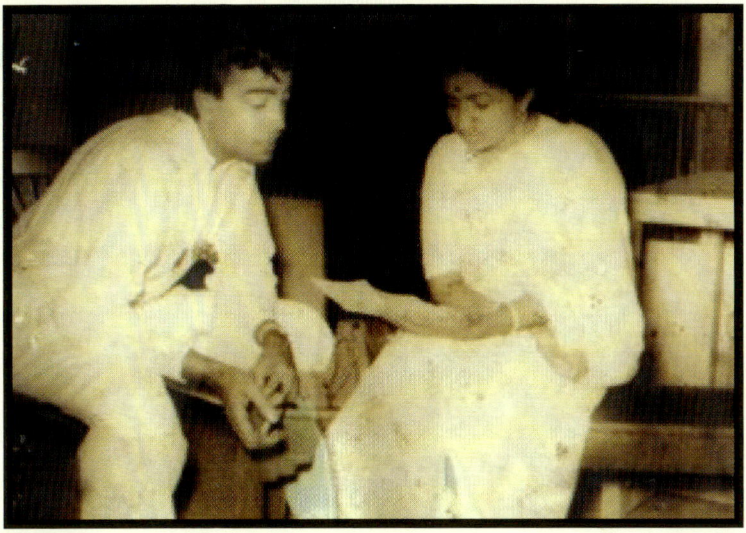

1950 के दशक में फ़िल्म 'गरम कोट' के गीतों की रिकॉर्डिंग के दौरान पंडित अमरनाथ जी लता मंगेशकर जी के साथ।

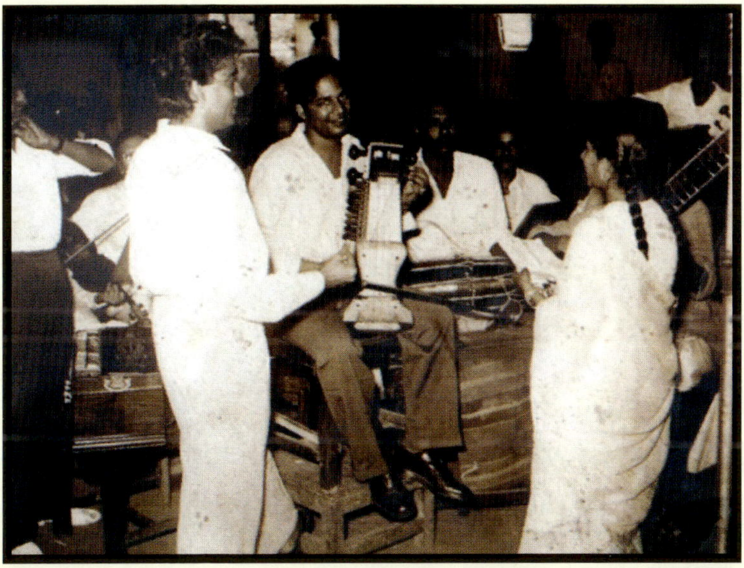

फ़िल्म 'गरम कोट' के संगीत की रिकॉर्डिंग के इस चित्र में पंडित अमरनाथ जी के दाईं ओर लता मंगेशकर जी और बाईं ओर सारंगी बजाते हुए पंडित राम नारायण जी।

फ़िल्म 'ग़ालिब' की रिकॉर्डिंग के बाद पंडित अमरनाथ जी और उस्ताद अमीर खाँ साहिब।

न्यूयार्क में 1980 के दशक में पंडित अमरनाथ जी।

अमरनाथ जी के प्रथम गुरु पूजनीय श्री बी.एन. दत्ता जी।

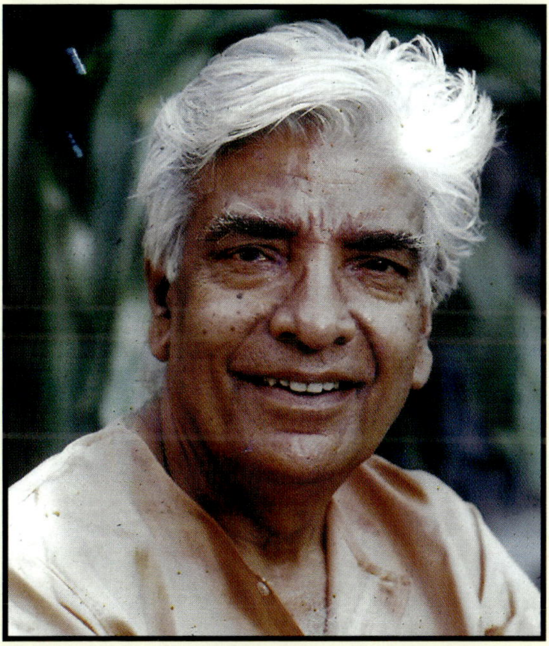

पंडित अमरनाथ जी के चेहरे पर सुख और तृप्ति की झलक।

वर्ष 1982 के इस छायाचित्र में पंडित अमरनाथ जी छोटी बेटी गजरा के साथ।

पंडित जी के संगीत निर्देशन से सजी फ़िल्म 'गर्म कोट' की टीम। राजिन्दर सिंह बेदी दूर बाईं ओर उनके साथ हैं पंडित राम नारायण जी, जिन्होंने फ़िल्म के पाँच गीतों के लिए सारंगी बजाई और जिन्हें लता मंगेशकर जी ने गाया, उनके बाईं ओर हैं निर्देशक अमर कुमार, उनके बाएँ से दूसरे हैं बलराज साहनी और उनके बाएँ से चौथे, उस्ताद अमीर खाँ साहिब के साथ हैं निरुपा राय। उस्ताद अमीर खाँ साहिब और पंडित अमरनाथ दूर बाईं ओर हैं।

1979—80 में पंडित अमरनाथ जी फ्रांस में अपने प्रशंसक ब्रायन सिल्वर के साथ।

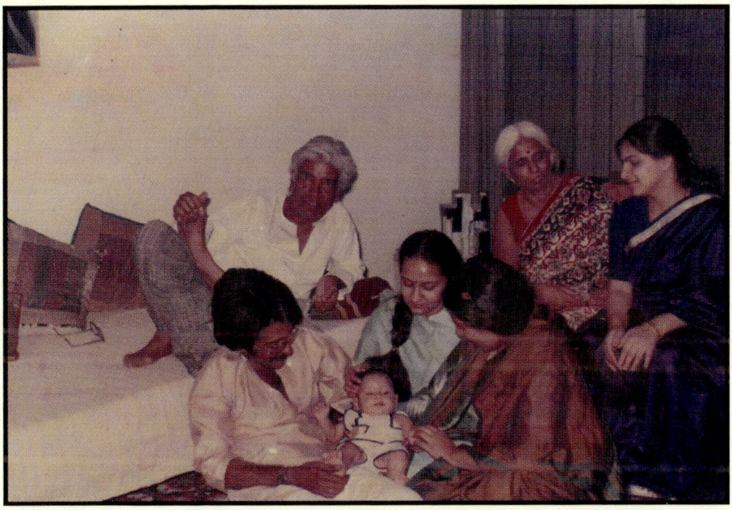

वर्ष 1985 के इस छायाचित्र में पंडित अमरनाथ जी अपने परिवार के साथ। पंडित जी की बाईं ओर उनकी पत्नी माया जी, माया जी की बाईं ओर उनकी बहू निर्मल। पंडित जी के सामने उनके डॉक्टर बेटे विशाल, पोते कबीर को गोद में लिए और उनके साथ पंडित जी की बेटियाँ गजरा (विशाल के बाईं ओर) जिनके बाएँ ओर हैं बिंदु।

1950–60 के दशक के इस छायाचित्र में पंडित अमरनाथ जी अपनी पत्नी माया, बेटे विशाल और बेटी बिंदु के साथ। चित्र के दूसरी ओर बाएँ से फ़िल्म संगीत के दिग्गज निर्देशक आनंद जी, कल्याण जी, प्यारे लाल जी और जयदेव जी।

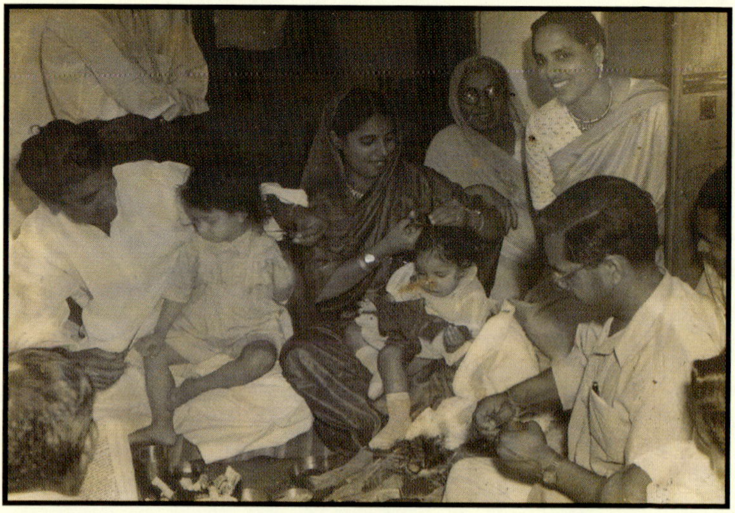

पंडित अमरनाथ जी 1950 के दशक में पत्नी माया और परिजनों के संग, बेटे विशाल और बेटी बिंदु के मुण्डन समारोह के अवसर पर।

फ़िल्म 'गर्म कोट' की रिकॉर्डिंग के बाद पंडित राम नारायण जी दूसरे बाएँ, उस्ताद अमीर खाँ साहिब (सबसे लंबे), उनके बाईं ओर फ़िल्म निर्देशक अमर कुमार और उनके बाईं ओर पंडित अमरनाथ, राजिन्दर सिंह बेदी दूसरी पंक्ति में (टाई पहने) बैठे हुए।

पंडित जी की फ़िल्म 'ग़ालिब' की रिकॉर्डिंग के बाद कैफ़ी आज़मी, पंडित अमरनाथ जी, उस्ताद अमीर खाँ साहिब, शिवानी (निर्माता), शमा ज़ैदी और निर्देशक एम.एस. सथ्यू।

1986 के इस छायाचित्र में पंडित अमरनाथ जी अपनी बेटियों (बाईं ओर गजरा, बाईं ओर बिंदु) और पोते कबीर के साथ।

1965 के इस छायाचित्र में पंडित अमरनाथ जी अपनी गुड़िया बेटी गजरा को गोद में उठाए हुए।

7

माँ मिलने की आशा धुँधली हुई..

अमरनाथ को बंबई रास नहीं आई इसलिए वे वापस दिल्ली आ गए। उन्हें दुःख ज़रूर हुआ था कि उनके इस निर्णय से पत्नी थोड़ी निराश हो गई थीं क्योंकि पत्नी ने परिवार और बच्चों के उज्ज्वल भविष्य के लिए जिस प्रकार के उच्च आर्थिक स्तर की कामना की थी फिलहाल उस पर पानी फिर गया था। हालाँकि हर पिता की तरह अमरनाथ के मन में भी अपने परिवार व संतान के सुखद भविष्य के लिए धनोपार्जन करने की इच्छा थी पर जीवन और संगीत के प्रति उनके कुछ आदर्श थे जिनके साथ समझौता करके धन कमाना उन्हें न्यायोचित नहीं लगा।

जीवन के इस मोड़ पर आकर कुछ विषयों पर पति और पत्नी की सोच कुछ भिन्न होती नज़र आ रही थी।

पत्नी भौतिकतावादी थीं। हर गृहणी की तरह उन्हें भी अपने परिवार के आर्थिक स्तर को उन्नत करने की चिंता थी। वैसे भी दो बच्चों के जन्म के बाद घर के खर्चे तो बढ़ ही चुके थे, कहीं आर्थिक स्थिति डाँवाडोल न हो जाए इसी चिंता के कारण पत्नी ने, पति के न चाहते हुए भी नौकरी करना जारी रखा। उनका सोचना था कि नौकरी की वजह से सरकार की तरफ़ से एक बड़ा–सा घर, मुफ़्त स्वास्थ्य और अन्य सेवाओं का मिलना भी कोई छोटी बात नहीं है। वैसे भी देश–विभाजन की वजह से परिवारों की संचित धन–सम्पदा,

आदि, सब कुछ तो पाकिस्तान में ही छूट गया था। उन्हें उस ज़माने में सिर्फ़ शास्त्रीय संगीत से होने वाली कमाई से परिवार के लिए एक अच्छा स्तर हासिल करने का विचार कुछ अव्यावहारिक सा लगता था। वे सोचती थीं कि *कमाऊँगी तो पति को थोड़ी आर्थिक सहायता और कुछ राहत मिलेगी।*

दूसरी ओर, अमरनाथ फ़कीरी मिज़ाज़ के इंसान थे। उन्होंने जिस प्रकार के जीवन को जीने का सपना देखा था, उसमें भौतिक सुखों से ज़्यादा प्राथमिकता आत्मीय सुखों और मधुर रिश्तों की थी। पत्नी से मिलने वाले जिन मानसिक और आत्मीय सुखों की उन्होंने अपेक्षा की थी, वह सब अब धुँधली सी होती नज़र आ रही थी क्योंकि गृहस्थी और नौकरी की ज़िम्मेदारियों के बीच शायद जाने–अनजाने में पत्नी की दिनचर्या में पति के लिए अब उतना वक़्त नहीं बचता था, जितना उनकी शादी के बाद के शुरुआती दौर में हुआ करता था।

अमरनाथ उस दौर को बहुत याद करते थे। उनका मानना था कि *पत्नी अगर घर पर रहतीं तो मुझे उस तरह का गृहस्थ जीवन भोगने को मिलता जिसकी मैंने बचपन से चाह की थी। मुझे मेरे बच्चों की देखभाल की तरफ़ से मानसिक बेफ़िक्री मिल जाती, तो शायद मैं बाहर ज़्यादा काम कर पाता और क्या पता कि मैं इससे अधिक पैसा भी कमा लेता।*

अब इसे विडम्बना समझें या विधि का विधान, वास्तविकता तो यह थी कि पति और पत्नी दोनों थे तो परिवार के शुभचिंतक ही, पर दोनों की सोच में बेमेलता के बीज पड़ चुके थे। लेकिन इसके बावजूद दोनों के मन में एक दूसरे के लिए प्रेम अभी भी बरकरार था, इसलिए उम्मीद भी थी कि शायद समय के साथ सब ठीक हो जाएगा।

हालाँकि अमरनाथ की पत्नी माया ने परिवार की आर्थिक स्थिति को मजबूत बनाए रखने के लिए सरकारी नौकरी करना जारी रखा पर उन्होंने अपने पति की कला और कला के प्रति उनके आदर्शों और नियमों का हमेशा सम्मान किया।

आम औरतों की तरह उन्होंने कभी पति पर दबाव नहीं डाला कि 'आप किसी भी कीमत पर पैसा कमा कर लाइये...' अमरनाथ भी अपनी पत्नी के इस व्यवहार की सराहना किया करते थे।

अमरनाथ के व्यक्तिगत जीवन में चल रहे इन उतार–चढ़ावों के बीच भी उस्ताद अमीर खाँ साहिब से उनकी तालीम निर्विघ्न, बेहद खूबसूरती से आगे बढ़ रही थी।

अमरनाथ बताया करते थे कि किस तरह खाँ साहिब द्वारा उनकी तालीम बड़े अनोखे ढंग से हुआ करती थी।

"जब कभी मैं बंबई जाता तो अक्सर अमर कुमार के घर पर ठहरता और दिनभर खाँ साहिब के साथ चिपका रहता। शाम के वक़्त महाराज(यानि अमीर खाँ साहिब) और मैं चौपाटी घूमने निकल जाते। अब वहाँ खाँ साहिब चर्चा छेड़ देते किसी राग की, तान की, या किसी अंग की। चर्चा के दौरान वे कई छोटे–छोटे राज़ खोल देते, जिन्हें लिखने की भी ज़रूरत होती। पर वहाँ हमारे पास न कोई कागज़ होता, न ही कोई कलम। दोनों बाप–बेटा थे, अनपढ़। वहाँ चौपाटी पर सिगरेट के खाली फेंके पैकेट मिल जाते जिसके अंदर के सफ़ेद कागज़ हमारे लिए काम की चीज़ होती, पर फिर फ़िक्र होती लिखने की। लिखें किस से? तो जनाब, वहाँ भेलपुरी बेचने वालों के यहाँ से अधजले कोयले के टुकड़े उठाए जाते जिससे बहुत सारे रागों के बल, अस्थाइयाँ, अंतरे, रागों के नक्शे, यहाँ तक कि मेरुखण्ड के राज़ और कई गुप्त ज्ञान आदि भी इसी नायाब सामान से लिखे जाते रहे।

"एक बार तो ऐसा हुआ कि एक रुपये के नोट पर भी ऐसा ही कुछ लिखना पड़ा। अब चिंता हुई कि वह नोट कहीं खर्च न हो जाए, नहीं तो गए काम से। ऐसे में चौपाटी से वरली तक लगातार दो घंटे पैदल चलकर अमर कुमार के घर तक पहुँच पाया, वह नोट जो बचाना था। अरे साहब, कभी–कभी तो हथेलियों पर भी तान लिखनी पड़ती, और फिर बहुत देर तक हाथ भी ना धोते, कहीं तान से हाथ न धोना पड़ जाए। पर आप यहाँ कहेंगे कि नोटबुक ही क्यों नहीं रखते थे आप अपने पास, आपकी सोच भी ठीक है, पर मैं ऐसा कर लेता तो लगता कि रिपोर्टर हूँ, खाँ साहिब का इंटरव्यू लेने जा रहा हूँ।"

अमरनाथ और उस्ताद अमीर खाँ साहिब के बीच पिता और पुत्र सी ऐसी घनिष्ठता बनती जा रही थी कि एक समय ऐसा भी आया जब अमरनाथ का संगीत अपने उस्ताद के संगीत के साथ इतना मिलता–जुलता प्रतीत होने लगा कि कई बार दोनों में अंतर करना भी मुश्किल हो जाता। इस बारे में अमरनाथ कहते थे, "गाने में पिता समान गुरु की छवि तो आती ही है इसी को परम्परा या ट्रैडीशन कहते हैं।"

इस संदर्भ में एक किस्सा मशहूर है कि एक बार उस्ताद विलायत खाँ साहिब, जिनकी बहन उस्ताद अमीर खाँ साहिब की पहली पत्नी भी थीं, ऑल इंडिया रेडियो के बाहर इंतज़ार करने लगे कि खाँ साहिब अंदर गा

रहे हैं, दरबारी चल रही है, अभी आते होंगे, मिलकर ही जाऊँगा। पर गाना ख़त्म होने के बाद जो बाहर आए वे अमरनाथ थे, जिन्हें देखकर विलायत खाँ साहिब को बहुत हैरानी हुई और उन्होंने अचंभित स्वर में कहा, "अरे यह तो शागिर्द है!" कहकर उन्होंने अमरनाथ को प्यार से गले लगा लिया।

ऐसा ही संयोग स्वयं उस्ताद अमीर खाँ साहिब के साथ भी हुआ था। एक बार रेडियो पर अमरनाथ का गायन चल रहा था। खाँ साहिब को उसे सुनकर लगा जैसे वह उनका ही गायन था, पर वे खुद सोच में पड़ गए कि *यार इसे मैंने पहले कब रिकॉर्ड किया होगा?*

अपने उस्ताद के गुणों का गान करते हुए अमरनाथ भावुक होकर एक कहानी सुनाते थे, "कभी–कभी तो महाराज मेरे साथ ऐसे पेश आते थे कि किसी को पता ही न चले कि कौन गुरु है और कौन चेला? यहाँ तक कि नए राग के बारे में मुझसे मशवरा भी कर लेते। एक बार कहने लगे, 'अरे भई, तुम यह अस्थाई तो देखो, ज़रा इसे सही करो, तुम तो पंजाबी भी हो, अस्थाई है ..चंगे नैना वालियाँ कुड़ियाँ सदारंग नूँ देंदियां सैन।'

"मुझे यहाँ तक तो ठीक लगा पर जब उन्होंने अंतरा सुनाया जो कुछ इस प्रकार था, 'काली गड्डी गल वे जलवे खाल चुब जावे नैन..' तो मैंने बना दिया, 'काली गुदड़ी गल वे जद वेखाँ चुभ जावे नैन..' मैंने कहा, 'महाराज यह 'जलवे खाल' नहीं बल्कि 'जद वेखाँ' होना चाहिए, यानि जब मैं देखता हूँ तो उसके नैन मुझे चुभ जाते हैं।' यह सुनकर खाँ साहिब बेहद खुश हुए, मुझे बहुत प्यार किया, गले से लगा लिया और तुरंत अम्मा को आवाज़ दी और कहा, 'देखो, मेरे बेटे ने कमाल कर दिया।'"

ऐसा खूबसूरत रिश्ता बन गया था गुरु और शिष्य के बीच, जिसके लिए दोनों फ़क्र महसूस करते थे। अमरनाथ अच्छे बेटे की तरह खाँ साहिब की सेहत का भी बहुत ख़्याल रखते थे। जब कभी खाँ साहिब अपनी दवा खाना भूल जाते तो घबरा भी जाते कि अब बेटे की डाँट खानी पड़ेगी।

अमरनाथ अपने उस्ताद के जितने अच्छे बेटे थे, अपने बच्चों के लिए उतने ही अच्छे पिता भी थे। वे अपने बच्चों को वह सब खुशियाँ देना चाहते थे जिनसे बचपन में वे खुद वंचित रह गए थे। हो सकता है, इसी कारण उनके और पत्नी के बीच जो मनमुटाव पैदा हो गया था, उसकी पीड़ा को भी उन्होंने अपने दिल के किसी कोने में दबा कर रख दिया था, ज़ाहिर नहीं होने दिया। शायद वे अपने बच्चों को एक आदर्श परिवार का माहौल देना

चाहते थे। हमेशा अपने दोनों बच्चों के साथ बिताए हर लम्हे को यादगार बनाने की कोशिश करते। जब पत्नी उन्हें भोजन परोसतीं तो अमरनाथ अपनी थाली में से पहले कौर दोनों बच्चों को खिलाते और फिर खुद खाते। हर दिन अपने बढ़ते हुए बच्चों की तोतली बातों का लुत्फ़ उठाते और उनकी हर नई हरकत को न केवल बहुत गौर से देखते थे बल्कि उनकी प्यारी–सी हरकतों को अपनी डायरी में लिखकर परिरक्षित भी कर लेते थे, ताकि भविष्य में भी उन खूबसूरत पलों को फिर से जी सकें।

और तो और, छुट्टी वाले दिन बच्चों को बाहर घुमाने–फिराने ले जाने के लिए उन्होंने एक 'लम्ब्रेट्टा' स्कूटर भी खरीद लिया। कभी–कभी गर्मियों के मौसम में तो रात के खाने के बाद बच्चों को स्कूटर पर बिठाकर आइसक्रीम खिलाने इंडिया गेट भी ले जाया करते थे।

यहाँ तक कि सुबह ऑल इंडिया रेडियो के दफ़्तर जाने से पहले उन्हें बच्चों को स्कूटर पर बिठाकर घर के आसपास की लेन का एक चक्कर भी लगवाना पड़ जाता था, नहीं तो, बच्चे रो–रोकर आसमान सिर पर उठा लेते थे।

ऐसी ही एक सुबह जब वे बच्चों को लेकर वापस घर के अंदर घुस रहे थे तो उन्होंने सफ़ेद साड़ी पहने एक बुजुर्ग महिला को अपने घर के दरवाज़े पर खड़ा पाया।

अमरनाथ स्कूटर से उतरे और महिला के पास गए। महिला ने आँखों पर पहनी ऐनक को अपने एक हाथ से नाक के ऊपर खिसकाते हुए उन्हें गौर से देखा।

"ये नाथ दा घर अई.."

अमरनाथ को आवाज़ कुछ जानी–पहचानी सी लगी।

"तुस्सी..दादी बुआ!"

तकरीबन तीन दशकों बाद अपनी दादी बुआ को अपने सामने खड़ा देख अमरनाथ के आश्चर्य और खुशी का ठिकाना नहीं रहा। दोनों का भावपूर्ण मिलन देखकर बच्चे तो उलझन में आ गए कि आखिर वे कौन थीं!

पर माया जज़्बाती हो गईं। वे समझ गईं थीं कि ये वही हृदयालु दादी बुआ हैं जिनका ज़िक्र उनके पति अक्सर किया करते हैं। वही दादी बुआ, जिन्होंने अमरनाथ को 3–4 वर्ष की आयु में अपनी अपार ममता से उस वक़्त सींचा था जब उस छोटे से नाथ ने अपनी माँ को खो दिया था।

अमरनाथ और माया ने भावविभोर होते हुए दादी बुआ का स्वागत किया और अपने दोनों बच्चों, विशाल और बिन्दु, से उन्हें मिलवाया। पोता और पोती को देखकर दादी बुआ अत्यंत भावुक हो उठीं और अपने झोले में से चावल की मीठी फुल्लियाँ निकालीं। असल में ये फुल्लियाँ वे लाईं तो अपने नन्हें से नाथ के लिए थीं, पर जब देखा कि उनका वह नाथ अब नन्हा नहीं रहा बल्कि खुद पिता बन गया है, तो वे मन ही मन मुस्कुरा दीं। उन्होंने वे फुल्लियाँ निकाल कर प्रेम से पोते और पोती की हथेलियों पर रख दीं, कहते हैं न कि मूल से ज़्यादा ब्याज प्यारा होता है।

अमरनाथ के रेडियो जाने का वक़्त हो गया था और उनकी पत्नी को भी दफ़्तर के लिए निकलना था इसलिए उन्होंने घर की नौकरानी को आदेश दिया कि अच्छा सा खाना बनाकर दादी बुआ को खिलाए। अमरनाथ ने दादी बुआ से विनम्रतापूर्ण विनती की कि अब वे कहीं नहीं जाएँगी, उनके साथ ही रहेंगी। दरअसल, अमरनाथ दादी बुआ से बचपन में मिली ममता और लाड को एक बार फिर जीना चाहते थे। उनकी यह मनोवृत्ति पत्नी माया ने भी महसूस कर ली थी इसलिए उन्होंने भी दादी बुआ से रुके रहने की विनम्र विनती की।

पर शायद दादी बुआ उस उम्र में किसी पर बोझ नहीं बनना चाहती थीं इसलिए अमरनाथ के घर वापस आने से पहले ही वहाँ से चली भी गईं।

उस शाम अमरनाथ और उनकी पत्नी जब काम से वापस घर आए तो दादी बुआ को घर पर न देखकर काफ़ी दुःखी और मायूस भी हुए थे।

कुछ दिनों तक बहुत पूछताछ करने के बाद जब अमरनाथ को दादी बुआ के ठिकाने का पता चला तो वे उनसे मिलने परिवार सहित गए लेकिन दुर्भाग्य से तब तक दादी बुआ यह दुनिया छोड़कर जा चुकी थीं।

अमरनाथ इस खबर से हताश हो गए। उन्हें लगा शायद दादी बुआ दुनिया छोड़ने से पहले एक बार अपने नाथ को देखना चाहती थीं इसलिए तो स्वर्ग सिधारने के कुछ दिन पहले इस तरह अचानक उनसे मिलने आ गईं थीं।

अमरनाथ को एक बार फिर उसी दुःख और मानसिक संवेदना की अनुभूति हुई जो उन्हें 30 वर्ष पहले, अपनी माँ के गुज़र जाने पर हुई थी।

पत्नी माया ने जब शोकग्रस्त पति को सांत्वना देने की कोशिश की तो वे फूट–फूटकर रो दिए, "उमा, क्यों मेरी किस्मत में माँ का प्यार पाना नहीं लिखा?"

समय बीतता गया। अमरनाथ अक्सर दोपहर के लंच ब्रेक में रेडियो के कार्यालय से घर आ जाया करते थे। इसके पीछे दो कारण थे, एक तो यह कि वे अपने दो नन्हें बच्चों को मिल लिया करते और दूसरा, यह कि उनकी देखरेख करने के लिए रखी नौकरानी की कुछ निगरानी भी हो जाया करती थी।

सन् 1957 की बात है, एक दिन इत्तेफ़ाक से अमरनाथ लंच–ब्रेक से थोड़ा पहले घर पहुँच गए तो उन्होंने नौकरानी को बेईमानी करते रंगे हाथों पकड़ लिया। उन्होंने देखा कि नौकरानी बच्चों के लिए बनाया हुया ताजे फलों का रस खुद पी रही है और दोनों बच्चों की बोतल में चीनी घुला पानी डालकर पिला रही है। यह दृश्य देखते ही अमरनाथ को इतना गहरा आघात लगा कि उन्होंने उसी वक़्त उस आया को नौकरी से निकाल दिया। उस शाम जब उनकी पत्नी दफ़्तर से घर लौटीं तो अमरनाथ ने उन्हें आँखों देखी सुनाई। पत्नी भी उस पूरी घटना से दुःखी हूईं पर मजबूर भी थीं इसलिए सोचा कि *बच्चों की देखभाल के लिए दूसरी आया का इंतज़ाम तो करना ही पड़ेगा*।

पर अमरनाथ कुछ ऐसा इंतज़ाम करना चाहते थे जिससे उनके बच्चे उनकी देखरेख में ही पलें, इसलिए उन्होंने एक कठोर फ़ैसला लिया जिसके तहत उन्होंने रेडियो की नौकरी छोड़ने का निर्णय लिया।

कुछ ही दिनों में अमरनाथ ने रेडियो की नौकरी छोड़कर त्रिवेणी कला संगम में संगीत की शिक्षा देने का कार्यभार संभाल लिया, जहाँ उनकी नियुक्ति शास्त्रीय गायन विभाग के अध्यक्ष के रूप में हो गई थी।

अमरनाथ की नई दिनचर्या के अनुसार वे दिन में घर पर रहकर संगीत की ट्यूशन देते और दोपहर बाद त्रिवेणी जाकर संगीत सिखाते।

नई दिनचर्या के उन्हें दो फ़ायदे हुए। एक तो यह कि दिनभर बच्चे उनकी आँखों के सामने पलते और दूसरा, यह कि घर पर ट्यूशन देने से आमदनी में भी बढ़ोतरी हो गई।

अब अमरनाथ की पहचान गुरु के रूप में हो गई थी। उन्हें 'गुरु जी' कहकर ही संबोधित किया जाने लगा था।

संगीत की शिक्षा के क्षेत्र से जुड़ने के बाद से उनकी छवि के साथ–साथ उनका पहनावा भी बदल गया था। अब उन्होंने सफेद कुर्ते और पाजामे को ही अपनी पोशाक बना लिया था, पर उस सादे से लिबास में भी उनके अंदर बसे कलात्मक और सौंदर्यपरक गुणों की झलक तो मिलती ही थी। विशेषकर,

जब वे अपनी सफेद पोशाक को चाय या कॉफ़ी के पानी में रंग कर एक अनोखा लेकिन खूबसूरत रंग दे देते।

अमरनाथ की नई दिनचर्या की जानकारी दोस्तों तक भी पहुँच चुकी थी इसलिए अब वे भी बेधड़क अपने मित्र से मिलने चले आया करते थे। अमरनाथ उस वक़्त के अपने कुछ अज़ीज़ दोस्तों के बारे में कई दिलचस्प किस्से सुनाया करते थे।

इनमें सबसे पहला नाम आता था, उनके शायर मित्र 'ताजवर सामरी' का जो कट्टर साम्यवाद पंथी यानि मार्क्सवादी थे। ताजवर कई बरसों तक अमरनाथ को मिलने आते रहे लेकिन उनके आने का वक़्त कुछ अटपटा सा रहता था। अक्सर अमरनाथ की पत्नी माया लंच–ब्रेक में दफ़्तर से घर आकर अमरनाथ और अपने दोनों बच्चों को दोपहर का खाना खिलाकर वापस दफ़्तर चली जाया करती थीं।

अब होता यूँ था कि जैसे ही सब का खाना समाप्ति की ओर बढ़ता, तो ताजवर साहब पधार जाते। अब भारतीय संस्कृति में खाने के वक़्त अतिथि घर पर आ जाए, तो उसका आदर–सत्कार खाना खिलाकर करने की ही प्रथा है। वैसे भी ताजवर साइकिल की सवारी करके आते थे इसलिए अक्सर पसीने में भीगे और बेचारे से दिखते थे। ऐसे में घर की गृहणी होने के नाते उनकी पेट पूजा कराने की ज़िम्मेदारी माया को ही निभानी पड़ती थी।

अक्सर जिस वक़्त ताजवर आते थे तब तक घर पर बनी दाल–सब्ज़ी निबट चुकी होती थी इसलिए माया को नए सिरे से आटा मलना पड़ता तब जाकर ताजवर जी को दही या अचार के साथ ख़स्ता परांठे खिलाए जाते। कभी–कभी तो इस चक्कर में माया को इतनी देर हो जाया करती थी कि वापस दफ़्तर जाकर बॉस के ताने भी सुनने पड़ जाते थे, लेकिन फिर भी माया उनकी ख़ातिरदारी में कोई कसर नहीं छोड़ती थीं।

हालाँकि ताजवर सामरी उस वक़्त की एक ऐसी प्रसिद्ध उर्दू पत्रिका का सम्पादन किया करते थे जो ज़बरदस्त राजनैतिक खबरों और काव्य रचनाओं व शायरी लेखन के लिए मशहूर थी, पर उनका व्यक्तिगत जीवन कुछ निराशाजनक था। दरअसल, सामरी की पत्नी ने उन्हें किसी और पुरुष के लिए छोड़ दिया था, जो उस ज़माने के समाज में कोई साधारण बात नहीं थी, इसलिए उनका उदास और दुःखी होना तो लाज़मी ही था। सामरी को अकेले ही अपने दो बच्चों, बेटा और बेटी का पालन–पोषण करना पड़

रहा था। एक वक़्त ऐसा भी आया जब अपनी अधेड़ उम्र में आकर सामरी साहब को एक महिला के प्रति आकर्षण हो गया था, जिनको रिझाने के लिए उन्होंने अपने सफेद हो चुके बालों को रंग कर फिर से काला कर लिया था। पर अमरनाथ के मन को सामरी की अपने आपको जवान दिखाने की यह कोशिश पसंद नहीं आई, इसलिए कई बार मज़ाक में सामरी पर व्यंग्य भी कस देते थे।

ताजवर सामरी की अमरनाथ के साथ दोस्ती इतनी गहरी थी कि वे जब भी आकर अमरनाथ के साथ कुछ वक़्त बिताते तो उनके चेहरे से उदासी कुछ वक़्त के लिए तो ज़रूर गायब हो जाती थी।

अमरनाथ के साथ बातों–बातों में जब भी ताजवर सामरी का ज़िक्र होता तो वे राग 'परज' की यह बंदिश सुनाया करते थे, जिसे उन्होंने सामरी की लिखी एक कविता को ठुमरी में रचकर तैयार किया था और जो इंदौर घराने के प्रदर्शनों की सूची का हिस्सा भी बन गई है।

काहे रे मैं बन ठन आयी,
पिया मन तनिक न भाई,
जब से खड़ी देखत नहीं बालम,
नैन अगन भड़काई,
काहे रे मैं बन ठन आयी।

अमरनाथ उस वक़्त के अपने जिस दूसरे मित्र का ज़िक्र किया करते थे, उनका नाम था, 'महमूद मिर्ज़ा', जो उस वक़्त पंडित जीवन लाल मट्टू जी की शागिर्दी में सितार वादन का प्रशिक्षण ले रहे थे।

महमूद मिर्ज़ा को अमरनाथ 'मामू' कहकर पुकारा करते थे। मिर्ज़ा साहब अमरनाथ के घर अक्सर सुबह उनके रियाज़ के वक़्त आ जाया करते थे। रियाज़ के बाद दोनों दोस्त गोभी के परांठों का नाश्ता करते और उसके बाद दोपहर के खाने तक दोनों में गपशप चलती थी।

महमूद मिर्ज़ा अमरनाथ के गायन के तो दीवाने थे ही पर वे अमरनाथ की हास्यवृत्ति और हाज़िर जवाबी की भी बहुत तारीफ़ किया करते थे। दूरदर्शन के 'लोकसभा' चैनल में एक गोष्ठी के दौरान महमूद मिर्ज़ा ने अमरनाथ की हास्यवृत्ति को बयान करते हुए जो दो वाक्ये सुनाए, वे इस प्रकार हैं,

"एक बार दोपहर के भोजन के बाद भाई जान (अमरनाथ) और मैं दोनों एक साथ बेसिन पर हाथ धोने पहुँच गए, शीशे पर देखते हुए उन्होंने सरसरी तौर से कहा, 'अरे मामू, ज़रा कंघा देना ..' जबकि मेरे सिर पर एक भी बाल नहीं था, गंजा था मैं उस वक़्त भी! लेकिन साहब उनका अंदाज़ ऐसा ही था।

"एक दिन मैं नए और शायद ज़रूरत से ज़्यादा लंबे बूट पहनकर चला गया उनसे मिलने। जवानी में शौक चढ़ा था हमें भी फ़ैशन करने का। जैसे ही उन्होंने दरवाज़ा खोला मुझे ऊपर से नीचे तक देखा, फिर देखकर एकदम से बोल उठे, 'अरे मामू, जूता तो हलक तक का है!' (यानि तुम्हारा जूता तो गले तक जा रहा है)। यह सुनकर हम इतना खिसियाए कि समझ में न आए कि हँसें या अपनी बेवकूफ़ी पर शर्मिंदा होएँ।"

अमरनाथ के एक और मित्र 'नियाज़ बाबा' जो उस ज़माने के मशहूर कवि और 'प्रोग्रेसिव राइटर एसोसिएशन' के सदस्य भी थे, अक्सर शाम के वक़्त उनसे मिलने आ जाया करते थे। दोनों में देर रात तक गपशप होती और फिर मदिरा के दौर भी चलते, जिसके बाद नियाज़ बाबा का घर वापस जाना तो मुमकिन हो नहीं पाता था, इसलिए वे रात वहीं सोते हुए नज़र आते थे। अगली सुबह अमरनाथ के रियाज़ के वक़्त उनके सामने बैठकर उनका संगीत सुनते और फिर गरमा–गरम नाश्ता, जो अधिकतर गोभी के परांठों का होता था, खा कर ही रवाना होते थे।

1959 में अमरनाथ के पुत्र विशाल पाँच बरस के हो गए। उस ज़माने में बच्चों को इस उम्र में ही स्कूल भेजा जाता था।

अमरनाथ और माया चाहते थे कि उनके बेटे का दाखिला 'मॉडर्न स्कूल' में हो। यह दिल्ली के बेहतरीन पब्लिक स्कूलों में से एक था पर वहाँ दाखिला लेने के लिए बच्चे को साक्षात्कार में पास होना पड़ता था। अब पति और पत्नी मिलकर बेटे को उस साक्षात्कार में पास होने के लिए तैयारी कराने में जुट गए। फिर एक दिन वह भी आ गया जब बेटे को साक्षात्कार के लिए ले जाया गया। पति–पत्नी को पूरा विश्वास था कि उन्होंने अपने बेटे को वह सब सिखा–पढ़ा दिया था जो कि उस उम्र के बच्चों से साक्षात्कार में पूछने की उम्मीद थी।

पर जब बेटे को साक्षात्कार के लिए प्रधानाचार्य महोदय के समक्ष भेजा गया तो उसने ज़िद पकड़ ली कि वह कुछ बोलने के मूड में ही नहीं है।

पूरे साक्षात्कार के दौरान वह बस चुप्पी साधे खड़ा रहा। नतीजा यह हुआ कि बेटे का दाखिला अस्वीकृत कर दिया गया, जिससे अमरनाथ और माया दोनों बेहद निराश हो गए।

मनोवैज्ञानिक अध्ययन में मानव व्यवहार का एक दिलचस्प तथ्य यह भी है कि जब भी कोई माता–पिता किसी क्षेत्र में अपनी संतान को नाकामयाब होते हुए देखते हैं तो वे उसके लिए खुद को ही दोषी मान लेते हैं। उस दिन अमरनाथ और माया भी कुछ इसी प्रकार की ग्लानि से ग्रस्त थे। जिसका परिणाम यह हुआ कि माया की सिसकियाँ बंध गईं और अमरनाथ ने उत्तेजित होकर कुछ ऐसा कर दिया जिसका पछतावा उन्हें हमेशा होता रहा।

दरअसल, उस दिन मॉडर्न स्कूल में जो भी हुआ उस कारण अमरनाथ का मन तो दुःखी था ही पर जब उन्होंने पत्नी के उसी दुःख को आँसुओं के रूप में बहते देखा तो वे उत्तेजित हो गए, और उस दुःख के स्रोत विशाल पर अनायास ही उनका हाथ उठ गया। पिता की मार खाकर बेटा रोने लगा।

पर अमरनाथ एक ऐसे पिता तो थे नहीं, जो अपने ही बच्चे को चोट पहुँचाकर चैन से बैठ जाएँ। बल्कि अमरनाथ जिस प्रकार के भावुक, सहृदय व संवेदनशील व्यक्ति थे उनके लिए अपने आपको इस पापकर्म के दोष से मुक्ति दिला पाना बेहद दुःखदाई प्रक्रिया बन गया। उन्होंने तुरंत रोते हुए बेटे को गोद में उठा लिया और प्यार से सहलाने लगे।

उस दिन की थप्पड़ की घटना को याद करते हुए अमरनाथ कहा करते थे, “मेरी औलाद में ही मेरी जान बसी रही है। वह पहला और आख़िरी थप्पड़ था, उसके बाद जीवनभर मैंने कभी अपने किसी भी बच्चे पर हाथ उठाने की जुर्रत नहीं की।”

उस रात, बेटे को थप्पड़ मारने के अपराध के लिए अमरनाथ ने ईश्वर से माफ़ी माँगी और दो संकल्प किए। पहला, यह कि अपने इस बेटे का विवाह सिर्फ़ एक रुपया और सवा किलो गुड़ का शगुन लेकर ही करूँगा, और दूसरा, यह कि अपने बेटे को किसी ऐसे नेक पेशे में लगाऊँगा जिससे वह मानवजाति की सेवा कर सके।

फिर कुछ बरसों बाद सही मौका आने पर अमरनाथ ने ईश्वर से किए अपने इन दोनों वादों को बखूबी निभा भी दिया। उन्होंने अपने बेटे को होम्योपैथी चिकित्सा प्रणाली की पढ़ाई करने के लिए प्रोत्साहित किया और

जब आख़िरकार उनका बेटा होम्योपैथी का डॉक्टर बन गया तो उन्होंने ईश्वर से कहा, "देख लो, मैंने पूरा किया आपसे किया हुआ अपना संकल्प।"

अमरनाथ कहा करते थे, "मुझे फ़क्र है कि मेरे बेटे ने इस नेक पेशे को अपनाया है। मुझे विश्वास है कि उसकी चिकित्सा प्रतिभा से समाज का भला होगा।"

इसी तरह जब बेटे के विवाह का वक़्त आया तब उन्होंने अपने दूसरे संकल्प को भी पूरा कर दिखाया। उन्होंने बेटे की शादी तय करने से पहले कन्या पक्ष के सामने अपनी एक शर्त रखी कि विवाह में कोई दहेज नहीं लिया जाएगा और शगुन में सिर्फ़ सवा किलो गुड़ और एक रुपया ही स्वीकार किया जाएगा।

बेटे का मॉडर्न स्कूल में दाखिला नहीं हो सका इससे अमरनाथ के घर में उदासी का माहौल छा गया था। हालाँकि पति और पत्नी एक दूसरे को सांत्वना तो दे रहे थे पर वास्तव में दोनों ही मायूस तो थे। ऐसे में अचानक कुछ ऐसा हुआ जिससे अमरनाथ के घर का माहौल फिर से खुशनुमा बन गया।

संयोगवश, उन्हीं दिनों अमरनाथ को मॉडर्न स्कूल में आयोजित संगीत प्रतियोगिता का मूल्यांकन करने के लिए आमंत्रित किया गया जिसके लिए अमरनाथ ने अपनी फ़ीस लेने से इनकार कर दिया।

प्रतियोगिता के अंत में स्कूल के प्रधानाचार्य श्री एम.एन. कपूर अमरनाथ के व्यक्तित्व और प्रतिभा से इतना प्रभावित हो गए कि वे खुद अमरनाथ को उनके घर तक छोड़ने आए और उन्होंने अति विनम्रतापूर्वक अमरनाथ से कहा, "अगर मैं आपके किसी काम आ पाया तो मैं इसे अपना सौभाग्य समझूँगा।" बस, फिर क्या था अमरनाथ ने तुरंत अपने दिल की बात उनके सामने रख दी, "महाराज, मेरे बेटे को अपने स्कूल में दाखिला देने की रहमत कर दें बस आपसे यही इल्तज़ा है।"

अमरनाथ का बस इतना कहना था कि श्री कपूर ने तुरंत एक काग़ज़ पर 'एडमिटिड' लिखकर हस्ताक्षर कर दिए और उन्हें पकड़ा दिया और कहा, "अमरनाथ जी, कल आप बच्चे को स्कूल ले आइएगा।"

एक असंभव को इस प्रकार संभव होते देख अमरनाथ और माया की खुशी का तो ठिकाना ही न रहा। जो सपना उन्होंने अपने बच्चे के भविष्य को लेकर देखा था अब वह पूरा होने जा रहा था।

फिर 1960 में अमरनाथ की बेटी 'बिन्दु' को भी घर के समीप स्थित 'कान्वेंट ऑफ़ जीसस एंड मैरी', जो उस वक़्त शहर के प्रतिष्ठित कन्या विद्यालयों में से एक था, में दाखिल करवा दिया गया।

बच्चों के स्कूल जाने से अमरनाथ की गृहस्थी की दिनचर्या में काफी बदलाव आ गया। उनकी पत्नी बच्चों के खाने के डिब्बे तैयार करतीं, फिर दोपहर का खाना और घर के रख–रखाव के और भी बहुत कामों में व्यस्त रहतीं, जबकि अमरनाथ सुबह अपने रियाज़ के नियमित कार्यक्रम से निबटने के बाद दोनों बच्चों को स्कूल जाने के लिए तैयार करने में व्यस्त हो जाते।

पत्नी जब दफ़्तर चली जातीं, तब अमरनाथ घर आए अपने शिष्यों को संगीत सिखाते और जैसे ही कुछ वक़्त मिलता तो वे घर के अन्य कामकाज भी उत्सुक होकर निबटाने की कोशिश करते।

जब से अमरनाथ ने संगीत की शिक्षा देना प्रारम्भ किया तब से उनके व्यवहार और व्यक्तित्व में भी बदलाव आने शुरू हो गए। शिष्यों के लिए वे पूजनीय गुरु जी बन गए थे। एक आदर्श गुरु की तरह जहाँ एक ओर उनमें धैर्य और सहनशीलता बढ़ रही थी वहीं चीज़ों को देखने और परखने का उनका नज़रिया भी अधिक परिपक्व होता जा रहा था।

हालाँकि शिष्यों के प्रति उनकी उदारता और आत्मीयता की तो कोई सीमा ही नहीं थी पर एक आदर्श गुरु की तरह वे अपने शिष्यों के प्रति आलोचनात्मक दृष्टिकोण भी रखने लगे थे। सही को सही और गलत को गलत कहने में उन्हें किसी प्रकार की हिचकिचाहट नहीं होती थी।

वे खुद हर कार्य को पूर्णता से करने में विश्वास रखते थे इसलिए दूसरों से भी यही अपेक्षा रखते थे। उत्तमता से समझौता करने का ख़याल भर ही उन्हें बेचैन कर देता था।

अमरनाथ को अपने शिष्यों से किस प्रकार की उत्तमता और पूर्णता की उम्मीद थी, यह तथ्य अब तक उनके सभी शिष्य भलीभाँति समझने लग गए थे और वे सब अपने गुरु जी की इन अपेक्षाओं का सम्मान करते और अपनी पूरी कोशिश भी करते कि उनकी अपेक्षाओं पर खरे उतरें। यही कारण भी था अमरनाथ और उनके शिष्यों के बीच पनप रहे लगाव और आत्मीयता का।

अमरनाथ के दृष्टिकोण और व्यवहार में आए बदलाव का असर उनके पारिवारिक जीवन में भी दिखने लगा था। अमरनाथ को बचपन से ही घर के कामकाज करने में रुचि थी। वैसे तो इसकी शुरुआत मजबूरी में हुई थी।

छोटी–सी उम्र में ही माँ स्वर्ग सिधार गई, फिर जब घर में दूसरी माँ का आगमन हुआ तो पिता को लगा कि कहीं नई पत्नी बेटे के कामकाज को बोझ न समझ ले, इसलिए बेटे को नई माँ के कामकाज में हाथ बँटाने की आदत डलवा दी।

फिर जब शादी कामकाजी स्त्री से हुई तो घर के काम में पत्नी की मदद भी करने लगे। धीरे–धीरे गृहस्थी के हर क्षेत्र में उनकी भागीदारी बढ़ने लगी, कभी–कभी तो ऐसा प्रतीत होता था जैसे घर में बच्चों की देखभाल माता–पिता नहीं बल्कि दो माँयें कर रही हों।

अमरनाथ अपनी पत्नी द्वारा किए घर के हर काम में भी सौ प्रतिशत उत्तमता की उम्मीद रखते थे, जबकि उनकी पत्नी के काम करने का नज़रिया कुछ अलग था। उन्हें अपनी घर और दफ़्तर की ज़िम्मेदारियों के बीच संतुलन बनाकर चलना पड़ता था, जिसके कारण उनके किसी न किसी काम में कभी–कभी ऊपर नीचे हो जाता था। जिससे पति और पत्नी के बीच हर छोटी–बड़ी बात को लेकर मतभेद उत्पन्न होने लगे।

पत्नी की व्यस्त दिनचर्या के चलते अमरनाथ की भौतिक ज़रूरतें तो पूरी हो जातीं पर जीवन संगिनी से अपने संगीत के सफ़र में जिस प्रकार के संग और आत्मीयता की उन्हें चाह थी वह जाने–अनजाने कहीं गुम होती नज़र जा रही थी।

ऐसे में अमरनाथ फिर से अपने बचपन के जैसे अकेला महसूस करने लगे थे। वैसे माँ की तरह मिलने वाले जिस प्यार की तलाश वे बचपन से कर रहे थे वे प्यार उन्हें शादी के बाद पत्नी से कुछ समय के लिए मिला भी था, पर जब पत्नी खुद माँ बनीं तब से परिस्थितियाँ कुछ बदल गईं।

हालाँकि अमरनाथ अपने आपको नसीहत भी देने की कोशिश करते थे कि अब तो वे पिता भी बन गए हैं, उम्र के इस पड़ाव पर आकर भी माँ के प्यार को तरसना एक बचकाना मनोभाव है जिस पर उन्हें अब नियंत्रण रखना चाहिए। लेकिन फिर नाजुक पलों में तन्हा महसूस करते और अपनी ही दी हुई नसीहत भूल जाते। ऐसे पलों में अक्सर तर्कशास्त्र पीछे छूट जाता है और इंसान का दिल हावी हो जाया करता है, ऐसा ही कुछ उनके साथ भी हुआ करता था। दिल कहता कि उम्र में चाहे तुम बड़े हो गए हो पर मैं तो अभी भी बच्चा ही हूँ, इसलिए माँ जैसे प्यार को पाने के स्रोत की

आस अभी भी बनी रहती। धीरे–धीरे उनकी यह आस शिष्या 'अमरजीत' द्वारा पूरी होने लगी।

अमरनाथ के व्यक्तिव की सरलता और पवित्रता की चुम्बकीय शक्तियों ने उनकी उस शिष्या की आत्मीयता को ऐसा आकर्षित किया कि पता ही नहीं चला कब गुरु और शिष्या में गहरा लगाव होने लगा। ऐसा लगाव जिसकी कोई परिभाषा ही न हो, वह लगाव जो गुरु के प्रति प्रगाढ़ भक्ति की मिसाल था। अगर कहा जाए कि अमरजीत सच्चे भक्त की तरह गुरु की सेवा में लीन हो गईं, तो इसमें कोई अतिशयोक्ति नहीं होगी।

एक बार जब वे गुरु के लिए अपने हाथों से स्वैटर बुन कर ले आईं तो गुरु भावुकता वश माँ को याद करते हुए रो ही पड़े। उन्हें बरसों पहले अपने पिता की कही यह बात याद आ गई, "पुत्तर, तेरी माँ वड्डे चंगे–चंगे स्वाटर बुनदी सी।"

संगीत की साधना में लीन अमरनाथ को शिष्या से माँ की जैसी ममता मिलने लगी।

जिस प्रकार माँ समय–समय पर अपने बच्चों के क़ीमती सामान को संरक्षित रखने के लिए संभालती है उसी तरह से अमरजीत भी अपने गुरु की लिखी बन्दिशों और अन्य रचनाओं (जो कुछ जल्दबाज़ी में लिखी गईं होंगी) को पुरानी डायरी में से उतार कर नई डायरी में लिखती रहतीं। फिर वे उन डायरियों को एक बहुमूल्य ग्रंथ तुल्य धरोहर की तरह संभाल कर गुरु के सन्दूक में रखतीं।

अमरनाथ ने कभी जो यह सपना देखा था कि उनकी जीवन संगिनी संगीत के कार्यक्रमों में उन्हें तानपूरे पर संगत देंगी, उनके सुर में सुर मिलाएँगी पर दुर्भाग्य से परिस्थितिवश वह तो सार्थक नहीं बन सका पर अब शिष्या अमरजीत द्वारा अमरनाथ का यह सपना भी पूरा हो रहा था।

फिर एक समय ऐसा भी आया जब अमरनाथ और उनकी पत्नी के बीच दूरियाँ इतनी बढ़ गईं कि उन्हें एक छत के नीचे रहना असंभव लगने लगा, यहाँ तक कि तलाक़ लेकर रिश्ते को तोड़ने तक का विकल्प पति और पत्नी के ज़हन में घूमने लगा।

अब किस मोड़ पर ले जाएगी अमरनाथ की गृहस्थी?

कहो मैं क्या भूलूँ!
क्या भूलूँ क्या याद करूँ,
मेरी उनसे प्रीत,
कहो मैं क्या भूलूँ!

कभी तो पल छिन जुग भये,
कभी जुग छिन में बीत,
कहो मैं क्या भूलूँ!

तेरे मेरे बोल ही,
सुर संगम संगीत,
कहो मैं क्या भूलूँ!

8

बेटी भी क्या माँ बन सकती है?

अमरनाथ का गृहस्थ जीवन भावनाओं के तूफ़ानी भँवर के बीच फँस गया था।

अब तक पति–पत्नी के बीच एक मतभेद तो था ही, जो मूलरूप से पत्नी की नौकरी करने या न करने के मुद्दे को लेकर उत्पन्न हुआ था। पर अब उनके विचारों की भिन्नता रोज़मर्रा के हर छोटे से छोटे मामले में भी झलकने लगी थी, जिनको लेकर उनके बीच होने वाली बहस के आकार भी अब बदलने लगे थे; पहले जो मुद्दे छोटे थे वे कुछ बड़े हुए और फिर बहुत बड़े; ऐसे कि उन परिस्थितियों में दोनों के बीच होने वाले मनमुटाव और फ़ासले बढ़ गए। अब दोनों को सिवाय अंदर ही अंदर घुटने के कोई और रास्ता न सूझता।

पति–पत्नी के बीच बातचीत सिर्फ़ नाम के लिए ही रह गई। अक्सर जब पति और पत्नी के बीच इस तरह के संचार अंतराल आ जाते हैं तो एक–दूसरे से बहुत सी अनकही शिकायतें आक्रोश बनकर निकलने लगती हैं जो उनकी दुविधा को और भी बढ़ा देती हैं। ऐसा ही कुछ अमरनाथ के जीवन में भी हो रहा था।

पर दोनों अलग–अलग सोचते रहे कि अपने मन में चल रही दुविधा को किसके साथ साझा करें? उन्हें एहसास था इस बात का कि अगर परिवार में किसी से बात करेंगे तो परिजनों को चिंता होगी और यदि दोस्तों से दिल का हाल बाँटा तो घर की बात बाहर चली जाएगी।

ऐसे में कभी–कभी तो दोनों ही इतने ऊब जाते थे कि उन्हें लगता जैसे अपने विषाक्त हो चुके रिश्ते से मुक्ति ही क्यों न पा लें, पर उस ज़माने के हमारे समाज में यह क़दम उठाना इतना आसान भी नहीं था।

समाज की प्रतिक्रिया से ज़्यादा परवाह और चिंता अमरनाथ और उनकी पत्नी को अपने मासूम बच्चों की थी। दोनों के लिए बच्चे ही तो सब कुछ थे; या कहें कि दोनों अब बच्चों के लिए ही तो जी रहे थे।

अमरनाथ की रूह काँप जाती थी यह सोचकर भी कि पत्नी से संबंध–विच्छेद का अभिप्राय होगा बच्चों से भी बिछुड़ना, क्योंकि उनके दोनों बच्चे अभी नाबालिग थे और कानूनन उस उम्र में उन्हें माँ से अलग नहीं किया जा सकता था। वैसे अमरनाथ कभी सोच भी नहीं सकते थे कि उनके बच्चे माँ से अलग हो जाएँ क्योंकि बच्चों के जीवन में माँ का महत्व उनसे ज़्यादा अच्छा और कौन समझ सकता था?

इसके अलावा अमरनाथ ने संगीत शिक्षण के अपने सफ़र में अब जो पूजनीय गुरु का एक अग्रणी स्थान हासिल कर लिया था, उन्हें इस बात की भी चिंता थी कि कहीं एक गलत निर्णय से उनके उस आदरणीय पद की गरिमा भंग न हो जाए।

एक गहन विचारक और अत्यंत संवेदनशील व्यक्तित्व होने के कारण अमरनाथ किसी भी विषय पर निर्णय लेने से पहले उसे हर पहलू से सोचते और परखते थे।

उन्हें कई बार दोहराते सुना भी था, "बचपन में ही माँ के चले जाने से मुझे एक सीख यह भी मिली कि गलती से भी गलती न कर बैठना, इसलिए मुझे बचपन से आदत रही है कि मैं कोई भी निर्णय जल्दबाज़ी में न लूँ।"

अमरनाथ की इस सोच को उनकी भक्तप्रेमी शिष्या अमरजीत ने भी नैतिक समर्थन दिया।

इसी तरह अमरनाथ की पत्नी माया भी कभी नहीं चाहती थीं कि वे अपने बच्चों को उनके पिता के साये से महरूम रखें। वैसे भी माया जिस परिवार से आई थीं वहाँ बेटियों को विदा करते वक़्त हर हाल में शादी को निभाने की ही सीख दी जाती थी। वैसे उन दिनों घर की बेटियाँ समाज में अपने माता–पिता की इज्ज़त बनाए रखने के लिए भी रिश्ते में टिकी रहती थीं। ख़ासकर, जो स्त्रियाँ प्रेम विवाह करती थीं, उन्हें यह चिंता भी रहती थी कि अगर विवाह के बाद पति से संबंध–विच्छेद हो गया, तो उनका चुनाव

व निर्णय गलत साबित हो जाएगा, जिसके कारण परिजनों के सामने उनकी आँखें हमेशा झुकी रहेंगी।

इन्हीं सब कारणों से, सिवाय अपनी सहन शक्ति को मज़बूत बनाने के, और कोई विकल्प माया के पास भी नहीं बचा था।

इस दौरान इत्तेफ़ाक से अमीर खाँ साहिब का, अपने किसी कार्यक्रम के सिलसिले में, दिल्ली आना हुआ। हमेशा की तरह इस बार भी वे अमरनाथ के घर पर ही ठहरे। संगीत की महफ़िलें लगीं। खाँ साहिब के शागिर्दों और प्रशंसकों का आना–जाना लगा रहा। घर का माहौल थोड़ा हल्का भी हुआ।

अमरनाथ के दिल में आया कि गुरु पिता समान हैं, इनके साथ अपने दिल का हाल बाँट लेने में कोई हर्ज़ भी नहीं है और फिर पिता और पुत्र का तालमेल भी कुछ ऐसा था कि बिन कहे ही दिल की बात एक दूसरे तक पहुँच जाती थी।

एक शाम जब खाँ साहिब अकेले थे, तो थोड़े गुमसुम से लगे। अमरनाथ ने कारण पूछा तो वे रो पड़े और कहने लगे, "बेटी की बहुत याद आ रही है। केनेडा में डॉक्टरी की पढ़ाई कर रही है। पहली पत्नी से है। पत्नी के साथ जब संबंध–विच्छेद हुआ, तो बेटी भी उसके साथ चली गई, फ़ासले इतने बढ़ गए कि उसके बाद बेटी का मुँह देखना तक नसीब नहीं हो पाया। कभी–कभी बहुत याद करता हूँ उस बच्ची को। सोचता हूँ मियाँ–बीबी की तकरार में वह मासूम बेकार में पिस गई।"

अमरनाथ को लगा जैसे खाँ साहिब ने उनकी कई अनकही पहेलियों को सुलझा दिया हो। उस शाम अमरनाथ ने अपने आपसे वादा किया, "कुछ भी हो जाए, बच्चों की ख़ातिर अपनी गृहस्थी को डाँवाडोल नहीं होने दूँगा।"

खाँ साहिब का यूँ भावनात्मक होकर फूट पड़ना, माया ने भी देखा, समझा और महसूस किया। अमरनाथ की तरह उन्होंने भी संकल्प लिया, "बच्चों की ख़ातिर इस परिवार को जोड़े रहूँगी।"

इस किस्से के बाद खाँ साहिब तो वापस बंबई चले गए पर अमरनाथ की गृहस्थी में आया हुआ तूफ़ान अब धीरे–धीरे शांत होने लगा। पति और पत्नी कोशिश करने लगे कि विवादित मुद्दों को नज़रअंदाज़ करके रोज़मर्रा के जीवन को सामान्य बनाया जाए। कुछ समय बाद उनकी इस कोशिश के परिणाम भी दिखने लगे।

वैसे जाने–अनजाने में परिवार में चल रहे तूफ़ान का असर बच्चों के ऊपर भी पड़ चुका था। माता–पिता के बीच चल रहे द्वन्द्व युद्ध के मध्य दोनों बच्चे सहमे हुए रहने लगे थे। पर आपस में भाई–बहन अपने दिल की बात एक–दूसरे से ज़रूर बाँटते।

अब जब दोनों बच्चों को माता–पिता के बीच कुछ सामंजस्य की झलक मिलने लगी तो उन्हें भी राहत होने लगी। फिर, एक दिन अमरनाथ अपनी पत्नी के साथ घर के लॉन में बैठे चाय पी रहे थे। बहुत लंबे अरसे के बाद माता–पिता को एक साथ देखकर दोनों बच्चे बेहद खुश हुए। दोनों ने मिलकर एक योजना भी बनाई जिसके चलते बेटी बिन्दु ने आकर झिझकते हुए मासूमियत के साथ अमरनाथ से कहा, "पापा, हमारे स्कूल के सब बच्चे छुट्टियों में अपने मम्मी–पापा के साथ घूमने जाते हैं। हम कभी क्यों नहीं जाते?"

तभी बहन का पक्ष लेते हुए बेटे विशाल ने भी लाड में कहा, "मेरे भी सब दोस्त छुट्टियाँ मनाने विदेश जाते हैं। हम तो अपने देश में भी नहीं जाते।"

फिर दोनों बच्चे एक साथ बोले, "छुट्टियों में इस बार हम भी कहीं पहाड़ों पर चलते हैं न। प्लीज़, प्लीज़, बहुत मज़े आएँगे।"

बच्चों की कही बातों ने कहीं न कहीं अमरनाथ को सोचने पर मजबूर कर दिया कि आख़िर बच्चों का क्या कसूर है? उन्हें भी तो आम बच्चों की तरह एक समान्य जीवन जीने का अधिकार है।

पत्नी माया भी बच्चों की कही बातें सुनकर सोच में पड़ गई कि *आख़िर हम पति–पत्नी के बीच कलह की वजह से हमारे मासूम बच्चों का बचपन क्यों खराब हो?*

कुछ दिनों बाद जब बच्चों के स्कूल में लंबी छुट्टियाँ हुईं तो अमरनाथ ने एक सरप्राइज़ देकर बच्चों को अचानक से चौंका दिया। उन्होंने पत्नी की सलाह से पहाड़ों पर जाने के लिए पहले से ही जो रेल के टिकट खरीद कर रख लिए थे वे अब उन्हें दिखा दिए, जिसे देखकर बच्चों की खुशी का तो ठिकाना ही नहीं रहा।

बस फिर क्या था, दो चार दिनों के अंदर ही अमरनाथ पत्नी और दोनों बच्चों के संग हिल स्टेशन 'मुक्तेश्वर' पहुँच गए।

पहाड़ों में छुट्टियाँ बिताना सिर्फ़ बच्चों के लिए ही एक रोमांचक अनुभव नहीं था बल्कि पति और पत्नी के नीरस हो चुके रिश्ते के लिए भी एक अच्छा रोमांचक परिवर्तन था। मुद्दत बाद इस दौरान उन दोनों को भी एक दूसरे के

साथ अच्छा समय व्यतीत करने का, एक दूसरे के मन की बात सुनने और सुनाने का सुनहरा अवसर मिला। दोनों के आपसी गिले–शिकवे दूर हुए और उनमें नज़दीकियाँ बढ़ीं।

दो हफ़्ते की छुट्टियाँ बिताकर अमरनाथ परिवार के साथ घर लौट आए। पहाड़ों की हवा की ताज़गी मानों अब उनकी दैनिक दिनचर्या में भी नज़र आने लगी थी। घर का माहौल खुशनुमा सा होने लगा था। फिर कुछ महीनों बाद 2 नवंबर 1965 को अमरनाथ के घर उनकी तीसरी संतान ने बेटी के रूप में जन्म लिया। बिटिया के जन्म से घर का वातवरण महक सा गया था। इसलिए अमरनाथ ने उस बच्ची का नाम 'गजरा' रख दिया। गजरा के आने से अमरनाथ को ही नहीं, बल्कि पूरे परिवार को जैसे खेलने के लिए एक गुड़िया मिल गई थी।

घर में तीसरे बच्चे के आ जाने से पत्नी की व्यस्तता पहले से भी अधिक बढ़ गई। नौकरी और तीन बच्चों की संभाल में ही उनका पूरा वक़्त निकल जाता। चाह कर भी वे अपने आपको संवेदनशील पति की भावनात्मक ज़रूरतों की पूर्ति करने में असमर्थ पातीं। पर अब अमरनाथ ने भी बदलती परिस्थितियों के साथ अपनी महत्वाकांक्षाओं के साथ समझौता कर लिया था।

जिन शिष्यों को अमरनाथ त्रिवेणी कला संगम तथा अपने घर पर संगीत का शिक्षण प्रदान कर रहे थे, वे सब भी अब उनके विस्तृत परिवार का अंग बन गए थे। शिष्यों से मिल रही अपार आत्मीयता और अपनेपन से कहीं न कहीं उनकी माँ का सा प्यार पाने की इच्छा भी तृप्त होने लगी थी।

इस दौरान संगीत के शिक्षण के साथ–साथ अमरनाथ के सृजनात्मक कार्य; जैसे काव्य रचनाओं व ख़याल बन्दिशों की रचना भी प्रगति करती रही।

अमरनाथ को शिक्षण व अपने संगीत के कार्यक्रमों से जो कमाई हो रही थी उसमें वे संतुष्ट थे। उन्हें खुशी इस बात की भी थी कि उन्होंने कभी लोभ नहीं किया और न ही पैसे के लिए अपने संगीत को बेचा।

वे मन ही मन अपनी पत्नी के इस गुण की सराहना अवश्य करते थे कि उन्होंने कभी पति पर अधिक पैसा कमाने के लिए दबाव नहीं डाला। वास्तव में इसमें कोई संदेह भी नहीं था कि माया अपने पति के नैतिक मूल्यों को न केवल समझती थीं परंतु उन मूल्यों और सिद्धांतों का सम्मान भी करती थीं। वे जानती थीं कि उनके पति सामान्य गायकों और संगीतकारों से कहीं अलग एक उच्च कोटि के साधक हैं, जो पैसों के लिए कहीं भी अपनी कला

का प्रदर्शन नहीं करते। पति के बारे में उनकी यह धारणा और भी प्रबल हो गई जब एक बार बड़े से होटल में आयोजित किसी कार्यक्रम में गाने के लिए प्रबन्धकर्ता ने अमरनाथ के सामने फ़ीस के तौर पर ख़ासी मोटी रकम देने का प्रस्ताव रखा था। हालाँकि उन दिनों घर पर पैसे की ज़रूरत भी थी पर फिर भी अमरनाथ ने 'ना' कहते हुए जवाब में कहा, "मैं उस श्रेणी के गायकों में नहीं आता, जो कहीं भी, किसी भी वक़्त, किसी के भी सामने गा देते हैं। मैं अपनी कला का प्रदर्शन केवल वहीं करता हूँ जहाँ मुझे भाता है। सहज रूप से जिस सभा में मुझे सम्मान से गाने के लिए आमंत्रित किया जाता है वहाँ के श्रोता भी सभ्य होते हैं, जिन्हें इस कला के प्रति श्रद्धा होती है। कभी–कभी मैं बहुत छोटी–सी महफ़िल या सभा में भी गाना ज़्यादा पसंद करता हूँ बजाय बड़े मेले के, जहाँ लोग हॉल के अंदर–बाहर आते–जाते रहते हैं। कभी आकर गाना सुन लिया, तो कभी बाहर जाकर चाट पकौड़ी खा आए।"

ख़ैर, बड़ी से बड़ी शख़्सियत के अंदर भी इंसानी जज़्बे तो होते ही हैं। वे भी आम इंसान की तरह अपने जीवन में लिए फ़ैसलों की नाप तोल करता है, उनसे हुए नफ़े और नुकसान के बारे में सोचता है।

परिवार के मुखिया होने के नाते अमरनाथ को अपनी ज़िम्मेदारियों का भलीभाँति एहसास था इसलिए कई लम्हों में उन्हें कभी–कभी उन दिनों की भी याद आ जाया करती थी जब शायद उनके एक फ़ैसले से उनके परिवार का भविष्य कुछ अलग हो सकता था।

यह उन दिनों की बात है जब फ़िल्म 'गरम कोट' में दिए उनके संगीत को अच्छी सफलता और प्रशंसा प्राप्त हुई थी, जिसके चलते उन्हें बहुत प्रोत्साहन भी मिला था कि वे फ़िल्म इंडस्ट्री में और भी काम करें। फिर एक दिन उनके शिष्य और दोस्त 'ब्रिज भूषण' ने उन्हें नया काम तलाशने के लिए बंबई आने का निमंत्रण भेज दिया और अमरनाथ बंबई पहुँच भी गए थे।

बंबई आकर अमरनाथ ब्रिज भूषण के साथ के उस ज़माने के एक नामी निर्माता–निर्देशक से मिलने गए थे। उस दिन निर्माता के घमंडी मिज़ाज़ और संगीत के प्रति अपमानजनक लहज़े से अमरनाथ के आत्मसम्मान को बहुत ठेस पहुँची थी। अमरनाथ संगीत के व्यापारी नहीं, बल्कि एक साधक थे। अपनी साधना का अपमान उनसे बर्दाश्त नहीं हुआ। उसी वक़्त, वहीं उन्होंने ठान भी लिया था कि वे फ़िल्म इंडस्ट्री के ऐसे माहौल में कभी काम नहीं करेंगे जहाँ उनके संगीत का सम्मान न हो।

हालाँकि उस दिन अमरनाथ के एक और अज़ीज़ मित्र सारंगी वादक पंडित राम नारायण जी, जो उन दिनों फ़िल्मों के लिए भी बजाते थे, ने भी उन्हें काफ़ी समझाया और मनाने की कोशिश भी की थी, "अमरनाथ बंबई में टिके रहो, एक न एक दिन तुम्हारे हुनर को सफलता मिल ही जाएगी। मुझे विश्वास है कि यहाँ काम करके जब तुम्हारे परिवार का भविष्य सुनहरा बन जाएगा तब तुम कभी अपने इन कड़वे अनुभवों को याद भी नहीं करोगे।"

पर अमरनाथ तो पहले ही अपना मन दिल्ली वापस जाने का बना चुके थे इसलिए मित्र की दी हुई राय को अनसुना कर दिया था।

अब जीवन के इस मोड़ पर आकर जब कभी अमरनाथ को यह लगने लगता कि क्या मेरा वह फ़ैसला इतना सही नहीं था? तब उन्हें अपने उस्ताद अमीर खाँ साहिब की दी हुई यह सलाह भी याद आती कि बेटा अब जब तक बंबई की फ़िल्म इंडस्ट्री तुम्हें खुद न बुलाए तब तक वहाँ न आना।

ऐसे में अमरनाथ सोचते थे कि *शायद ऐसा कभी नहीं होगा। क्या बंबई फ़िल्म इंडस्ट्री मुझे बुलाएगी?*

पर फिर एक दिन ऐसा आ ही गया जब उस्ताद अमीर खाँ साहिब की वाणी सार्थक सिद्ध हो गई।

1969 में जब अमरनाथ को बंबई से एक प्रतिष्ठित डाक्यूमेंट्री फ़िल्म का संगीत निर्देशन करने के लिए बुलावा आया तो उन्होंने उस निमंत्रण को अपने आदरणीय गुरु का आशीर्वाद समझकर स्वीकार करने का फ़ैसला ले लिया।

दरअसल, मिर्ज़ा ग़ालिब की सौवीं वर्षगाँठ होने जा रही थी जिसके लिए ग़ालिब पर एक डाक्यूमेंट्री फ़िल्म बननी थी। उस फ़िल्म के संगीत निर्देशक के तौर पर अमरनाथ को चुना गया था। उस फ़िल्म के निर्देशक सुविख्यात श्री एम.एस. सथ्यू और निर्माता 'शिवानी' ने जब अमरनाथ को बताया कि वे चाहते हैं कि फ़िल्म का थीम सॉन्ग उस्ताद अमीर खाँ साहिब गाएँ तो उन्हें शंका हुई कि महाराज इस फ़िल्म का थीम सॉन्ग यानी ग़ज़ल गाएँगे क्या?

पर जब अमरनाथ को सथ्यू और शिवानी से यह मालूम पड़ा कि खाँ साहिब गाने के लिए खुद हाँ भी कर चुके हैं तो उन्हें हैरानी के साथ विश्वास करना ही पड़ा।

फ़िल्म पर काम शुरू हो गया। अमरनाथ को दिल्ली में ही ग़ज़लें दे दी गईं और उन्होंने उनका संगीत तैयार भी कर लिया। फ़िल्म का शीर्षक गीत था,

"रहिए अब ऐसी जगह चलकर जहाँ कोई न हो.."

अमरनाथ ने इसे खाँ साहिब के लिए गढ़ लिया और उन्हें मन ही मन तसल्ली भी थी और विश्वास भी कि खाँ साहिब उनके इस प्रयत्न से ज़रूर खुश होंगे।

ग़ज़लों की रिकॉर्डिंग की निर्धारित तिथि के दो दिन पहले अमरनाथ बंबई पहुँच गए। रात के लगभग नौ बजे का समय था। उन्हें लेने हवाई अड्डे पर निर्देशक सथ्यू, निर्माता शिवानी, कैमरा मैन, वगैरह, पहुँचे हुए थे। सबके चेहरे उतरे हुए थे। अमरनाथ के कारण पूछने पर पता चला कि खाँ साहिब ने तो गाने से मना कर दिया है, जबकि उन्होंने खुद कैफ़ी साहिब से गाने के लिए हामी भरी थी। "अब क्या होगा! चलो, अब जब आप आ गए हैं तो हम सब मिलकर इसी वक़्त उन्हें मनाने सीधा उनके घर ही चलते हैं।"

अमरनाथ ने अपनी कलाई पर बँधी घड़ी पर समय देखकर कहा, "वहाँ पहुँचते–पहुँचते दस तो बज ही जाएँगे। काफ़ी देर हो जाएगी उनके आराम करने का वक़्त होगा। सुबह चलेंगे।"

किसी तरह वे सब रात भर रुकने के लिए मान गए और फिर अगले दिन सुबह जल्दी जिस होटल में अमरनाथ रुके थे, वहाँ पहुँच गए, फिर वहाँ से पूरा जत्था खाँ साहिब के घर के लिए रवाना हो गया।

स्थिति की गंभीरता को भाँपते हुए रास्ते में अमरनाथ ने सबसे कहा, "वैसे मैं भी शुरुआत में हैरान तो हुआ था यह सुनकर कि खाँ साहिब थीम सॉन्ग गाने वाले हैं क्योंकि ग़ज़ल और ठुमरी तो वे गाते नहीं, पर हो सकता है 'थीम सॉन्ग' के नाम पर उन्हें कुछ गलतफ़हमी हुई हो। उन्हें लगा होगा, शायद कोई क्लासिकल गाना होगा, जैसा उन्होंने कई फ़िल्मों में गाया है। लेकिन क्या आप लोगों ने उन्हें बताया था कि इस फ़िल्म का थीम सॉन्ग एक ग़ज़ल होगी?"

जब अमरनाथ को अपने इस प्रश्न का उत्तर 'ना' में मिला तो उन्हें विश्वास हो गया कि जो वे सोच रहे हैं वह सही है, ज़रूर खाँ साहिब ने गलतफ़हमी में ही गाने के लिए हाँ की होगी। पर अमरनाथ को कहीं न कहीं अपने आप पर भरोसा था इसलिए उन्होंने पूरी टीम को विश्वास दिलाया कि जब महाराज की तरफ़ से हाँ हो ही चुकी है तो अब 'ना' नहीं होगी, वे ज़रूर गाएँगे।

कुछ ही देर में अमरनाथ ने इस क़ाफ़िले के साथ खाँ साहिब के पैडर रोड वाले फ़्लैट के बाहर पहुँच कर घर की घंटी बजाई। उन्होंने दरवाज़े के छेद से झाँका तो दिखा कि खाँ साहिब खुद ही दरवाज़ा खोलने आ रहे हैं।

जैसे ही खाँ साहिब ने दरवाज़ा खोला, अमरनाथ ने उनके चरण स्पर्श किए पर उन्हें खाँ साहिब का रवैया बहुत रूखा–सा लगा।

पहले जब भी मिलते थे, वे हमेशा बाल–बच्चों की खबर पूछते थे पर इस बार उन्होंने न तो अमरनाथ से कोई दुआ सलाम की, ना ही पूछा, "भई, कैसे हो?" और तो और अमरनाथ के जिन बच्चों से वे बेहद लाड करते थे उनकी ख़ैरियत तक नहीं जानी, बल्कि वे अमरनाथ से बहुत ही रुखाई से मिले और दरवाज़े पर खड़े–खड़े ही पूरी टीम को संबोधित करके कहने लगे, "अरे भाई, यह क्या मुसीबत डाल दी मेरे गले? मैंने कभी ग़ज़ल गाई है क्या, जो अब गाऊँगा? और वह भी अब इस उम्र में?"

अमरनाथ ने भी रुखाई का उत्तर रुखाई, पर बेटे का सा हक भी दिखाते हुए पूछा, "क्या मैं अंदर आकर बैठ सकता हूँ?"

खाँ साहिब और अमरनाथ का रिश्ता सिर्फ़ गुरु और शिष्य का ही नहीं बल्कि पिता और पुत्र के समान था इसलिए पुत्र के बात करने के अंदाज़ से ही पिता भाँप भी गए थे कि मेरी तरफ़ से कुछ ज़्यादती हो गई, इसलिए वहीं खड़े–खड़े कुछ नरम पड़े और कहने लगे, "अरे यार, अब इस उम्र में ग़ज़ल वगैरह..हमसे न हो पाएगा।"

"आपने हाँ क्यों कही पहले, और अब न क्यों?" अमरनाथ ने भी नाराज़गी दिखाते हुए हक से पूछा।

"अरे यार, मुझे पहले मालूम होता कि इस फ़िल्म में थीम सॉन्ग 'ग़ज़ल' है तो मैं कभी हाँ न करता। मुझे लगा जैसे बैजू बावरा, शबाब, वगैरह, में गाया था, उसी किस्म का कोई क्लासिकल गाना होगा, इसलिए हाँ कह दी। पर फिर जब पता चला कि यह सब और तुम भी! ग़ज़ल गवाना चाहते हो तो मैंने मना कर दिया। तुम तो जानते हो, कभी गाई है क्या मैंने? समझा करो, यार! ग़ज़ल तो ग़ज़ल है न, भई।"

खाँ साहिब की मासूमियत और उनके ग़ज़ल गाने की झिझक को देखकर अमरनाथ भावुक होकर उन्हें समझाने लगे, "महाराज आप फ़ारसी तो गाते हैं।"

"हाँ।"

"अरबी भी गाते हैं, हिन्दी तो ख़ैर गाते ही हैं, तो इस उर्दू ने क्या कसूर किया है?"

खाँ साहिब एकदम चुप रहे। उनकी चुप्पी देखकर अमरनाथ ने फिर लाड दिखाते हुए कहा,

"बाकी बात है ग़ज़ल की, तो मैंने आज से सौ साल पहले के अंदाज़ से ग़ज़ल बनाई है। बिल्कुल ख़याल की तरह। पहले आप सुन लें और फिर भी पसंद न आए तो खुद बना लें, जैसा आपका मन चाहे।"

सुनकर खाँ साहिब सोच में पड़ गए। उन्हें सोच में पड़ा देख अमरनाथ ने विश्वास दिलाते हुए उनसे कहा, "मुझे आपकी शागिर्दी में आए पच्चीस बरस हो गए, क्या मैंने कोई काम ऐसा किया है आज तक, जिससे आपकी शान को ज़रा भी बट्टा लगा हो?"

इतना सुनने के बाद जब खाँ साहिब के पास कोई और चारा ही न रहा तो उन्होंने अमरनाथ से कहा, "सुनाओ तो .."

जब अमरनाथ ने सुना दिया तो खाँ साहिब बोले, "शाहाना में बाँधी है, अच्छी है, ज़रा अपनी अम्मा(उनकी पत्नी) से भी पूछ लो।"

अमरनाथ को भी अब शरारत सूझी। वे वहीं से बच्चों की तरह चिल्लाते हुए बोले, "अम्मा, क्या आपने मना किया है खाँ साहिब को?"

यह सुनकर अम्मा एकदम घबराकर बोलीं, "अरे, नहीं बेटा, मैं भला ऐसा क्यों करने लगी?"

अंततः खाँ साहिब गाने के लिए मान गए।

इतने में अम्मा ने चाय–नाश्ता लगवा दिया। माहौल भी कुछ नरमा गया।

और जब खाँ साहिब ने अमरनाथ से कहा, "भई, कल किसी वक़्त आकर रिहर्सल कर जाना।"

तब जाकर सब की जान में जान आई।

आख़िरकार, बहुत अच्छी रिकॉर्डिंग हो गई। खाँ साहिब को खुद बहुत अच्छी लगी।

खाँ साहिब अब गाने की फ़ीस के पैसे न लें। अमरनाथ से कहने लगे, "तुम्हीं रख लो, बेटा, तुम्हारी मेहनत रंग लाई है।"

अमरनाथ ने पैसे वापस उनकी जेब में डालते हुए कहा, "ठीक है मैं यहीं से ले लूँगा, जब मेरा मन होगा।"

वाह! क्या अनोखा रिश्ता था अमरनाथ और उस्ताद अमीर खाँ साहिब के बीच।

ऐसा अनोखा प्रेम और आत्मीयता सिर्फ़ गुरु–शिष्य परंपरा जैसी संस्कृति में ही दिख सकते हैं। ऐसे अनोखे रिश्ते को परिभाषित करना अनेक शब्दकोशों की सीमा से भी परे है।

जिस तरह से अमरनाथ ने खाँ साहिब को ग़ज़ल गाने के लिए मनाया, उसे देखकर न केवल 'ग़ालिब' पर बनी उस फ़िल्म के निर्माता, निर्देशक और बाकी की टीम, बल्कि पूरी बंबई की फ़िल्म इंडस्ट्री तक हैरान रह गई थी। खाँ साहिब और अमरनाथ के रिश्ते को देखकर कैफ़ी आज़मी साहब ने मान लिया, "जो उस्ताद और शागिर्द का रिश्ता संगीत में अभी तक देखने में आता है वह और कहीं नहीं दिखता। चाहे वह हिंदुस्तान की कोई कला हो या संस्कृति, कहीं नहीं।"

खाँ साहिब की गायी इस ग़ज़ल को बहुत लोकप्रियता मिली। कई सालों तक 'एयर इंडिया' की उड़ानों में भी इसे बजाया गया।

दिल्ली में संगीत का शिक्षण देने के साथ–साथ अब अमरनाथ देश के सभी बड़े संगीत उत्सवों और सम्मेलनों में शामिल होने लगे। अमरनाथ की संगीत विचारधारा की सराहना पूरे देश में होने लगी।

इस दौरान घर पर अपने बच्चों को बड़ा होते देख अमरनाथ का जीवन आनंदित था। परिवार की खिली बगिया से आने वाली महक से उन्हें जीवन में पूर्णता का एहसास हो रहा था। बेटा विशाल अब होम्योपैथिक चिकित्सा की पढ़ाई कर रहा था। बेटे को चिकित्सक बनाने का उनका सपना अब पूरा होने ही वाला था। बड़ी बेटी बिन्दु 'मिरांडा कॉलेज' से इंग्लिश ऑनर्स में स्नातक की पढ़ाई कर रही थी। छोटी बेटी गजरा 'कॉन्वेंट ऑफ़ जीसस एंड मैरी' स्कूल में पढ़ रही थी।

वैसे तो गजरा घर में सबकी लाड़ली थी पर बिन्दु के साथ उसका रिश्ता कुछ और ख़ास बन गया था। उम्र में दस वर्ष बड़ी होने के कारण बिन्दु एक तरह से माँ के समान ही उसका पालन–पोषण कर रही थी। इसका एक कारण बच्चों की माँ का कामकाजी होना भी था। अमरनाथ को दोनों बहनों के बीच इस प्रकार का लगाव देखकर बहुत सुकून मिलता था।

स्वयं संगीत के साधक होते हुए भी उन्होंने कभी अपने बच्चों पर संगीत सीखने का कोई दबाव नहीं डाला। अपने बच्चों का पालन–पोषण उन्होंने एक अद्‌भुत स्वतंत्र वातावरण में किया था।

उनके तीनों बच्चे पढ़ाई में तो अच्छे थे ही पर हर एक के स्वभाव में प्राकृतिक रूप से अलग–अलग किस्म की रचनात्मक प्रवृत्तियाँ भी थीं, जो निश्चित रूप से जन्म से ही उन्हें अपने अपूर्व प्रतिभाशाली, बुद्धिमान व रचनात्मक पिता की जीन से विरासत में मिली होंगी।

संगीत के अलावा जिन अन्य क्षेत्रों में अमरनाथ को रुचि थी वे थे, होम्योपैथी, पढ़ना, चाहे वह साहित्य हो या अन्य दिलचस्प विषय और लिखना, जिसमें काव्य और गद्य की रचना करने में उनकी विशेष अभिरुचि थी। इत्तेफ़ाकन जाने–अनजाने उनके तीनों बच्चों ने अपने पिता की इन सभी अभिरुचियों को अपनाया।

अमरनाथ अटूट प्रेम करने वाले एक ऐसे समर्पित पिता थे जो अपने हर बच्चे के अंदर बसी रचनात्मक कला को पहचानते थे और उन्हें हमेशा प्रेरित भी करते रहते थे कि जिस भी रचनात्मक क्षेत्र में दिलचस्पी है उसे दिल से करें। लेकिन करें ज़रूर, इसी से आपके असली व्यक्तित्व का विकास होगा।

अमरनाथ के बेटे को बचपन में 'वुडक्राफ़्ट' करने का जुनून था इसलिए उन्होंने बेटे को स्कूल में 'एक्स्ट्रा करीकुलर एक्टिविटी' के अंतर्गत इस प्रतिभा में प्रशिक्षण लेने के लिए हमेशा प्रोत्साहित किया। उन्हें अत्यंत गर्व महसूस हुआ था जब उनके बेटे द्वारा शिल्पित कार्य, स्कूल के स्वर्ण जयंती महोत्सव के उपलक्ष्य में, महोत्सव के विशेष अतिथि भारत के तत्कालीन राष्ट्रपति महोदय श्री वी.वी. गिरि जी को पेश किया गया और उसी महोत्सव में बेटे को बेहतरीन शिल्पकारी के लिए पुरस्कृत भी किया गया।

बड़ी बेटी बिन्दु अंग्रेज़ी भाषा में निपुण हो गई थी। उन्हें लिखने का शौक था। अपने कॉलेज के दिनों से ही उसने न केवल विभिन्न दिलचस्प विषयों पर लेख लिखने का सिलसिला शुरू कर दिया था बल्कि कॉलेज में छपने वाली वार्षिक पत्रिका की संपादिका भी बन गई थी। कॉलेज पास करने के बाद भी बेटी ने पेशे के तौर पर अपनी पत्रकारी लेखन वृत्ति को ही आगे बढ़ाया। हालाँकि अमरनाथ को इस बात की भी भनक थी कि उनकी मॉडर्न संस्कारों वाली बड़ी बेटी को हॉलीवुड और बॉलीवुड की नवीन फ़िल्मों का संगीत सुनना और कभी–कभी उन पर थिरकना भी अच्छा लगता था, पर फिर भी उन्होंने बेटी को कभी न रोका, न टोका।

उनकी दूसरी बेटी गजरा को भी किताबें पढ़ने का शौक बचपन में ही पड़ गया था। जिस उम्र में बच्चे शाम को खुले मैदान में जाकर 'बैडमिंटन' और 'चोर सिपाही' जैसे खेल खेलने में रुचि रखते हैं, उस उम्र में गजरा की शामें या तो किताबें पढ़ने में बीततीं या फिर स्थानीय पुस्तकालय तक जाने–आने में। अमरनाथ का सीना गर्व से फूल जाता जब उनकी नन्ही–सी

गुड़िया के लिखे लेख न केवल स्कूल की पत्रिकाओं में बल्कि 'टाइम्स ऑफ़ इंडिया' जैसे प्रतिष्ठित अखबारों में भी छपते।

यह अमरनाथ के जीवन का वह दौर था जब उन्हें अपने पारिवारिक जीवन से परम संतुष्टि की अनुभूति हो रही थी।

पिता समान गुरु उस्ताद अमीर खाँ साहिब के मज़बूत साये में उन्हें जीवन में सकारात्मकता के साथ आगे बढ़ने के लिए बल मिल रहा था। गुरु से मिल रहे ज्ञान व स्नेह से उन्हें अपने बचपन की कई कड़वी यादों को मिटाने का हौसला भी मिल रहा था।

फिर एक समय ऐसा आया जब खाँ साहिब की तबीयत कुछ खराब रहने लगी। बस, उन्हें कुछ न कुछ लगा ही रहता। अमरनाथ को खाँ साहिब की तबीयत को लेकर काफ़ी चिंता भी रहती।

अपने जीवनकाल में अमरनाथ खाँ साहिब को याद करते हुए भावुक होकर कहा करते थे, "खाँ साहिब के अंतिम दो–चार साल कुछ अच्छे नहीं बीते, वे बहुत विचलित से रहने लगे थे। सुकून की तलाश में कभी कहीं चले जाते, कभी कहीं, पर जहाँ भी जाते दुःख उनके पीछे–पीछे बना रहता, क्योंकि उनकी गृहस्थी की गाड़ी पटरी से उतर चुकी थी। फिर भी, क्या कुदरत के खेल थे, जब भी गाने बैठते बहुत आनंद आता, ऐसा लगता कि इबादत कर रहे हैं।

"असल में जैसा कि वे उन दिनों कहा भी करते थे कि अब अल्लाह अल्लाह करने के दिन हैं, शायद यही उनका अल्लाह–अल्लाह करने का तरीका हो। गाना बहुत पुर असर हो गया था। बहुत दर्द से गाने लगे थे।"

फिर, 13 फरवरी 1974 को अचानक एक बेहद दुःखद खबर से अमरनाथ का दिल दहल गया। जिस अनहोनी की उन्होंने कभी कल्पना भी नहीं की थी, वही घट गई। अमरनाथ के पिता तुल्य गुरु 'उस्ताद अमीर खाँ साहिब' स्वर्ग सिधार गए। पता चला कि खाँ साहिब कलकत्ता में 12 फरवरी की रात कार्यक्रम ख़त्म करने के बाद जिस कार से वापस लौट रहे थे, वह कार दुर्घटनाग्रस्त हो गई। कार की जिस आगे वाली सीट पर वे बैठे थे, दो वाहनों की टक्कर से, उस तरफ़ का दरवाज़ा खुला, और खाँ साहिब बाहर आ गिरे। उनका सिर सड़क पर लगे खंबे से टकरा गया, चोट इतनी गहरी थी कि अस्पताल पहुँचने से पहले ही चल बसे।

इस हादसे से अमरनाथ अंदर से पूरी तरह बिखर गए। खाँ साहिब का साया सिर से हटने के बाद उनकी मानसिक हालत फिर से अपनी चार वर्ष

की उम्र जैसी हो गई, जब उनकी 'जयदेवी' माँ उन्हें छोड़कर इस दुनिया से चली गई थीं। कुछ रातों तक अमरनाथ को नींद में फिर से बचपन में दिखने वाला वही स्वप्न दिखने लगा, जिसमें उनकी माँ ढोलनी के रूप में गातीं बजातीं हुईं एक खुले मैदान में तेज़ कदमों से चल रही हैं और छोटा–सा चार वर्ष का बालक अमरनाथ उनके पीछे भागता हुआ उन्हें थामने की कोशिश कर रहा है पर कोई पीछे से आकर उस बच्चे को पकड़कर आगे जाने से रोक रहा है; बच्चा रोता और बिलखता है; अपने आपको उस इंसान की जकड़न से छुड़वाने की कोशिश करता है, पर तब तक माँ कहीं अंधेरे में लुप्त हो जाती हैं, निराश बच्चा सिसकियाँ भरता रहता है।

सपना देखते ही अमरनाथ घबराते हुए उठकर बैठ जाते, बिस्तर के पास पड़े पानी को पीते और फिर से सोने की कोशिश करते। गुरु के जाने के बाद अमरनाथ का माँ की तलाश का सफ़र फिर से शुरू हो गया।

इस नाजुक दौर में उनके शिष्यों और परिवार ने उन्हें पूर्ण रूप से भावनात्मक सहारा दिया। पर अमरनाथ के कल्पनाशील हृदय और प्रखर चिंतनशील मस्तिष्क ने भी निराश होकर कहीं थमने का नाम नहीं लिया। वे अत्यंत उच्च कोटि के विचारक थे, उन्हें स्वयं यह एहसास हुआ कि जिस तरह परिवार के मुखिया के चले जाने से घर के बड़े बच्चे के कंधे पर परिवार को संभालने की ज़िम्मेदारी आन पड़ती है उसी तरह अब 'इंदौर घराने' को आगे बढ़ाने की ज़िम्मेदारी भी उनके कंधे पर आ गई है।

खाँ साहिब के चले जाने के बाद, इंदौर घराने के प्रति जुनून रखने वाले अनुचर अब अमरनाथ की तरफ़ देखने लगे। अमरनाथ ने अपने घराने के प्रति अपनी इस ज़िम्मेदारी को ताउम्र श्रद्धापूर्वक निभाया और घराने की गायकी के विकास की दिशा में कभी न थमने वाले क़दम उठाए।

इस सफ़र में दुनिया ने अमरनाथ को एक प्रज्ञावान गुरु, संगीतशास्त्री, महान संगीतज्ञ, वाग्गेयकार, संगीत प्रदर्शक, गहन विचारक, शोधकर्ता, कवि व लेखक के रूप में भी पहचाना।

जहाँ तक अपनी शैली के विकास का सवाल है, हालाँकि शुरुआती वर्षों में कुछ तालीम रागों में वे अपने गुरु की तरह सुनाई देते थे, पर राग के बाद राग में क्रम परिवर्तन और संयोजन की अपार तपस्या से गुज़रने के बाद, उन्होंने अपने गुरु, उस्ताद अमीर खाँ के तकरीबन 60 राग प्रदर्शनों का विस्तार करके 200 से अधिक रागों तक पहुँचा दिया।

अमरनाथ के समक्ष ज़्यादा चुनौती इंदौर घराने की गायकी में अपनी खुद की शैली बनाने की थी, यानि गुरु की नकल किए बिना गुरु की शैली के साथ आगे बढ़ना था। उन्हें निश्चित तौर पर इस बात की भी महत्वपूर्ण चिंता थी कि किस प्रकार अपने घराने की गायकी को आने वाली पीढ़ियों के लिए आसान बनाएँ और इस दिशा में वे निरंतर प्रयत्न करते रहे।

अमरनाथ ने अपने उस्ताद द्वारा पहले से ही लोकप्रिय किए गए काम का अनुसरण करने के बजाय घराने में अपने नए काम, अपने गीतों को गाना पसंद किया। क्योंकि अपनी रचनाएँ शुरू करने से पहले अमरनाथ स्वयं एक कठिन दौर से गुज़रे थे। शुरुआती वर्षों में उन्हें अपनी पसंद की बन्दिशें नहीं मिलती थीं। इतना ही नहीं, बल्कि अधिकतर पूरी बन्दिशें; अस्थाई और अंतरा मुश्किल से ही मिलता था। इन सभी समस्याओं के प्रति उनकी संवेदनशीलता ने उन्हें अपने स्वयं के गीत बनाने के लिए प्रेरित किया। यद्यपि उन्होंने कभी भी अपने ख़याल गीत या बंदिशों को अपने शिष्यों पर नहीं थोपा, जबकि उनके पास सैकड़ों रागों में अपने रचे गीतात्मक कार्यों का एक विशाल समूह उपलब्ध था। वे शिष्यों से कहा करते कि आप बस राग का नाम बताएँ मैं आपको इसे सिखाऊँगा। अपने समय के विपरीत, अब उनके शिष्यों की थाली में इतना कुछ था कि उनके लिए यह चुनना मुश्किल हो जाता कि क्या सीखना है?

अमरनाथ की शिक्षण पद्धति इंदौर घराने की एक ऐसी भविष्यवादी शिक्षण पद्धति के रूप में विख्यात होती गई जिसे झंग–इंदौर घराने का नाम दिया जाने लगा।

बीतते समय के साथ अमरनाथ अपने शिष्यों के लिए अत्यंत आदर्श और पूजनीय शख़्सियत बन गए। उनके द्वारा कहा हर शब्द, उनके द्वारा दी गई हर सलाह को उनके शिष्य मूल्यवान धरोहर के समान संजोकर रखते। अमरनाथ अपने शिष्यों को अक्सर यह सलाह भी देते कि "एक अच्छे इंसान बनो, तभी आप एक अच्छे संगीतकार बन पाओगे। आपका संगीत आपकी आत्मा की ही तस्वीर है।"

फिर सन् 1976 में अमरनाथ को संगीत जगत में दिए उनके बहुमूल्य योगदान के लिए 'स्वरमणि' पुरस्कार से सम्मानित किया गया।

अमरनाथ की गणना बेजोड़ बुद्धिजीवी संगीतकारों में की जाने लगी। उनकी कुशाग्रबुद्धि और अति कोमल कलाकार स्वभाव की प्रशंसा पूरे जगत

में होने लगी। उनके संगीत को सबसे ज़्यादा गणितयज्ञी और बौद्धिक श्रेणी में गिना जाने लगा था। इन सब योग्यताओं और गुणों के कारण अमरनाथ को सम्मान हेतु 'पंडित' की उपाधि से सम्मानित किया गया और अब उन्हें 'पंडित अमरनाथ' कहकर संबोधित किया जाने लगा। संगीत की साधना के सफ़र में मिल रही उपलब्धियों के साथ–साथ अमरनाथ के पारिवारिक जीवन में भी अनुकूल और संतोषजनक संवृद्धि हो रही थी।

उनका बेटा अब होम्योपैथिक डॉक्टर बन गया था। बड़ी बेटी ग्रेजुएशन करने के बाद प्रकाशन के क्षेत्र में नौकरी कर रही थी। छोटी बेटी गजरा भी अपनी पढ़ाई में बेहतरीन प्रदर्शन कर रही थी।

बच्चे चाहे अब उम्र में बड़े हो गए थे परंतु अमरनाथ अभी भी उन पर उतना ही स्नेह और ममता न्योछावर करते थे जितना उनकी बाल्य अवस्था में किया करते थे। खाना बनाने का शौक तो उन्हें था ही। अब भी बच्चों के मनपसंद खाने बनाते और उन्हें खुशी से खाता देख संतुष्ट हो जाया करते।

सत्तर के दशक के मशहूर नायक संजीव कुमार उनके पसंदीदा अभिनेता थे। वे संजीव कुमार की तकरीबन हर नई फ़िल्म देखते थे चाहे वह टेलिविज़न पर हो या फिर थिएटर में।

उनकी छोटी बेटी गजरा आज भी उन दिलचस्प लम्हों का ज़िक्र करती हैं जब फ़िल्म देखने के बाद कई दिनों तक पिता और पुत्री उस फ़िल्म की पटकथा, संगीत और अभिनय को लेकर विश्लेषण किया करते थे और कभी–कभी पसंद–नापसंद को लेकर दोनों में बहस भी हो जाया करती थी। वैसे बड़े होते–होते बेटी भी पिता की तरह संजीव कुमार के अभिनय की अनन्य अनुरागी बन गई थी।

फिर 1976 में अमरनाथ ने यमुना पार इलाके में बनने वाली कलाकारों के समूह की एक नई बस्ती 'भारती आर्टिस्ट कॉलोनी' में घर बनाने के लिए ज़मीन खरीद ली। दरअसल, अमरनाथ काफ़ी समय से चाहते थे कि वे अपनी संगीत की साधना से की गई कमाई से एक दिन अपने परिवार के लिए एक अच्छा सा घर बनवाएँ और अब उनको उम्मीद थी कि उनका वह सपना भी जल्दी ही पूरा होने जा रहा था।

इसी वर्ष अमरनाथ को उनके विदेशी प्रशंसकों द्वारा निजी कार्यक्रम(कॉन्सर्ट) के तहत फ्रांस में आमंत्रित किया गया, जहाँ उनके संगीत संग्रह का एल.पी. आर. भी निकाला गया।

कुछ हफ़्तों बाद जब अमरनाथ फ्रांस से वापस घर लौटे तो बेटी बिन्दु के बदले पहनावे ने उन्हें पूरी तरह से चौंका दिया। जीन्स और टॉप्स पहनने वाली उनकी आधुनिक दिखने वाली बेटी कलफ़ लगी सूती हैंडलूम साड़ी पहने उनके सामने खड़ी थी।

इससे भी अधिक अचंभा अमरनाथ को तब हुआ जब बिन्दु ने अचानक आकर उनसे हिचकिचाते हुए पूछा, "पापा, क्या आप मुझे गाना सिखाएँगे।"

अमरनाथ कुछ पल के लिए स्तब्ध हुए। हैरानी से बेटी को कुछ पल तो देखते रहे फिर बोले, "हाँ बेटा, क्यों नहीं सिखाऊँगा, पर जल्दबाज़ी में कोई निर्णय नहीं लेना चाहिए। कुछ समय और इस पर विचार कर लो।"

पर बेटी अपने निर्णय पर अटल रही।

अमरनाथ सोच में पड़ गए। अचानक इस तरह से अपनी बेटी की काया पलट होने के पीछे का राज़ जानने के लिए उत्सुक थे पर उन्हें घर पर पूछताछ के बाद सिर्फ़ इतना ही पता चला कि जब वे फ्रांस के दौरे पर गए हुए थे तब बिन्दु को उसके दफ़्तर की तरफ़ से 10 दिनों के लिए बेंगलौर भेजा गया था, जहाँ उसे पत्रिका में छापने के लिए किसी प्रख्यात शख़्सियत का साक्षात्कार लेना था। जब से वह बेंगलौर से आई है बिलकुल बदल सी गई है।

अमरनाथ ने स्वयं भी बिन्दु से कई बार बातों ही बातों में पूछने की कोशिश की कि बेंगलौर में ऐसा क्या हुआ था। पर बेटी हमेशा हँसकर टाल देती।

इसके बाद से सुबह देर तक सोने वाली अमरनाथ की बड़ी बेटी अब प्रभात वेला में उठकर पिता का रियाज़ सुनने उनके कमरे में आकर बैठने लगी। बेटी की संगीत सीखने की गंभीरता को देखते हुए अमरनाथ ने उन्हें प्रशिक्षण देने का निर्णय ले लिया और फिर सिखाने का सिलसिला आरम्भ हो गया।

छोटी बेटी गजरा का अपनी बहन के साथ लगाव इतना गहरा था कि स्कूल जाने के अतिरिक्त उसका बाकी का समय बहन के इर्द–गिर्द ही बीतता। अब जब बहन संगीत सीखने के लिए पिता के पास बैठतीं तो गजरा भी हर रविवार को आकर उनके साथ ही बैठ जाया करतीं। ऐसे में एक दिन अमरनाथ ने उससे पूछ लिया,

"बेटा, तुम भी गाना सीखोगी?"

"हाँ, लेकिन मुझे आप भजन गाना सिखाइए।"

"भजन!, अच्छा कौन सा भजन अच्छा लगता है तुम्हें?"

"आपकी फ़िल्म 'गरम कोट' का मीरा भजन 'जोगिया से'," जवाब में गजरा ने पूरा भजन गा दिया।

अमरनाथ अपनी छोटी–सी बच्ची के मुख से बेहद सुरीली आवाज़ में भजन सुनकर बेहद चौंके भी और भावुक भी हो गए। उन्होंने प्रेम से बेटी के सिर पर हाथ फेरते हुए कहा, "मेरी अपनी लता मंगेशकर।"

हालाँकि अमरनाथ खुश थे कि उनकी छोटी बेटी की आवाज़ गाने के लिहाज़ से बिलकुल उपयुक्त थी पर वे बेटी के चुलबुले स्वभाव से भी परिचित थे, जानते थे कि गाना सीखने के लिए इंसान के अंदर जिस प्रकार के धीरज की ज़रूरत होती है वह उस उम्र में बच्ची में नहीं था इसलिए उस वक़्त उन्होंने हँसते हुए कहा, "खिड़क है अभी मेरी गुड़िया, थोड़ी देर रुकते हैं। जब सरगम का रियाज़ करने का धीरज होगा तो बड़ी बेटी की तरह वह भी अपने आप आएगी मेरे पास।"

बहरहाल, संगीत की तालीम के अपने सफ़र के दौरान बिन्दु का अपने पिता के व्यक्तित्व के अनेक रूपों से परिचय होता चला गया। उसे अपने गुरुपिता के मन और मस्तिष्क को बहुत करीब से जानने का मौका मिला। जीवन में पहली बार उसे अपने पिता की गहन संवेदनशीलता को बारीकी से जानने और समझने का मौका मिल रहा था जिसके चलते उसे बोध हुआ कि शायद पिता अपनी स्वर्गवासी माँ की कमी को बहुत महसूस करते हैं। पिता के जीवन में माँ के रहस्य को जानने की उसकी उत्सुकता और भी बढ़ने लगी।

क्या अमरनाथ को बेटी से मिलेगी माँ की ममता?

जब मुझसे तान हो गई
यूँ लगा
मैं बालिका
मेरी पहली रोटी फूली
मैंने ज़ोर से पुकारा,
माँ!
पर, माँ कहाँ?

9

बेटी को माँ मानना सही था या भूल?

अमरनाथ प्राचीन काल से चली आ रही गुरु–शिष्य परम्परा के कट्टर अनुयायी थे। शिक्षण की इस पद्धति के अंतर्गत शिष्य पूर्ण समर्पण की भावना के साथ, गुरु की छत्रछाया में अपना सफ़र शुरू करता है। साया बनकर गुरु की संगत में हर पल बिताते हुए शिष्य कब गुरु के हज़ारों गुण स्वयं अपना लेता है इसका पता शायद उसको भी नहीं चलता। कुछ वर्षों तक गुरु के साथ रहने पर गुरु के जीने का तरीका ही उसके जीने का ढंग भी बन जाता है। ऐसा ही कुछ अमरनाथ की बड़ी बेटी बिन्दु के साथ भी हुआ। उसका अधिकाधिक समय अब पिता की संगत में ही बीतता। उसने अपनी दिनचर्या को भी पिता के जीने के ढंग के अनुसार ढाल लिया।

जब से अमरनाथ की बड़ी बेटी बिन्दु उनकी शिष्या बनी थी तब से उनके घर का वातावरण कुछ बदल सा गया था। बिन्दु के लिए वे अब सिर्फ़ पिता ही नहीं, बल्कि गुरु भी बन गए थे। गुरु और शिष्य एक छत के नीचे रहते थे इसलिए सीखने और सिखाने का क्रम 24 घंटे; आठों पहर चलता रहता था।

प्रतिष्ठानों में जाकर सीखने की तरह, घर पर सीखने की कोई समय सारिणी जैसी सीमा निर्धारित नहीं होती। जिज्ञासु को अपने गुरु की छत्रछाया में रहते हुए अपने हर प्रश्न का उत्तर दिनचर्या के सहज–प्रांजल उदाहरणों समेत मिलता रहता है। बिन्दु की संगीत की शिक्षा भी ऐसे ही माहौल में

चलती रही जिससे बेटी अपने पिता के वास्तविक व्यक्तित्व, उनके संस्कारों व मानसिकता के अनेक पहलुओं से भी परिचित होने लगी थी।

साथ ही साथ बेटी को पिता से उनके बीते जीवन के किस्से–कहानियाँ भी सुनने को मिलते, जिनसे उसे आभास हुआ कि किस प्रकार उसके पिता तीन–चार वर्ष की अवस्था से ही माँ का प्यार पाने के लिए तरसते आ रहे हैं।

बीतते समय के साथ बेटी को इस बात का भी एहसास हो गया कि जीवन में माँ के अभाव के चलते उसके पिता ने बचपन से अपने हर रिश्ते में माँ जैसे प्रेम को ही तलाशा, फिर चाहे वह बहन हो, गुरु हो, शिष्य हों या फिर जीवन संगिनी।

बेटी को विश्वास हो चला था कि उसके ज्ञानी और प्रतिभाशाली पिता चाहे दुनिया के लिए एक अजूबा, एक महान हस्ती 'पंडित अमरनाथ' हैं, पर उनके दिल की अवस्था अभी भी बच्चों की तरह मासूम और अबोध स्थिति में ही है। पिता के स्वभाव में बसी मासूमियत, नितांत संवेदनशीलता और मार्मिकता की छवि को देखकर बेटी को अपने विश्वास की पुष्टि भी हो गई।

अमरनाथ कभी–कभी बेटी के साथ अपनी स्वर्गवासी माँ के वे सब किस्से–कहानियाँ साझा किया करते, जो बचपन में उनके नाना जी ने उनके साथ साझा किए थे। धीरे–धीरे बेटी भी अपने पिता को खुशी देने के लिए स्वर्गीय दादी के तौर–तरीके अपनाने लगी, जो पिता ने भी सिर्फ़ अपने नाना से सुने ही थे, कभी देखे नहीं थे।

अमरनाथ अपनी माँ के जिन सद्‌गुणों को याद करके अत्यधिक भावुक हो जाया करते थे, अब उन्हें अपनी बेटी में भी उन गुणों की झलक दिखने लगी थी। बढ़िया खाना पकाना, सिलाई–कढ़ाई, बागवानी और घर की साज–सजावट, जैसी सभी कलाओं में निपुण होती आधुनिक ज़माने में पली बढ़ी बेटी को देख अमरनाथ का सीना गर्व से फूला न समाता। पिता की पसंद और नापसंद का ख़्याल रखने वाली बेटी वक़्त के साथ पूरे परिवार का ही ख़्याल रखने लगी।

अमरनाथ की पत्नी माया भी कॉन्वेंट स्कूल में पढ़ी, कभी आधुनिक दिखने वाली अपनी बेटी के नए अवतार को देखकर दंग थीं। पति की तरह उन्हें भी अपनी सर्वगुण सम्पन्न बेटी पर गर्व महसूस हो रहा था। सिर्फ़ गर्व ही नहीं, बल्कि माया को तो सुकून भी मिल रहा था यह देखकर कि बेटी उनसे भी कहीं बेहतर तरीकों से उनकी गृहस्थी की बागडोर संभाल रही है।

कामकाजी होने के कारण जाने–अनजाने में गृहस्थी के रख–रखाव में उनसे जो कमियाँ रह गईं थीं अब उनकी बेटी उन सबकी पूर्ति कर रही थी। इतना ही नहीं, माया को इस बात की भी संतुष्टि थी कि उनके पति को संगीत के क्षेत्र में उनसे जो अपेक्षाएँ थीं, जिन्हें परिस्थितिवश वे पूरा नहीं कर सकीं, अब बेटी उन्हें भी पूरा कर रही थी।

ऐसे में कभी–कभी माया को वह बीता वक़्त याद आ जाया करता था जब उन्हें अपने पति की शागिर्दी में गर्व की अनुभूति होती थी और वे संगीत के सफ़र में पति के साथ क़दम से क़दम मिलाकर चलना चाहती थीं।

माया की आँखें नम हो जाती थीं उन पलों को याद करके जब शादी के बाद अमरनाथ ने बहुत चाव से उन्हें कहा था, "उमा, मेरा सपना है कि तुम मुझे तानपूरे पर संगत दो। मेरे संगीत के सफ़र में हर पल तुम मेरे साथ हो।"

पर शायद नियति को कुछ और ही मंजूर था। घर गृहस्थी के चक्रव्यूह में घूमते–घुमाते पिछले कई वर्षों से माया का संगीत से नाता ही छूट गया था। अब, जब बेटी पिता को तानपूरे पर संगत देती, तो माया के दिल से बेटी के लिए ढेरों दुआएँ अनायास ही निकल जातीं।

खाने की मेज़ पर जब अमरनाथ बिन्दु के साथ संगीत या काव्य में रची अपनी नई रचनाएँ साझा करते तो माया को उन दिनों की याद आ जाती, जब अमरनाथ उत्सुकता से अपनी हर नई रचना उनके साथ साझा किया करते थे। माया भावुक होकर याद करतीं कि किस प्रकार उस वक़्त उनके द्वारा दी हुई दाद और सुझाव दोनों, अमरनाथ के लिए बहुत महत्वपूर्ण हुआ करते थे।

ऐसे ही भावुकता के एक लम्हे में बहते वक़्त माया की आँखों के सामने वह दृश्य भी घूम गया जब उनके दफ़्तर और गृहस्थी की एक व्यस्त दिनचर्या के बाद अमरनाथ ने बहुत उत्साह से उन्हें अपना रचा नया गीत सुनाना चाहा। हालाँकि माया उस दिन बहुत थकी हुई थीं लेकिन फिर भी पति की उत्सुकता देखकर गीत सुनने लगीं। अमरनाथ गीत सुनाने लगे। हमेशा की तरह उस बार भी वे पत्नी की प्रतिक्रिया का इंतज़ार कर रहे थे पर पत्नी की ख़ामोशी देख उन्हें विस्मय हुया। उन्हें लगा कि शायद इस बार पत्नी को उनकी रचना पसंद नहीं आई।

पर जब अमरनाथ को यह एहसास हुआ कि उनकी पत्नी ने तो कुछ सुना ही नहीं, बल्कि वे तो गहरी नींद में सो रही हैं, तो उनकी विस्मयता पल भर में निराशा में बदल गई। उस दिन के बाद जैसे सब कुछ बदल गया।

नौकरी के चलते अब माया का उठना–बैठना व संगत अलग तरह के समुदाय के साथ हो गए थे। पति की संगीत की दुनिया के साथ उनके फ़ासले काफ़ी बढ़ चुके थे। ऐसे में बेटी का पिता के संगीत के साथ जुड़ाव देखकर माया को सुकून मिलना स्वभाविक भी था।

फिर 1979–80 के दौरान अमरनाथ ने यमुना पार इलाके में स्थित, विशेषकर कलाकारों के लिए निर्मित 'भारती आर्टिस्ट कॉलोनी' में अपना घर बना लिया। वह घर उनके लिए सपनों के महल से कम नहीं था। अपनी स्वर्गीय माँ की एकमात्र निशानी 'कश्मीरी कढ़ाई वाले शॉल' के काले रंग से प्रेरित हो कर ही उन्होंने अपने घर के फर्श का रंग काला करवाया था। शायद अपने घर में हर पल स्वर्गीय माँ की मौजूदगी को महसूस करने का यह उनका अपना एक ढंग था।

अमरनाथ के घर की रचना का अंदाज़ इतना कलात्मक और निराला था कि जो भी देखता वह प्रशंसा किए बिना नहीं रह पाता। 80 के दशक में यमुना पार इलाके के किसी अजूबे से कम नहीं था '20, भारती आर्टिस्ट कॉलोनी' का उनका वह घर।

भवन के मुख्य द्वार के बाहर काले रंग के पत्थर पर तांबे की नक्काशी द्वारा अमरनाथ का नाम जड़वाया गया था। दिलचस्प बात तो यह है कि उनके नाम में इस्तेमाल होने वाले अक्षरों पर शिरोरेखा का उपयोग नहीं किया गया था। दरअसल, यह अमरनाथ का ही अपना तरीका था, वे जब भी हिन्दी भाषा में कुछ लिखते थे तो शिरोरेखा का इस्तेमाल नहीं करते थे।

उस भवन के निर्माण की ज़िम्मेदारी अमरनाथ के डॉक्टर बेटे विशाल ने अपने कंधों पर ले ली थी जिसके लिए उसने दिन–रात एक कर दिए थे। नतीजन, सालभर में ही सुंदर सी दो मंज़िला इमारत बनकर तैयार भी हो गई। इमारत की निचली मंज़िल पर बड़ी सी बैठक थी जिसके बीचों–बीच एक जीना पहली मंज़िल तक जाता था। अमरनाथ को रियाज़ के लिए शांत व एकांत वातावरण चाहिए था इसलिए उनका कक्ष पहली मंज़िल पर ही बनाया गया था।

उस इमारत को सही मायने में घर का रूप दिया अमरनाथ की बेटी बिन्दु ने, क्योंकि घर की साज–सजावट की ज़िम्मेदारी उसी ने ली थी। पूरे घर का फ़र्नीचर, पर्दे, गलीचे व आंतरिक सज्जा की हर चीज़ का चयन बिन्दु ने अपने गुरुपिता की रुचि–अरुचि को ध्यान में रखते हुए ही किया।

पेड़–पौधों व प्रकृति से जुड़े रहना अमरनाथ के स्वभाव में था इसलिए घर के बाहर अशोक के पेड़ लगाए गए व आँगन में हरी घास का बगीचा बनाया गया। बगीचे के आसपास सुंदर गुलाब व मौसमी फूलों के पौधों को पंक्ति में सजाया गया था। उन पौधों को सुबह–शाम पानी देना और सप्ताह में एक दिन गमलों की गुदाई करना अमरनाथ की दिनचर्या का अहम हिस्सा बन गया था। घर के आँगन की एक दीवार पर पक्षियों के लिए पानी और खाने के लिए दो मिट्टी के बर्तन भी रखे गए थे। अमरनाथ और उनके द्वारा दिए निर्देश के कारण घर के बाकी सदस्य भी इस बात का खास ध्यान रखते थे कि पक्षियों के वे बर्तन कभी खाली न रहें।

बिन्दु का जीवन सिर्फ़ पिता के इर्द–गिर्द घूमने लगा। चाहे घर पर हो या बाहर बिन्दु हर जगह साये की तरह पिता के साथ ही रहती। अमरनाथ के हर कार्यक्रम में वह उनके साथ जाती इसलिए कला की दुनिया में चल रही गतिविधियों व उद्विकास से वह भलीभाँति अवगत भी होती गई।

बेटी अमरनाथ का स्वभाव तो जानती थी इसलिए समझती भी थी कि चाहे कुछ भी हो जाए उसके पिता लोगों की 'जी हजूरी' और 'चापलूसी' करके अपनी योग्यता का प्रचार कभी नहीं करना चाहेंगे। पर वह तब के ज़माने की आधुनिक विचारों वाली अंग्रेज़ी भाषा में बिलकुल निपुण आधुनिक लड़की थी। अंग्रेज़ी भाषा में निपुणता बौद्धिक समुदाय के साथ ताल्लुक रखने और प्रभाव डालने का या यूँ समझिए कि पब्लिक रिलेशन बनाने का उसका एक बहुत बड़ा गुण था।

कहीं न कहीं उसे महसूस होने लगा था कि उसके कुशाग्रबुद्धि संगीतशास्त्री पिता गुरु की प्रतिभा को समाज के सामने लाने के लिए उसे ही कुछ करना होगा। इस दिशा में काम करने के लिए अब बेटी शिष्या होने के साथ–साथ पिता की पी.आर.ओ. यानि जन संपर्क विशेषज्ञ भी बन गई।

उसने अपनी कुशलता से समाचार–पत्र, पत्रिकाओं, रेडियो व टेलिविजन जैसे संचार माध्यमों के साथ संपर्क स्थापित किया। अमरनाथ की प्रतिभा व भारतीय शास्त्रीय संगीत की उन्नति में दिए उनके योगदान का प्रचार संचार माध्यमों द्वारा देश–विदेश के संगीत प्रेमियों के समक्ष तीव्रता से आने लगा।

सही मायने में कहें तो बिन्दु धीरे–धीरे अमरनाथ का साया बन गई, बल्कि अगर कहा जाए कि वह अमरनाथ की माँ ही बन गई थी, तो इसमें भी कोई अतिशयोक्ति न होगी। क्योंकि पी.आर.ओ. होने के साथ–साथ वह अपने

पिता को माँ जैसा लाड और प्यार भी देने लगी थी। एक माँ की तरह उनके कहे बिना उनकी हर ज़रूरत को समझकर पूरा करने लगी थी। कभी–कभी माँ के जैसे डाँटने भी लगी थी। अमरनाथ भी उसकी हर बात मानने लगे जैसे छोटा बच्चा माँ की कही हर बात बिना अगर–मगर के मानता है। बेटी से उन्हें जो माँ के जैसा स्नेह मिल रहा था, जाने–अनजाने में वे इसे पाकर खुश भी थे।

अमरनाथ कभी–कभी बचपन में अक्सर नींद में दिखने वाले उस सपने को याद कर लेते थे जिसमें वे अपने आपको चार वर्ष के उस बालक के रूप में देखते थे जो रोता हुआ भागकर गाना बजाना करती हुई ढोलनी रूप में माँ को पकड़ने की कोशिश करता है, पर माँ कहीं अंधेरे में लुप्त हो जाती है, मायूस सा बच्चा माँ–माँ पुकारता हुआ उनके पीछे भागता है और फिर घबरा कर नींद से उठ जाता है। अमरनाथ को अब महसूस भी होता था कि शायद यह बेटी से मिल रहे माँ जैसे प्यार का ही नतीजा है कि उन्हें कई अरसे से वह सपना अब नहीं दिखा।

अमरनाथ की संगीत साधना के दो पहलू प्रदर्शन और शिक्षण की ख्याति अब देश–विदेश तक फैलने लगी। सन् 1981 में उन्होंने हार्वर्ड यूनिवर्सिटी बॉस्टन व यूनाइटेड स्टेट्स ऑफ़ अमेरिका की अन्य संगीत संस्थाओं में व्याख्यान प्रदर्शन(लेक्चर डेमन्स्ट्रेशन) प्रस्तुत किए। इस दौरान अमरनाथ ने भारत की इन सब प्रतिष्ठित संस्थाओं में भी श्रोताओं के समक्ष कई लेक्चर डेमन्स्ट्रेशन प्रस्तुत किए, जैसे– आई.टी.सी. की संगीत रिसर्च अकादमी, कलकत्ता; भारत भवन, भोपाल, स्पिक–मैके; फ़िल्म और टेलिविजन इंस्टीट्यूट ऑफ़ इंडिया, पुणे; इंडिया इंटरनेशनल सेन्टर, दिल्ली; इंस्टीट्यूट ऑफ़ एडवांस स्टडीज़, शिमला; मैक्सम्यूलर भवन, मुंबई; ऑल इंडिया रेडियो, दूरदर्शन, त्रिवेणी कला संगम व भारतीय कला केंद्र, दिल्ली।

अमरनाथ की बड़ी बेटी बिन्दु ने फ़ैसला कर लिया था कि वह अविवाहित रहकर ताउम्र संगीत की साधना करेगी पर उसके इस फ़ैसले ने अमरनाथ और उनकी पत्नी को चिंता में डाल दिया था। हालाँकि उनकी सर्वगुण संपन्न सुंदर और सुशील बेटी के लिए रिश्तों का ताँता लगा था पर बेटी लाख समझाने पर भी अपने निर्णय पर अटल थी। अमरनाथ बेटी के फ़ैसले का असली कारण जानने के लिए व्याकुल हो उठे। वे जानना चाहते थे कि कहीं बेटी ने यह फ़ैसला उनकी ख़ातिर तो नहीं लिया? ताकि उन्हें माँ का अभाव

महसूस न हो, जो अगर वाकई सच होता तो पिता होने के नाते अमरनाथ अपनी बाकी की उम्र आत्मग्लानि से ग्रस्त घुटते रहते।

पिता के बार–बार पूछने पर बिन्दु ने सिर्फ़ इतना ही कहा कि उसका शादी न करने का फ़ैसला उसका व्यक्तिगत चयन है। हालाँकि बेटी के इस उत्तर से अमरनाथ के बेचैन मन को कुछ राहत तो मिली, पर युवा बेटी का पिता होने के नाते उसे सही समय पर ब्याहने की उनकी व्याकुलता फिर भी बनी रही। यद्यपि बेटी का उनके इर्द–गिर्द रहना अमरनाथ को सुकून देता था। उन्हें उसके आसपास रहने की आदत पड़ गई थी। एक छोटे से बच्चे की तरह उन्हें ऐसा सुरक्षित महसूस होता मानों उन पर माँ जैसी किसी शख़्सियत का साया बना हुआ है।

पर अमरनाथ जैसी प्रतिभा सम्पन्न शख़्सियत का व्यक्तित्व बहुमुखी था। श्रेष्ठ कोटि के साधक होने के साथ–साथ वे एक अच्छे मनोवैज्ञानिक भी थे। चिंतन और मनन करना उनके व्यक्तित्व की विशेषता थी इसलिए हर विषय का गहराई तक अध्ययन करना उनके स्वभाव में ही था। भावुकता में बहकर किसी भी व्यवस्था या बात का अनुसरण करने के बजाय, वे वैज्ञानिक कसौटी पर कसकर उसका विश्लेषण करने में विश्वास रखते थे।

इसी मनोदशा के चलते धीरे–धीरे उन्हें महसूस होने लगा कि बिन्दु के अंदर उनके प्रति अधिकारात्मकता उपज रही है और उनका यह विश्लेषण बहुत हद तक प्रत्यक्ष भी होने लगा था।

बिन्दु ने धीरे–धीरे जैसे पिता पर अपना कब्ज़ा जमा लिया था। यह सत्य है कि बिन्दु का संगीत के साथ नाता जुड़ा होने के कारण अमरनाथ का अधिक समय बिन्दु के साथ बीतता था, पर वे अपने अन्य दो बच्चों के भी तो स्नेही पिता थे। उन्हें अपने डॉक्टर बेटे विशाल और छोटी बेटी गजरा से भी उतना ही दुलार था जितना कि उन्हें बिन्दु से था। बिन्दु की पिता पर हक जमाने वाली उभरती प्रवृत्ति को देख उन्हें शंका हुई कि कहीं ऐसे में वे अपने बाकी परिवार से दूर न हो जाएँ।

अपने अंदर उपजी इस शंका को ख़तरे का संकेत समझते हुए अमरनाथ ने इस विषय पर गहराई से चिंतन और विश्लेषण करना भी शुरू कर दिया। परिणामस्वरूप उन्हें इससे निपटने की युक्तियाँ भी सूझ गईं। पहली युक्ति तो यह कि उन्हें धीरे–धीरे बिन्दु पर अपनी भावनात्मक पराश्रितता को कम करना होगा। इसके लिए ज़रूरी होगा कि वे अपने अवचेतन मन में बसी माँ जैसे

प्रेम को पाने की बचपन से चली आ रही तृष्णा को अपने ज़ेहन से निकाल दें। एक ऐसी तृष्णा जो जाने–अनजाने में बहन, गुरु, पत्नी, मित्र, शागिर्द, और अब बेटी द्वारा पूरी भी हो रही थी।

हालाँकि यह भी सच था कि इन विभिन्न रिश्तों से उन्हें जो माँ जैसा स्नेह और ममता मिली, जाने–अनजाने में ही सही, पर उन्हें उससे खुशी तो मिली थी। पर अब उन्हें कुछ ऐसा करना होगा कि वे स्वयं ममता के प्रदाता ही बन जाएँ। माँ जैसी ममता को पाकर उन्हें जो खुशियाँ मिलीं उन्हीं खुशियों की सुगंध वे अपनी ममता द्वारा अपने आसपास फैला दें।

दूसरी युक्ति यह कि व्यस्त दिनचर्या के बावजूद उन्हें अपनी छोटी बेटी गजरा और डॉक्टर बेटे विशाल के साथ भी अपने रिश्ते को मज़बूत बनाए रखना होगा ताकि वे सिर्फ़ बिन्दु के पिता होकर न रह जाएँ।

अमरनाथ ने मन ही मन में इन दोनों उपायों को सार्थक बनाने का अपना लक्ष्य निर्धारित कर लिया और धीरे–धीरे मंज़िल की ओर बढ़ने भी लग गए। अब अमरनाथ इस बात का ख़ास ध्यान रखते कि हर शाम का कुछ वक़्त अपनी छोटी बेटी गजरा के साथ ज़रूर बिताएँ। उन दिनों टेलिविज़न पर दिखाए जाने वाली अमिताभ बच्चन या संजीव कुमार की सभी फ़िल्में वे गजरा के साथ ही देखते थे क्योंकि पिता और पुत्री दोनों इन कलाकारों को बेहद पसंद करते थे। फ़िल्में देखने के बाद दोनों अपने नज़रिये से फ़िल्म पर टिप्पणी करते। चर्चा के दौरान ख़ासकर उन फ़िल्मों की कहानियों का विश्लेषण किया जाता। चर्चा कभी–कभी खाने की मेज़ तक भी पहुँच जाती। फिर खाने की मेज़ पर दोनों के बीच इस विषय पर कभी मीठी बातचीत होती तो कभी मतभेद के दिलचस्प दौर चलते।

टेलिविज़न में दिखाए जाने वाले अंग्रेज़ी भाषा के नाटक देखते वक़्त तो घर का माहौल बेहद दिलचस्प और हास्यप्रद हो जाया करता था। कॉन्वेंट स्कूल में पढ़ने वाली बेटी गजरा अंग्रेज़ी भाषा में पूर्णतः निपुण थी इसलिए अंग्रेज़ी के नाटक देखने में उसकी विशेष रुचि थी। अंग्रेज़ी नाटक देखना अमरनाथ को भी बेहद पसंद था पर कभी–कभी उन्हें विदेशी उच्चारण में संवादों को समझने में कुछ उलझन होती थी, जिसके कारण कार्यक्रम देखते समय वे बेटी पर प्रश्नों की बौछार करते रहते, “यह क्या बोल रहा/रही है? इसका मतलब क्या है?” वगैरह। इस प्रक्रिया के दौरान कभी–कभी बाप–बेटी के बीच में झड़प भी हो जाया करती थी। पिता के लगातार परिप्रश्नों से बेटी

की अपनी एकाग्रता भंग हो जाती थी जिसके कारण वह कभी तो पिता से रूठ जाया करती और कभी–कभी तो उनको डाँटकर चुप भी करवा देती। हम कल्पना कर सकते हैं कि कितने आनंदकर होते होंगे पिता और पुत्री के बीच प्यार भरी झड़प के वह सब दृश्य।

वैसे तो बहुत अजीब लगता है यह सोचकर कि किस प्रकार दुनियाभर में 'संगीतज्ञों के संगीतज्ञ' की उपाधि से पहचाने जाने वाले हिन्दुस्तानी परंपरा के विख्यात वाग्गेयकार, 'पंडित अमरनाथ' जी को उनकी छोटी–सी बेटी डाँट लगाती होगी! पर इस मामले में गजरा भाग्यवान थी। पिता के साथ बेतकल्लुफ़ी का अधिकार उसे अपने आप से इसलिए भी मिल गया था क्योंकि वह घर में सबसे छोटी और पिता की सबसे लाडली संतान थी।

अमरनाथ इस बात को भी सुनिश्चित करने लगे कि वे अपने डॉक्टर बेटे के साथ भी कुछ गुणवत्तापूर्ण समय बिताएँ। यह बात और है कि अमरनाथ और उनके डॉक्टर बेटे के बीच की बातचीत का लहज़ा कुछ औपचारिक व संजीदा किस्म का हुआ करता था। वैसे तो पिता और पुत्र की व्यस्त दिनचर्या के रहते ऐसा कभी–कभी ही होता था जब दोनों को लंबा वार्तालाप करने का मौका मिलता हो, पर यदा–कदा जब भी ऐसा मौका मिलता तब अमरनाथ बेटे के साथ विभिन्न बीमारियों के लक्षण और होम्योपैथी में उनकी चिकित्सा जैसे मुद्दों पर विचार–विमर्श व तर्क–वितर्क करना पसंद किया करते थे। अक्सर ऐसी कई चर्चाओं के दौरान बेटा अपने पिता के होम्योपैथी चिकित्सा पद्धति के ज्ञान व अनुभव को देखकर स्तब्ध रह जाया करता, विशेषकर इसलिए भी कि उसके पिता ने यह सब ज्ञान किताबें पढ़कर अपने बलबूते पर हासिल किया था। बेटे को यह सोचकर हैरानी होती थी कि उसके पिता ने होम्योपैथी में न तो कोई औपचारिक प्रशिक्षण ग्रहण किया था और न ही उसकी तरह पाँच वर्ष किसी कॉलेज में इस चिकित्सा पद्धति की पढ़ाई की थी, लेकिन फिर भी इस क्षेत्र में उनका अटूट ज्ञान होना अपने आप में अद्भुत और अति सराहनीय है!

सन् 1981 की एक शाम, अमरनाथ अपने पुत्र के साथ घर के बगीचे में बैठकर शाम की चाय पी रहे थे। इत्तेफ़ाक से उस दिन दोनों के बीच कुछ हल्के–फुल्के विषयों पर ही बातचीत हो रही थी। बेटे को अच्छे मूड में पाकर अमरनाथ ने सोचा, *आज बात छेड़ ही देता हूँ*।

"बेटा, तुमसे जब भी हम शादी करने की बात करते हैं, तुम टाल देते हो, पर इस बार थोड़ा गंभीरता से सोच लो, एक रिश्ता आया है तुम्हारे लिए।

लड़की भले खानदान से है, मिलना चाहोगे?" अमरनाथ ने बेटे से पूछा।

बेटा चुप रहा पर उसके चेहरे पर आई लालिमा और मुस्कुराहट देखकर उन्हें कुछ खटका हुआ कि कहीं उनके बेटे के जीवन में कोई लड़की है तो नहीं। उन्होंने उत्सुकता दिखाई और शरारत भरे अंदाज़ में पूछा, "कोई लड़की है क्या तुम्हारे जीवन में?"

बेटा थोड़ा शरमाते हुए मुस्कुरा दिया।

"प्रेम करते हो?"

अमरनाथ बेटे के दिए मूक संकेत से सब समझ गए। पल भर के लिए तो उन्हें स्वयं भी विश्वास नहीं हुआ कि अधिकतर गंभीर मुद्रा में दिखने वाला उनका बेटा भी कभी प्रेम के रिश्ते में हो सकता है! इस बात पर पक्का विश्वास करने के लिए अमरनाथ ने यह खबर परिवार से साझा की।

उनकी पत्नी और बेटियों ने गहराई से छानबीन करने के बाद इस बात का पुष्टिकरण कर दिया कि वाकई उनके बेटे ने अपने लिए किसी को पसंद कर लिया है।

घर में बहू के आने की कल्पना मात्र से ही अमरनाथ काफ़ी भावुक हो गए। होने वाली बहू के व्यक्तित्व के विषय में जानने की जिज्ञासा उन्हें व्याकुल कर रही थी। इसलिए सही मौका देखकर उन्होंने और उनके पूरे परिवार ने बेटे की उस पसंद से मिलने की इच्छा प्रकट की। बेटे ने भी जल्दी ही अपने परिवार की इस इच्छा को पूरा कर दिया, पर उसकी पसंद पर पिता और परिवार की क्या राय है, इस बात को लेकर उसकी आतुरता अभी बनी हुई थी।

कभी–कभी तो वह सोचता भी कि सबसे सीधा पूछ ही लेता हूँ पर फिर उसकी हिम्मत नहीं होती। शायद उसके मन में डर था इस बात को लेकर कि अगर उन्हें पसंद नहीं आई तो!

बेटा अभी अगर–मगर की स्थिति से ही जूझ रहा था कि अमरनाथ ने कुछ ऐसा कर दिखाया कि बेटा आश्चर्यचकित रह गया।

अमरनाथ अचानक होने वाली बहू के घर पहुँच गए। औपचारिक रूप से झोली फैलाते हुए अमरनाथ ने लड़की के माता–पिता से अपने बेटे के लिए उनकी बेटी का हाथ माँग लिया। अमरनाथ की विनम्रता देख लड़की के परिजन विस्मित थे कि शास्त्रीय संगीत के इतने महान शास्त्री, पर शास्त्रीयता के नाम पर रत्ती भर भी अभिमान नहीं! इतनी पहुँची हुई शख़्सियत का स्वभाव इतना कोमल!

अमरनाथ ने कोमल पर दृढ़ शब्दों में कन्या पक्ष के सामने अपनी दो शर्तें रख दीं..

पहली यह कि 'मेरी बहू नौकरी नहीं करेगी..' और दूसरी यह कि 'शादी में शगुन के नाम पर सिर्फ़ सवा रुपया और थोड़ा सा गुड़ लिया जाएगा..' यानी बिन दहेज बेटे को ब्याहुँगा।

जहाँ तक अमरनाथ की दूसरी शर्त का सवाल है तो यह उनका दो दशकों पहले अपने आपसे किया हुआ एक वादा था जिसे वे पूरा करना चाहते थे। दरअसल, यह उन दिनों की बात थी जब उनका बेटा विशाल सिर्फ़ 4–5 वर्ष का था। अमरनाथ और उनकी पत्नी ने बेटे को उस वक़्त के दिल्ली के सबसे प्रतिष्ठित स्कूल 'मॉडर्न स्कूल' में दाखिला करवाने के लिए दिन–रात लगकर तैयारी कारवाई थी पर दाखिले की प्रक्रिया वाले दिन उनका बेटा प्रबंधन समिति के सामने ज़िद पर ऐसा अड़ा कि उनके पूछे किसी भी प्रश्न का उत्तर देने से इनकार ही कर दिया। परिणामस्वरूप उसका दाखिला अस्वीकार कर दिया गया, जिससे निराश होकर अमरनाथ ने जीवन में पहली और आख़िरी बार उत्तेजनावश बेटे पर हाथ उठा लिया था। पर अमरनाथ सरीखे कोमल ह्रदय पिता अपने छोटे से मासूम बेटे को तकलीफ़ पहुँचाकर खुद चैन से बैठ जाएँ इसकी तो कल्पना भी नहीं की जा सकती। वाकई उस दिन अमरनाथ को अपनी हरकत पर बेहद अफ़सोस हुआ था और उन्होंने प्रायश्चित करने का फ़ैसला भी कर लिया था। पश्चाताप हेतु अमरनाथ ने अपने आपसे प्रण किया कि वे अपने बेटे का विवाह बिना कोई दहेज लिए करेंगे। उस ज़माने में बेटे के पिता का इस प्रकार की सोच रखना ही एक बहुत उदार चरित्र की निशानी थी।

कन्या पक्ष के आगे रखी अमरनाथ की दूसरी शर्त कि 'मेरी बहू नौकरी नहीं करेगी' शायद उनकी आपबीती से प्रभावित थी, क्योंकि उनकी अपनी पत्नी कामकाजी महिला थीं, इसलिए हो सकता है ऐसे में गृहस्थी को सुचारू रूप से चलाने के लिए कामकाजी बहू का विचार उन्हें व्यावहारिक न लगता हो।

कन्या पक्ष ने भी अमरनाथ की भावनाओं का पूरा सम्मान किया।

कुछ ही दिनों बाद 9 दिसंबर 1982 को अमरनाथ के घर बेटे के ब्याह की शहनाई की मंगल ध्वनि गूँज गई।

बेटे के ब्याह पर अमरनाथ ने अपने गुरु उस्ताद अमीर खाँ साहिब द्वारा भेंट की हुई वही शेरवानी पहनी जो तकरीबन तीस बरस पहले उन्होंने अपने

ब्याह पर पहनी थी। ताज्जुब की बात तो यह है कि शेरवानी का माप अब भी वैसा ही था जैसा कि तीस बरस पहले था। यह अमरनाथ की अनुशासित जीवन शैली का ही नतीजा था कि इतने सालों बाद भी उनकी शारीरिक बनावट पहले की तरह कायम थी।

अक्सर हिन्दू परिवारों में यह प्रथा होती है कि जब ब्याह के बाद नव वर–वधू घर पर प्रवेश करते हैं तब कुल देवी–देवताओं और पूर्वजों के सामने उनका माथा टिकवाया जाता है। पर अमरनाथ किसी किस्म के रूढ़िवादी रीति रिवाज़ों को मानने में विश्वास नहीं रखते थे इसलिए जब उनके बहू–बेटे ने ब्याह के बाद गृह प्रवेश किया तब उन्हें अमरनाथ के दोनों गुरुओं; आदरणीय पंडित बी.एन. दत्ता व उस्ताद अमीर खाँ साहिब की तस्वीरों के सामने नमन करवाया गया।

बहू के लिए ससुराल में पहली सुबह का अनुभव उत्कृष्ट व अकल्पनीय था। ससुराल की सुबह मायके की सुबह से एकदम भिन्न थी। मायके में सुबह–सुबह आकाशवाणी से प्रसारित हो रहे दिन के पहले समाचार की आवाज़ सुनाई देती थी। फिर रफ़ी और लता के भूले–बिसरे गीतों या किशोर कुमार और आशा भोंसले के गाए युगल गीतों को सुनते हुए गरमा–गरम चाय की चुसकियाँ ली जाती थीं।

पर ससुराल की सुबह अलग थी। घर की बैठक के बीचोंबीच बनी सीढ़ियाँ घर के निचले तल को पहली मंज़िल तक ऐसे जोड़े हुए थीं कि पहली मंज़िल पर बने ससुर जी के कमरे से तानपूरे व संगीत के सुरों की आवाज़ पूरे घर में गूँज रही थी। कभी–कभी बीच–बीच में जब ससुर जी थोड़ा विराम लेते तब घर के आँगन में लगे बोगनवेलिया के झाड़ पर बैठे पक्षियों के चहचहाने की आवाज़ें सुनाई पड़ जातीं।

बहू के लिए सिर्फ़ ससुराल की सुबह ही निराली नहीं थी। दिन के आठों पहरों में चलने वाली गतिविधियाँ भी उसके मायके से बहुत अलग थीं। मायके के चौके में काम करती हुई सिर्फ़ माँ दिखती थीं पर यहाँ लगता था जैसे ससुर जी भी पाक कला में निपुण थे। सासु माँ परिवार को सुबह का नाश्ता खिलाकर दफ़्तर के लिए रवाना हो जाती थीं जिसके बाद रसोई की बागडोर मुख्यतः ससुर जी की देखरेख में रहती। वे दिनभर का खाना ही नहीं पकाते थे बल्कि एक माँ की तरह प्रेम से सबको खिलाते भी थे। उस वक़्त बहू को इस बात की खबर भी नहीं थी कि उसके ससुर

जी की ये दोनों खूबियाँ उनके 'माँ जैसे बनने' के अभियान का ही एक पहलू था।

ससुराल की दिनचर्या दिलचस्प होती थी। सुबह सासु माँ दफ़्तर, छोटी ननद स्कूल और डॉक्टर पति डिस्पेन्सरी चले जाते। बड़ी ननद बिन्दु सुबह ससुर जी से गाना सीखतीं फिर रियाज़ करने के बाद खाना पकाने में ससुर जी की मदद करतीं। पिता और पुत्री कभी संगीत के विषय में गहन विचार–विमर्श व चर्चाएँ करते तो कभी लेख या पुस्तकें लिखने में व्यस्त रहते। इस बीच ससुर जी पूर्ण प्रवीणता के साथ कलात्मक ढंग से समान आकार में सब्जियाँ, गोभी और भिंडी भी काट लेते ताकि लगे हाथ लंच या डिनर की तैयारी भी हो जाए।

ससुराल की बौद्धिक और अनुशासित जीवन शैली देख कर बहू सहम गई। शायद घबरा भी गई कि इतने गंभीर से वातावरण में कैसे अपने आप को ढालेगी!

पर उसे क्या पता था कि उसके इतने सख़्त से दिखने वाले आत्मानुशासी ससुर जी दरअसल माँ से ममत्व लुटाते एक ऐसे स्नेही पिता भी हैं जिनका मार्गदर्शन और छत्रछाया उसके जीवन में किसी वरदान से कम न होगा।

कैसा होगा अमरनाथ का अपनी बहू को बेटी बनाने का सफ़र, खट्टा या मीठा? या फिर कभी खट्टा तो कभी मीठा?

चेत चेतना जागी,
जिस घर अंतर लागी,
कोई सुर साधे, कोई सिमरे मीत,
कोई प्रीतम संग जागी,
अपने भाग करम सब पायो,
कहीं वेदना जागी।

10

बहू भी उनकी माँ बन सकती थी पर यह हो न सका

चिंतन और मनन जैसी ज्ञानात्मक मानसिक प्रक्रिया के मार्ग पर चलने वाले अमरनाथ प्रज्ञावान व्यक्तित्व थे। ज्ञानात्मक शक्तियाँ अर्जित करने के फलस्वरूप हुए आत्मबोध से उन्हें एहसास हुआ कि जीवन के इस पड़ाव पर आकर उन्हें अपनी स्वर्गीय माँ का प्यार तलाशने की बचपन में उपजी अपनी अभिलाषा को त्यागने की कोशिश करनी होगी। उन्हें आभास हुआ कि माँ की अनुपस्थिति में भी जीवनभर अनेक रिश्तों द्वारा मिली माँ जैसी ममता का जो सुख उन्होंने भोगा अब उस सुख को लौटाने का वक़्त आ गया है। इसके लिए उन्हें अपने व्यक्तित्व को माँ जैसा कोमल बनाने की चेष्टा करनी होगी, ताकि वे अपने संपर्क में आने वाले हर शख़्स को माँ जैसा प्यार और ममता दे सकें।

अमरनाथ की माँ जैसा बनने की कोशिश का एक परिणाम यह था कि वे अपने परिवार को बढ़िया खाना पका कर खिलाने का निरंतर प्रयत्न करते रहते। एक माँ की तरह परिवार को अच्छा खाना खिलाकर उन्हें खुशी भी मिलती। पाक कला में उनकी असीम रुचि और प्रवीणता भी इसी अभियान का ही प्रतिफल था।

अक्सर नई बहू ससुराल के तौर–तरीके व संस्कार सासु माँ से सीखा करती है पर संयोगवश अमरनाथ की बहू को सब तौर–तरीके और गृहस्थी चलाने के सलीके सीखने का सौभाग्य ससुर जी की शागिर्दी करके मिला।

बहू के लिए ससुराल में चलित व्यवस्था, जो उसके लिए नई ही थी, के अनुरूप अपने आपको आसानी से ढाल लेना चुनौतीपूर्ण प्रक्रिया थी परंतु उसके आदरणीय ससुर जी ने उस प्रक्रिया को सुगम बना दिया। वे एक मज़बूत स्तम्भ के समान कभी माँ बनकर तो कभी पिता के रूप में, उसका मार्गदर्शन और उसे प्रोत्साहित करते रहे।

फिर एक वक़्त ऐसा भी आ गया जब अमरनाथ को बहू की नेकनीयती, सेवा भावना और अनुशासनात्मक ढंग देखकर बहुत सुकून और खुशी मिलने लगी। दिलचस्प बात तो यह है कि जहाँ शुरुआती दौर में बहू ससुरजी से पूछती थी कि "पिताजी, आज खाने में क्या बनेगा?" वहीं कुछ सालों बाद ससुरजी खुद बहू से पूछते कि "बहू, आज तुम्हारी रसोई में क्या पक रहा है?" इतना ही नहीं, बल्कि जब वह उन्हें खाना परोसती तब उसे ढेरों आशीष देते और यह कहकर सराहना करते कि "बहू का परोसा खाना खाकर मन तृप्त हो जाता है।"

हालाँकि इस गंतव्य तक पहुँचने की बहू की यात्रा अनेक उतार–चढ़ावों से पूर्ण रही, पर हर कठिन परिस्थिति में स्नेही ससुर जी हमेशा पतवार बनकर उसकी नौका को किनारे तक पहुँचाने में मदद करते रहे।

इस सफ़र के प्रारम्भिक चरण में अमरनाथ जब रसोई में खाना पकाया करते तब बहू उनके अंदाज़ व तरीकों को गौर से देखती रहती। वह ससुर जी को विनम्रतापूर्वक कभी चम्मच तो कभी करछी पकड़ाकर उनकी मदद करने को आतुर खड़ी रहती। ससुर जी की उत्कृष्ट पाक कला तकनीकें देखकर उसे ऐसा लगता था जैसे वह रसोई में नहीं बल्कि किसी प्रतिष्ठित पाक कला संस्थान की प्रयोगशाला में खड़ी है। ससुराल की रसोई उसे किसी पाठशाला से कम नहीं लगती थी।

वैसे बहू ने अर्थशास्त्र में बी.ए. और एम.ए. तक की पढ़ाई की थी, पर रसोईघर में ससुर जी के सामने उसे लगता था जैसे उसने पाक कला में अभी–अभी नर्सरी कक्षा में दाखिला लिया हो। वाकई बहू के लिए रसोईघर एक ऐसा स्थल बन गया जहाँ वह जाने–अनजाने हर दिन एक नए ज्ञान को अर्जित कर रही थी। अमरनाथ ने बहू को एहसास करवाया कि अच्छा

भोजन पकाना एक महान कला है। रसोई में भी नज़ाकत और सृजनात्मकता उतनी ही ज़रूरी और महत्वपूर्ण होती है जितनी कि अन्य कलाओं के क्षेत्र में होती है।

इसमें कोई दो राय नहीं कि पाक कला में अमरनाथ की रचनात्मकता की कोई तुलना नहीं थी। हर दिन नए तरीके से कुछ नया पका कर खिलाने में उन्हें बहुत आनंद मिलता था। कई बार तो कुछ ऐसा अकल्पनीय स्वादिष्ट व्यंजन पका देते थे कि सब दंग रह जाते थे। ऐसा ही कुछ अनोखा व्यंजन खाने का अनुभव एक बार उनकी बहुत प्रिय शागिर्दा रेखा भारद्वाज को भी हुआ था, जब गुरुजी ने उसे अपने घर के बगीचे से उतरे ताज़े कच्चे पपीते के कबाब पका कर खिलाए थे। ताज्जुब की बात तो यह थी कि उस दिन लाख कोशिश करने पर भी रेखा इस बात का अंदाज़ा नहीं लगा पाईं थीं कि आख़िर वह कबाब किस पदार्थ से बने थे। जब गुरुजी ने उन्हें बताया कि कच्चा पपीता उस व्यंजन का मुख्य अवयव था तो उनके आश्चर्य का ठिकाना नहीं रहा। हैरानी तो इस बात से भी है कि आज इतने बरसों बाद भी रेखा को उन कबाबों का स्वाद याद है।

स्वादिष्ट पके हुए खाने की तारीफ़ अमरनाथ अक्सर एक मुहावरे से किया करते थे कि "वाह क्या बात है! राग, रसोई और पागड़ी कभी–कभी बन जाए।" यानि संगीत की धुन, भोजन और पगड़ी कभी–कभी ही उम्दा बन जाती है।

खाना पकाते वक़्त बीच–बीच में अमरनाथ बहू को कई गूढ़ रहस्य की बातें भी बताया करते थे जिनमें वे पाक कला की तुलना न सिर्फ़ संगीत कला, बल्कि सभी रचनात्मक कलाओं से किया करते थे। अक्सर कहा करते थे, "खाना पकाने में और गाना गाने में नकल मारने की कोशिश नहीं होनी चाहिए। हर इंसान का अपना अंदाज़ और ढंग होता है और हर कला में वही झलकना भी चाहिए।"

कला कोई भी हो, चाहे गाना हो या खाना, उच्च स्तर की कुशलता प्राप्त करने के लिए नियम, लगन और निष्ठा के साथ रियाज़ करने की ज़रूरत होती है। गवैयों को गले और सेहत दोनों का ख़ास ख़्याल रखना पड़ता है, इसलिए वे खाने को बहुत अहमियत भी देते हैं। कभी–कभी मज़ाक में कह भी देते थे कि जो खाएगा नहीं वो गाएगा क्या?

खाना पकाते वक़्त अमरनाथ मसालों का प्रयोग बहुत संतुलन में किया करते थे ताकि स्वाद भी बना रहे और उसे खाकर गले की सेहत भी न बिगड़े।

किस मात्रा में कौन–सा विशेष मसाला एक तरकारी के चरित्र को ख़ासियत दे सकता है या उभार सकता है, इसके विषय में उनका तर्कयुक्त दृष्टिकोण जानकर तो बहू दंग ही रह जाया करती थी।

शुरू–शुरू में कभी–कभी जब बहू को अकेले खाना पकाना पड़ता तो वह घबराती भी थी कि कहीं उससे कोई चूक न हो जाए। कहीं खाने में मसालों का अनुपात गड़बड़ा न जाए, जो कि उन दिनों अक्सर हो भी जाया करता था।

उस वक़्त बहू की उम्र केवल 21–22 की ही थी। अक्सर इस उम्र में इंसान का मिजाज़ ही कुछ ऐसा होता है, चटपटा और तीखा खाना ही अच्छा लगता है। ऐसे में जब पकाने की बारी आती है तब उसे लगता है कि खाने में अच्छा स्वाद सिर्फ़ खूब ज़्यादा मसाले डालने से ही आएगा। बस, अमरनाथ की बहू से भी यही चूक हो जाया करती थी। नतीजन, कभी–कभी ससुर जी की डाँट खानी पड़ती क्योंकि उन्हें तीखे मसाले वाला भोजन खाकर अपना गला खराब होने की चिंता रहती थी।

अमरनाथ उस वक़्त डाँट तो देते थे पर फिर बहू का उदास चेहरा देखकर खुद भी व्याकुल हो जाया करते थे।

ऐसे में कभी–कभी उसे प्यार से समझाते भी थे कि "बहू पुत्तर, गुरु और माता–पिता तो उस कुम्हार के जैसे होते हैं जो अपनी मिट्टी को खूबसूरत शक्ल देने के लिए एक हाथ से उसे तब तक पीटता रहता है जब तक बर्तन सही आकार का न बन जाए लेकिन उसका दूसरा हाथ बर्तन के अंदर भी रखता है ताकि मिट्टी कहीं चोट से टूट न जाए। पुत्तर, मैं भी चाहता हूँ कि मेरी बहू अन्नपूर्णा बने, उसके लिए डाँट–फटकार खानी भी पड़ जाए तो घबराना नहीं चाहिए। कभी–कभी माँ–बाप बच्चों को कड़वी दवा पिलाते हैं उनके फ़ायदे के लिए। ऐसा नहीं करेंगे तो बच्चों का विकास भी कैसे होगा?"

अमरनाथ अक्सर डाँटने के बाद अपनी उदास बहू का मन ठीक करने के लिए कुछ मज़ेदार किस्से, कहानियाँ और लतीफ़े भी सुना दिया करते थे।

एक मनस्वी गुरु होने के नाते अमरनाथ के स्वभाव की एक ख़ास प्रवृत्ति यह थी कि वे जो भी किस्से–कहानियाँ सुनाया करते थे वे सब बेमाने न होकर सांकेतिक हुआ करते थे; उनके पीछे कोई न कोई महत्वपूर्ण संदेश और उद्देश्य छिपा होता था। शायद उस वक़्त बहू को भी इस बात का इल्म नहीं था कि वह कितनी भाग्यवान है कि बातों ही बातों में इतनी सहजता से उसे

जीवन के अहम मूल्यों का ज्ञान प्राप्त हो रहा था। इस सदी की महान बौद्धिक और रचनात्मक शख़्सियत, अपनी बहू के व्यक्तित्व का बहुमुखी विकास कर उसे सफल जीवन जीने के लिए तैयार कर रहे थे। ससुर जी लाड से बहू को 'बहू राजा' 'बहू पुत्तर' कहकर सम्बोधित करते और भावुक होते हुए कहते, "पुत्तर, जिन संस्कारों की विरासत यहाँ अर्जित कर रही हो उन्हें आने वाली पीढ़ी के साथ ज़रूर साझा करना।"

अमरनाथ के स्वभाव में एक विचित्रता यह भी थी कि वे अपने शिष्यों से भी सीखने में कतराते नहीं थे। हमेशा नया कुछ भी सीखने के लिए जिज्ञासु रहते थे और यह बात वे स्वयं कहते भी थे कि "शिष्यों को पता भी नहीं चलता कि मैं उनसे कब क्या–क्या सीख लेता हूँ।" रसोई में भी बहू के साथ खाना पकाते वक़्त उनका यही रुझान कायम रहता था। 80 के दशक के अंत में दूरदर्शन द्वारा प्रसारित 'द ग्रेट मास्टर्स' शृंखला के अंतर्गत हुई भेंटवार्ता में उन्होंने अपने इस बड़प्पन को साबित भी कर दिया था यह कहकर कि "खाली वक़्त में मैं चौके में बहू की कुछ मदद भी करता हूँ, पर वहाँ यह पता नहीं चलता कि कौन गुरु है और कौन चेला।"

ससुर जी के व्यक्तित्व की एक और ख़ासियत, जिससे बहू बहुत प्रभावित और प्रेरित हुई, वह थी उनकी अत्यंत अनुशासित जीवन शैली। रोज़मर्रा की उनकी गतिविधियाँ इतनी व्यवस्थित होती थीं कि देखकर बहू हैरान ही रह जाती थी। जैसे हर रोज़ उनके उठने और रियाज़ करने का एक निर्धारित समय होना। सुबह ठीक 8 बजे नाश्ते के लिए खाने की मेज़ पर आ जाना। इसी तरह पूरे दिनभर उनका हर छोटा–बड़ा कार्य एक निश्चित समय पर ही होता था।

शादी के बाद कभी–कभी तो बहू ससुर जी की नियमित गतिविधियों को देखकर अपने कमरे में रखी घड़ी का समय भी सेट कर लेती थी। पर ऐसा भी नहीं था कि अमरनाथ का बहू से रिश्ता सिर्फ़ रसोई तक का ही था। बहू के बौद्धिक विकास में भी वे उतनी ही दिलचस्पी लेते थे जितनी कोई भी पिता अपने हर बच्चे में लेते हैं।

बहू की साहित्य पढ़ने में रुचि उत्पन्न कराने के लिए अमरनाथ उसे 'संगीत कला परिषद' के पुस्तकालय से विभिन्न साहित्यकारों की रचनाएँ व उपन्यास लाकर देते। शरतचंद्र चट्टोपाध्याय अमरनाथ के पसंदीदा उपन्यासकारों में से एक थे। बहू को उन्होंने शरतचंद्र के सभी उपन्यासों गृहदाह, श्रीकांत,

चरित्रहीन, इत्यादि, पढ़ने के लिए प्रोत्साहित किया। इतना ही नहीं, फिर कई दिनों तक ससुर और बहू के बीच उन उपन्यासों की कहानी, पात्रों के चरित्र और व्यक्तित्व को लेकर मनोगहन व चर्चाएँ होती रहतीं। बहू ने महसूस किया कि ससुर जी हर कहानी में 'माँ' या माँ जैसे पात्र को लेकर बहुत संवेदनशील हो जाया करते थे।

इस बीच एक वाकया ऐसा घटा जिसे देखकर बहू की अपनी इस सोच को लेकर व्याकुलता और भी बढ़ गई।

उन्हीं दिनों की बात है अमरनाथ को खबर मिली कि 'पंकज रैना' नाम के उनके एक शिष्य की माँ का देहांत हो गया है। यह खबर सुनकर अमरनाथ को अपने शिष्य के लिए बहुत दुःख हुआ। उस हादसे के कुछ समय बाद एक दिन वह शिष्य अपने गुरु जी से मिलने उनके घर आया। माँ को खो देने का ग़म भला अमरनाथ से अधिक और कौन समझ सकता था। अपने शिष्य को सहानुभूति देते हुए शोक व्यक्त करते वक़्त अमरनाथ स्वयं इतने जज़्बाती हो गए कि उसे गले लगाते ही उनका अपना रोना भी निकल गया। पिता तुल्य गुरु की करुणा भरी सहानुभूति पाकर शिष्य के दिल का दर्द आँसू बनकर सैलाब की तरह फूट पड़ा।

गुरु और शिष्य के बीच इस क़िस्म का वेदनापूर्ण मार्मिक दृश्य देखकर बहू का विश्वास और भी पक्का हो गया कि ससुर जी के मन में वाकई 'माँ' को लेकर भावनाएँ औसत से कहीं अधिक मज़बूत हैं।

फिर मौका पाते ही मासूमियत से उसने ससुर जी से पूछ ही लिया, "पापा जी, हमारी दादी जी के बारे में कुछ बताइए न।" बहू की उत्सुकता देखकर अमरनाथ का गला भर आया।

अत्यंत भावप्रवण मुद्रा में उन्होंने कहा, "पुत्तर, मेरे ज़ेहन में माँ के चेहरे की छवि सिर्फ़ काल्पनिक है। सोचता रहता हूँ वे ऐसी दिखती होंगी, वे वैसी दिखती होंगी? मैं तीन–चार बरस का था जब वे मुझे छोड़कर चली गई थीं इस दुनिया से। माँ के अभाव ने जीवन में बहुत कुछ सिखा दिया।" बहू समझ गई कि बचपन में ज़रूर कुछ तो ऐसा घटा होगा जिसने ससुर जी के हृदय में इतनी गहरी छाप छोड़ दी।

इसके बाद ससुर जी के बचपन के बारे में या यूं कहें कि उनके जीवन के सफ़र के बारे में जानने की बहू की उत्सुकता और भी बढ़ती गई। अब हर रोज़ रसोईघर में बहू ससुर जी से पूछती, "पापा जी, फिर क्या हुआ था?"

अमरनाथ भी पुरानी यादों के समुद्र में डुबकी लगाते हुए अपनी आपबीती सुनाते रहते। जिसके बाद बहू की व्याकुलता आगे का वृत्तांत जानने के लिए और भी तीव्र हो जाया करती। यह सिलसिला चलता रहा और अमरनाथ की जीवन–यात्रा की परतें खुलती गईं। ससुर जी के जीवन के चुनौतीपूर्ण सफ़र का वृत्तांत सुनकर बहू निस्तब्ध रह जाती। उसे यकीन नहीं होता था कि जिस शख़्सियत ने तीन–चार वर्ष की छोटी–सी उम्र से ही इतना संघर्षपूर्ण जीवन जिया हो, वे आख़िर इतने तृप्त और शांत मुद्रा में कैसे रह सकते हैं?

पर फिर बीतते वक़्त के साथ, जैसे–जैसे वह ससुर जी की मानसिकता और व्यक्तित्व को गहराई से जानने लगी वैसे–वैसे उसकी समझ में आने लगा कि निश्चित रूप से ससुरजी के अन्तःकरण में बसी आध्यात्मिकता और अंतर्दर्शियता से उपजी शक्तियाँ ही उन्हें शांत और तृप्त रहने में सहयोग दे रही थीं। अमरनाथ कई बार स्वयं कहा भी करते थे, "मैं तो फ़क़ीर हूँ। जिन वस्तुओं को लोग बहुत मुश्किलों से हासिल कर पाते हैं, उन्हें मैं आसानी से छोड़ सकता हूँ फिर चाहे वे वस्तुएँ छोटी हों या बड़ी।" वास्तव में अमरनाथ को भौतिक पदार्थों में कोई आसक्ति थी ही नहीं। तभी तो बिना किसी असमंजस के सहजता से पैतृक संपत्ति के बँटवारे के समय उन्होंने अपना हिस्सा लेने से इनकार कर दिया था ताकि उनके छोटे भाई–बहनों का जीवन आरामदायक बन सके।

फ़क़ीरी फ़ितरत की झलक उनके रोज़मर्रा के जीवन में भी खूब दिखती थी। जब भी उनके नए कपड़े सिलकर आते तो उनकी कोशिश यह रहती कि उन्हें रखने से पहले अलमारी में से पुराने कपड़े निकालकर किसी ज़रूरतमन्द को दे दिए जाएँ, चाहे वे पुराने कपड़े कभी उन्हें कितने ही पसंद क्यों न रहे हों।

हक़ीक़त में अमरनाथ कोई साधारण व्यक्ति न होकर एक उच्च दर्जे के ऐसे अद्भुत साधक और ध्यान योगी थे जो परिवार में तो रहते थे पर किसी से कोई अपेक्षा नहीं थी। जो तन, मन और आत्मा की शक्तियों को संजोकर अपनी निजी एकांतता को सुनिश्चित करना जानते थे। एकांत में वे मानसिक रूप से बहुत व्यस्त प्रतीत होते थे। कभी कुछ गुनगुनाते से लगते, तो कभी गहन चिंतन में खोए हुए से। कुछ घड़ियों में ऐसा लगता था जैसे वे अकेले बैठे हुए किसी नई बंदिश की रचना कर रहे हैं या किसी नए राग या संगीत के ही बारे में सोचते अंतर्ध्यान में लीन हैं। ऐसे वक़्त में उनके बच्चे भी बिना अनुमति लिए उनके कमरे में नहीं जा सकते थे।

कुछ वर्षों के बाद अमरनाथ की बहू उनकी आँखों का तारा बन गई। बहू को कभी वे पिता से स्नेही लगते, कभी ममता लुटाती माँ लगते, कभी धातु से कठोर, तो कभी मोम से नरम गुरु लगते। कभी–कभी तो बहू को ऐसा भी लगता जैसे वे ससुर के रूप में एक ऐसे मित्र हैं जिनसे वह अपने मन की हर बात बेझिझक होकर साझा कर सकती है।

बहू और बेटे को खुश देखकर अमरनाथ और उनकी पत्नी अपनी बड़ी बेटी बिन्दु को भी ब्याह करके अपनी गृहस्थी बसाने के लिए मनाने लगे। वे चाहते थे कि उनके बेटे की तरह बेटी भी सुखी वैवाहिक जीवन व्यतीत करे।

लेकिन बिन्दु ब्याह न करने के अपने निर्णय पर अटल रही। अमरनाथ और उनकी पत्नी को बहुत निराशा तो हुई पर वे बेबस महसूस करने लगे। आख़िर पढ़ी–लिखी परिपक्व संतान से शादी–ब्याह के मामले में ज़बरदस्ती तो नहीं की जा सकती। बच्चों की रज़ामंदी के बिना उनके जीवन के अहम फ़ैसले लेना उन्हें सही नहीं लगा।

ऐसे में पिता होने के नाते बेटी का भविष्य सुनिश्चित करने की अपनी ज़िम्मेदारी का बोध अमरनाथ को बेचैन किए रहता था। इसी कारण उन्होंने बेटी को शादी करने के लिए मनाने की अपनी कोशिश जारी रखी, लेकिन बेटी नहीं मानी। फिर एक दिन बातों ही बातों में उसने पिता को यह संकेत दे ही दिया कि कुछ वर्षों पहले उसके बैंगलौर ट्रिप के दौरान उसके साथ कुछ ऐसा घटा जिससे प्रेम और शादी–ब्याह जैसे गंभीर बंधनों से उसका विश्वास ही उठ गया था। अब उसने अपने जीवन का लक्ष्य सिर्फ़ संगीत और गुरु की सेवा करना बना लिया है।

बेटी के इस खुलासे से अमरनाथ और भी चिंतित हो गए थे। उन्हें एहसास हुआ कि अब तो बेटी के भविष्य के प्रति उनका उत्तरदायित्व और भी बढ़ गया है। ऐसी परिस्थितियों में अमरनाथ बेटी को घर की देखरेख करने की ज़िम्मेदारियों से मुक्त करना चाहते थे। वे उन सब ज़िम्मेदारियों को अब बहू को सौंपना चाहते थे। उनकी इच्छा थी कि बेटी अब अपना समय और ध्यान संगीत के अभ्यास और लिखने–पढ़ने के अपने हुनर को विकसित करने में लगा सके ताकि वह आत्मनिर्भर बने और उसका भविष्य सुरक्षित हो सके।

इतने वक़्त में अमरनाथ अपनी बहू का स्वभाव जान गए थे इसलिए बहू पर भरोसा भी था कि वह घर के प्रति अपना उत्तरदायित्व निभाने में पूर्णतः सक्षम है। पर तब तक बिन्दु का रवैया पिता के प्रति और शायद परिवार

में अर्जित अपने स्थान के लिए भी बहुत अंकुशाना हो चुका था। ऐसे में पिता का बहू को महत्व देना बिन्दु के बर्दाश्त से बाहर था। पिता पर अपने अधिकारों के खो जाने की असुरक्षा की भावना के कारण परिवार के साथ, ख़ासकर भाई और भाभी के साथ, उसका व्यवहार कड़वा होता गया। घर का माहौल दिन–प्रतिदिन अशांत होता जा रहा था। हालाँकि अमरनाथ दोनों तरफ़ संतुलन बनाए रखने के लिए बहुत सी तरकीबें भी इस्तेमाल करते पर बेटी की लगातार बढ़ती हुई उत्तेजना देखकर अमरनाथ को एहसास होने लगा कि शायद जाने–अनजाने में उनका बेटी को अपनी माँ का दर्जा देना ठीक नहीं था।

पर क्या अब बहुत देर हो चुकी थी?

हालाँकि बहू में भी पिता समान ससुर जी को माँ सा स्नेह और लाड देने की पूरी क्षमता थी और वह दे भी रही थी जिसे अमरनाथ पुलकित मन से भोग भी रहे थे। पर बहू बिन्दु के अंकुशाना मिजाज़ को समझ चुकी थी इसलिए घर की शांति बनाए रखने के लिए वह सिर्फ़ बहू बनकर परिवार के प्रति अपनी ज़िम्मेदारियाँ निभाना चाहती थी न कि ननद की प्रतिस्पर्धी बनकर।

ऐसे हालात में बेटे और बहू ने विचार किया कि क्यों न बहू नौकरी कर ले, ताकि घर पर बिन्दु की स्थिति पहले की तरह बनी रहे। उन्हें लगा कि शायद बहू के कुछ घंटे घर के बाहर जाने से बिन्दु के अंदर उभरी असुरक्षा की भावना समाप्त हो जाएगी। हालाँकि अपनी दूरदर्शिता और सहजवृत्ति के कारण बहू और बेटे के इस विचार से अमरनाथ सहमत नहीं हुए और उनसे कुछ वक़्त के लिए रूठ भी गए। लेकिन अमरनाथ जैसे नरम दिल, स्नेहशील और संवेदनशील पिता अपने बच्चों से ज़्यादा देर तक रूठे भी कैसे रह सकते थे।

जैसे ही अमरनाथ को यह खबर मिली कि वे बहुत जल्द दादा बनने वाले हैं, उनकी नाराज़गी जैसे गायब ही हो गई। फिर फरवरी 1985 में उनके पोते ने जन्म लिया।

पोते के जन्म के बाद अमरनाथ के परिवार का माहौल फिर से खुशनुमा हो गया। अमरनाथ ने अपनी बहू को दृढ़ता से कह दिया, "मेरे पोते की माँ हो बहू, ध्यान रहे उसके पालन पोषण में ज़रा सी भी लापरवाही हुई तो मैं माफ़ नहीं करूँगा।" बहू भी समझ गई कि आदरणीय ससुर जी का इशारा

उसके नौकरी छोड़ने की ओर है। माँ और बच्चे के रिश्ते को लेकर ससुर जी की सूक्ष्म–ग्राह्यता के स्तर का आभास तो था ही उसे, इसलिए उसने नौकरी से इस्तीफ़ा देने का मन बना लिया।

'पोता' परिवार के सदस्यों के बीच मित्रता का स्रोत बना इसलिए अमरनाथ ने उसे प्यार से 'मेरा मितु' कहकर पुकारा और फिर घर में सब उसे 'मितु' नाम से पुकारने लगे। इतना ही नहीं, पोते के स्नेह में भावुक होकर अमरनाथ ने अपना उपनाम तक 'मितुरंग' रख लिया। फिर एक दिन बात आई पोते के नामकरण की। बहू और बेटे ने यह फ़ैसला भी पोते के दादाजी के ऊपर ही छोड़ दिया।

कवियों में 'कबीर दास' अमरनाथ के दिल के बहुत करीब थे इसलिए उन्होंने अपने पोते मितु का औपचारिक नाम भी 'कबीर' रख दिया।

अमरनाथ पोते से बेहद प्रेम करते थे। जब भी उसे गले लगाते भावप्रवण हो जाया करते और गर्व से कहते, "आहा, क्या सुकून मिलता है पोते को छाती से लगाकर, कहते हैं न कि सूद असल से ज़्यादा अज़ीज़ होता है।"

अक्सर नवजात शिशु के सोने और जागने का क्रम 40 दिनों तक कुछ तय नहीं होता। वह कब सोएगा कब जागेगा, कोई कह नहीं सकता। फिर भी अधिकतर नन्हें बच्चे दिनभर सोते हैं और रात को जागते हैं। ऐसा ही कुछ अमरनाथ के 'मितु' के साथ भी होता था। 40 दिन तक वह दिन में सोता था और रात भर जागता था, जिसके कारण कभी–कभी तो उसके माता–पिता रातभर जागते रहते थे। अमरनाथ जब सुबह 4 बजे उठकर चाय बनाने के लिए रसोई घर की तरफ़ आते, तो कभी–कभी बहू–बेटे के कमरे से आ रही ट्यूबलाइट की रोशनी देखकर परेशान हो जाते। उन्हें चिंता होती थी कि कहीं पोते की तबीयत में तो कुछ ऊँच–नीच नहीं हो गई। फिर जब वे अपने दिल में आए संशय को मिटाने के लिए बहू–बेटे के कमरे तक देखने जाते तो देखते कि पोता तो आराम से हाथ–पैर हिला रहा है पर नींद के मारे बहू और बेटा निढाल अवस्था में बैठे हैं। ऐसे में अमरनाथ पोते को उठाकर अपने कमरे में ले जाया करते ताकि बेटा और बहू कुछ देर आराम से सो सकें।

बस, फिर दादा जी रियाज़ करते और पोता तानपूरे से निकले गुंजन को पकड़ने की कोशिश में अपनी आँखें घुमाकर ढूँढ़ता रहता।

दादा–पोते का रिश्ता बस इसी तरह गहरा होता चला गया। फिर एक समय वह भी आ गया जब पोते ने चलना सीख लिया। अब दादा–पोता बड़े

शौक से हर शाम को घर के बाहर टहलते और बतियाते। दिलचस्प दृश्य तो यह होता था कि घर से निकलते वक़्त तो पोता दादा जी की उंगली थामकर छोटे–छोटे कदमों से चलता हुआ नज़र आता था पर उसकी वापसी दादा जी के कंधों पर बैठे हुए ही हुआ करती थी।

पोते को बढ़ता देखकर अमरनाथ का दिल बाग़–बाग़ हो जाता था। कवि होने के नाते पोते की हर नई हरकत और शरारत को अभिव्यक्त करने के लिए उन्होंने दोहों की रचना की। एक डायरी बनाई गई जिसके आवरण पर लिखा गया 'कबीर के दोहे'। पोते के हर जन्मदिन पर तो दादा जी उसे आशीर्वाद स्वरूप एक दोहा भेंट करते ही थे परंतु बाकी के वक़्त भी वे अपने पोते की हर हलचल और गतिविधि को गौर से देखते रहते थे और फिर दोहे के रूप में उन गतिविधियों की समीक्षा कर दिया करते थे।

कबीर ने जब बोलना शुरू किया तब थोड़ा तुतलाता था। माँ उसे सब्ज़ियों और फलों के नाम सिखाती थी जिन्हें वह तोतली ज़ुबान में दोहराता था। बैंगन को बन्नक कहता जो सुनकर घर में सबको मज़ा आता और लाड से बार–बार उसे दोहराने के लिए कहते। उस उम्र में कभी–कभी उसके मुख से लार भी बहती थी। जो अक्सर उस उम्र के बच्चों में आम बात होती है। एक दिन अमरनाथ के घर पड़ोसी आए और कबीर की लार पर दिलचस्प टिप्पणी करते हुए बोले कि बच्चे की लार बहने का मतलब है कि जब वह माँ के पेट में था तब माँ की कुछ ख़ास खाने की इच्छा अधूरी रही होगी। इन्हीं विचारों को ध्यान में रखते हुए पोते की पहली वर्षगाँठ का दोहा कुछ इस प्रकार से रचा गया था–

मितूआ तो ऐसे फिरे,
जैसे बाल फ़क़ीर।
बैंगन को बन्नक कहे,
तुतला भया कबीर।
तुतला भया कबीर,
टपा–टप लार बहावे।
बुसके तो लगे चंद्रमुख,
माँ की चगुली खावे।

जब कबीर थोड़ा और बड़ा हुआ तो घर के आँगन में बैठे पक्षियों का चहचहाना सुनकर बहुत खूबसूरती से उनकी आवाज़ें निकालकर घर में सबको हैरान कर देता। जब माँ उसे शरीर के अंगों के नाम सिखाती तो परेशान हो जाता कि जब हाथ की चार उँगलियाँ होती हैं तो पाँचवां अँगूठा क्यों! उँगला क्यों नहीं होता? पोते की इन हरकतों को दादा जी ने दोहे में व्यक्त इस प्रकार किया,

इक कबीर कहे सुखमन नाड़ी,
इत्त उत्त इड़ा पिंगला।
यह कबीर कहे चार उँगलियाँ,
और पाँचवां उँगला।
देव दूत सा रूप
बना अवधूत
दिखावे उँगला,
जीव जन्तु की बोली बोले,
देखन को धुतमुंगला।

फिर एक दिन ऐसा भी आ गया जब कबीर स्कूल जाने लगा। जो भी वहाँ सीखता घर आकर अपने दादा जी को सब सुनाता। एक दिन 'गुड फ्राइडे' के बारे में कुछ सुनकर आया तो परेशान हो गया। जब उसने अपने दादा जी के साथ अपनी परेशानी बाँटी तो उन्होंने इस दोहे की रचना कर दी,

दादा पोता रहे बतियाये,
कबीरा कहे मती,
गुड फ्राइडे क्यों कहें
कि जिस दिन
सूली चढ़े मसीह!
दादा कह रहे पोते से
भूल गए तुम अपनी बात कही?
रंगी को ना–रंगी कहे!

दूध को बने खोया!
चलती को गाड़ी कहें!
देख कबीरा रोया।

कभी–कभी जब पोता घर में बहुत उछल–कूद करता था तब लाड में उसे 'बांदर' कहकर हँस देते थे। फिर उसके एक जन्मदिन पर आशीर्वाद स्वरूप उसे ये दोहे भेंट में दिए–

ना सूरज बिन दिन सजे,
ना दीपक बिन रात,
मितुवा का घर ना सजे,
बिन करे सौ उत्पात।
कबीरा सब कुछ सीखिये,
मन दुखियाना नाए।
हम तो पंछी साँझ के,
सब दुख चुग उड़ी जाएँ।

बहरहाल, दादा और पोते के बीच आत्मीयता का यह अनोखा सिलसिला सालों साल यूँ ही चलता रहा।

मोटे तौर पर देखा जाए तो 80 का वह दौर अमरनाथ के जीवन में और भी अनेक खुशियाँ ले आया था। घर में पोते का सुख मिला। संगीत के क्षेत्र में विदेश यात्राओं के अवसर मिले। इस बीच उनकी ख्याति देश–विदेश तक फैल चुकी थी। हर यात्रा में बेटी बिन्दु उनके साथ ही जाती और पिता की बढ़ती लोकप्रियता देखकर बहुत मायने में पिता से ज़्यादा प्रसन्न भी होतीं। वैसे भी अमरनाथ अपने फ़कीरी स्वभाव के चलते अब ख्याति–विख्याति जैसे भौतिकवाद से बहुत ऊपर उठ चुके थे।

सन् 1986 में अमरीका और कनाडा के दौरों के दौरान उन्होंने अपने संगीत व्याख्यान व प्रदर्शन द्वारा विदेशी और एन आर आई श्रोताओं के दिल जीत लिए थे।

आए दिन देश–विदेश के प्रमुख अखबारों में संगीत विशेषज्ञों द्वारा उनकी अतुलनीय प्रतिभा की समीक्षाएँ कुछ इस प्रकार से छपतीं,

हार्वर्ड यूनिवर्सिटी के विशेषज्ञ 'स्टुअर्ट केरी वेल्च' ने अमरनाथ के कौशल का बखान इन शब्दों में किया, "बहुत कम कलाकार इस दुनिया में इन ऊँचाइयों को छू सकते हैं।"

> "पंडित अमरनाथजी अपनी हिंदुस्तानी संगीत की समझ को इस अंदाज़ और तबीयत से आप तक पहुँचाते हैं जिस अंदाज़ से बर्नश्टाइन ने पाश्चात्य संगीत को पहुँचाया, जानकारी देने के मामले में उनके समान कोई भी नहीं।"
>
> द टाइम्स ऑफ़ इंडिया

> "हमारे बहुत कल्पनाशील कलाकारों में से एक, अति कुशाग्रबुद्धि और अपनी बात को विश्वास से मनवा लेने वाले अमरनाथजी का कलाकार स्वभाव अति कोमल है।"
>
> द टाइम्स ऑफ़ इंडिया

स्टेट्समैन अख़बार के विशेषज्ञों ने तो उन्हें 'संगीतज्ञों के संगीतज्ञ' की संज्ञा से नवाज़ा।

> "एक ऐसे गुरु जिनकी मनोदशा विश्वकोष की तरह है, अमरनाथजी एक बेजोड़ बुद्धिजीवी संगीतकार हैं, बेशक बड़े से बड़े संगीतकारों में से एक।"
>
> पेट्रीयट

इस दौरान संगीत जगत में दिए बहुमूल्य योगदान के लिए अमरनाथ को 'साहित्य कला परिषद' सम्मान और 'राजा राम मोहन राय' पुरस्कार से सम्मानित भी किया गया।

इस बीच अमरनाथ ने निर्देशक एम.एस. सथ्यू द्वारा बनाए टेलिविज़न सीरियल 'चोली दामन' का संगीत निर्देशन भी किया। वैसे तो बरसों पहले ही अमरनाथ ने फ़िल्मों में या गैर शास्त्रीय, पार्श्व और सुगम संगीत के क्षेत्र में अपना योगदान देना बंद कर दिया था। पर जब बात इस सीरियल का संगीत बनाने की आई तो उन्होंने हामी भर दी।

इसके पीछे दो मुख्य कारण थे। पहला, यह कि सथ्यू जी के साथ उनका पुराना नाता था। सन् 1969 में एम.एस. सथ्यू ने ग़ालिब पर बनने जा रही जिस डॉक्यूमेंट्री फ़िल्म का निर्देशन किया था उसका संगीत निर्देशन अमरनाथ ने ही किया था। उस फ़िल्म से जुड़ी कई यादें अमरनाथ के दिल के बहुत करीब थीं क्योंकि वह पहली और आखिरी बार था जब उनके आदरणीय गुरु उस्ताद अमीर खाँ साहिब ने ग़ालिब की मशहूर ग़ज़ल गाई थी जिसके बोल कुछ इस प्रकार थे,

"रहिये अब ऐसी जगह चलकर जहाँ कोई न हो"

फ़क्र की बात तो यह थी कि उस ग़ज़ल के संगीत को अमरनाथ ने ख़ास अपने गुरु के लिए तैयार किया था।

दूसरा कारण, जिसकी वजह से अमरनाथ ने 'चोली दामन' के लिए संगीत देना स्वीकार कर लिया था, यह था कि चोली दामन की कहानी पंजाब से जुड़ी थी और पंजाब के साथ अमरनाथ का मन भी जुड़ा था और यादें भी। अमरनाथ ने इस सीरियल में अपनी उन दो शिष्याओं, शांति शर्मा और रेखा बंसल (रेखा भारद्वाज) को गवाया जिनकी आवाज़ें उन्हें पार्श्व संगीत यानि प्ले बैक गाने के लिए सबसे उपयुक्त लगती थीं।

इस अस्सी के दशक में संगीत शिक्षण के क्षेत्र में भी अमरनाथ कई बरसों से बहुमूल्य योगदान देने में निष्ठापूर्वक जुटे हुए थे।

वैसे तो अमरनाथ ने अपने जीवनकाल में कई कलाकारों को प्रशिक्षण दिया था जिनमें से कुछ उल्लेखनीय हैं, महेंद्र शर्मा, बलदेव राज वर्मा, शमशेर सिंह, शांति शर्मा, रेखा भारद्वाज, आषित डे, समीना डे, अखिल कुमार दास, ढोलन, रुचि टेलोंग, बिन्दु चावला, और भी अन्य कई। उनके कई शिष्य तो बांगलादेश, अफगानिस्तान और पाकिस्तान के नागरिक भी थे जो सांस्कृतिक आदान–प्रदान कार्यक्रमों के अंतर्गत और इंडियन काउंसिल फॉर कल्चरल रिलेशन के सौजन्य से भारत संगीत सीखने आए थे।

बचपन से उनके अवचेतन मन में माँ के प्यार को पाने की जो भीतरी ख़्वाइश थी, अब वह ख़्वाइश भी धुँधली पड़ गई थी। बल्कि अब तो वो खुद एक माँ जैसे बन गए थे। ममत्व को फैलाने की उनकी मुहिम प्रगति पर थी जिसके चलते उनके व्यक्तित्व में एक माँ जैसी कोमलता की झलक महसूस भी होने लगी थी। एक ऐसी माँ जो निस्वार्थ प्रेम और ममता की मिसाल होती है। अमरनाथ के कई शागिर्दों का तो उनके इस माँ रूप से साक्षात्कार भी हुआ करता था।

वैसे अमरनाथ जब से शिक्षण से जुड़े थे, अपने सभी शिष्यों को पिता जैसा स्नेह और अपनापन देने के लिए तो माने ही जाते थे जिसकी पुष्टि उनके कई शागिर्द करते भी आए हैं।

अमरनाथ के एक वरिष्ठ शिष्य श्री शमशेर सिंह ने अपने गुरु के पिता स्वरूप होने का वर्णन करते हुए बताया, "एक–दो वर्ष की उम्र में ही पिता का साया मेरे सिर से उठ गया था। गुरु जी के संपर्क में आने के बाद मुझे पिता की कमी महसूस ही नहीं हुई। वे मेरे लिए पिता तुल्य रहे हैं जिनके पास मैं बेझिझक किसी भी सलाह, समर्थन, मार्गदर्शन या सहायता के लिए जा सकता था। वे एक ऐसे अनोखे गुरु थे जो सिर्फ़ देने में विश्वास रखते थे। उनका प्रेम निष्पक्ष था, जो सूरज की तरह सभी शागिर्दों पर समान रूप से चमकता था। गुरु होने के नाते उन्होंने अपने शिष्यों से कभी भौतिक अपेक्षाएँ की ही नहीं। बल्कि अगर श्रद्धावश कोई शिष्य उपहार देने की इच्छा भी ज़ाहिर करता तो वे उसे तुरंत रोक देते थे।"

कुछ शिष्यों ने तो यहाँ तक महसूस किया कि गुरु जी के पास एक माँ की तरह उनकी हर व्यक्तिगत समस्या का हल भी था। वाकई कई बार शिष्यों को रोने के लिए गुरुजी का कंधा और आँसू पोंछने के लिए उनके सफ़ेद रुमाल में माँ का आँचल भी मिल जाता था। गुरु जी सिर्फ़ उनके आँसू ही नहीं पोंछते थे बल्कि उनकी तकलीफ़ को जड़ से समाप्त करने की कोशिश भी करते थे।

एक शाम उनकी एक शिष्या अपने पति और ससुराल वालों से मनमुटाव होने पर अपनी छोटी–सी बच्ची को गोद में लेकर रोते हुए अपने गुरुजी के घर पहुँच गईं। बिलकुल वैसे, जैसे बेटी इस तरह की परिस्थिति में अपने मायके पहुँच जाती है। उस मुश्किल घड़ी में गुरु जी ने न केवल एक माँ की तरह उसे शरण दी बल्कि एक–दो दिन में उसके पति को बुलाकर दोनों के बीच का मनमुटाव और गलतफ़हमी को भी दूर करवा दिया।

अमरनाथ की एक और अज़ीज़ शिष्या थी 'रेखा बंसल' जो आज मुंबई फ़िल्म जगत की मशहूर गायिका 'रेखा भारद्वाज' के नाम से जानी जाती हैं। एक पिता की तरह वे रेखा की शादी की चिंता भी किया करते थे और उनसे पूछते भी रहते थे, "कहीं बात चली क्या?" फिर एक दिन रेखा अपने मंगेतर 'विशाल भारद्वाज', जो आज बॉलीवुड में प्रख्यात निर्माता, निर्देशक व संगीतकार हैं, को अपने गुरु जी से मिलवाने लाईं।

शायद वे अपनी पसंद पर गुरु जी की मोहर लगवाना चाहती थीं। हालाँकि गुरु जी को अपनी शिष्या की पसंद पर नाज़ था पर कहीं न कहीं इस बात को लेकर चिंता भी थी कि विवाह के बाद उसे पति के संग मुंबई जाकर बसना होगा। यह वही शहर था जिससे वे डरते थे, और एक माँ जैसा दिल होने के कारण अपनी बेटी जैसी शिष्या के लिए भी वही डर था उनके मन में। पर फिर एक सच्ची माँ की तरह बच्ची के सुखद भविष्य की प्रार्थना करते हुए उन्होंने उसे ऊँची उड़ान भरने की शुभकामनाएँ भी दे दीं। उस वक़्त उनके चेहरे के भाव वही खुशी व्यक्त कर रहे थे जो ऐसे मौकों पर एक माँ के चेहरे से व्यक्त होती है। दरअसल, अमरनाथ रेखा से अपनी बेटियों की तरह प्यार और लाड करते थे।

कुछ वर्षों बाद जब उन्हें रेखा और उसके पति की सफलता के बारे में सुनने को मिलता तो उन्हें बहुत खुशी होती थी। उन्हें रेखा पर हमेशा बहुत गर्व महसूस होता था।

हालाँकि बचपन से माँ के प्यार को पाने की इच्छा रखने वाले अमरनाथ अब खुद माँ जैसी ममता देने वाले गुरु, पिता, ससुर और दादाजी बन गए, पर माँ से जाकर मिलने की आस अभी भी उनके अंतर्मन के किसी कोने में जीवित थी।

बहुत काट ली रात,
अब हम माँ घर जईहैं।
जित राखी तित धरी रही,
जियू बंधक रख परी रही,
जोबन बिरहा सब सह ली,
बहुत काट ली रात!
चली रखैली गाओ विदा,
रंगले मारग सहज सजा,
जोबन बिरह सब सह ली,
बहुत काट ली रात।
बहुत काट ली रात,
अब हम माँ घर जईहैं।

11

आख़िरकार हुआ माँ से मिलन

"मनुष्याः स्वकार्य्ये आनन्दं प्राप्य पूर्णतां प्राप्नुवन्ति"

अर्थात् जब मनुष्य अपने कार्य में आनंद खोज लेते हैं तब वे पूर्णता प्राप्त करते हैं।

हमारी कहानी के मुख्य नायक 'अमरनाथ' भी अब जीवन की उस अवस्था में पहुँच गए थे जहाँ उन्हें 'पूर्णता' का मधुर एहसास हो रहा था, उन्होंने अपनी संगीत की साधना में ही पूर्ण आनंद खोज लिया था।

संक्षिप्त में कहें, तो जिस नाथ(अमरनाथ) ने पाकिस्तान के ग्वाल मंडी शहर से तीन चार वर्ष की आयु में, अपने नन्हें नन्हें कदमों से चलकर बिन माँ के, संगीत को मीत बनाकर जीवन का सफ़र शुरू किया था, अब उसका वह सफ़र ऐसे मुकाम पर पहुँच गया था जहाँ उसकी उपलब्धियों पर वेदों और उपनिषदों की वाणी भी सटीक बैठ रही थी।

अपने सफ़र में किए अनेक संघर्षों के बीच भी अमरनाथ निरंतर नाद योग से जुड़े रहे और एक महासाधक बनकर उभर गए। ऐसे साधक जिसने आध्यात्मिकता और संगीत के बीच सेतु बनाने का महान कार्य किया। संगीतज्ञों के संगीतज्ञ की संज्ञा प्राप्त अमरनाथ ने संगीत को ही अपना मीत बना लिया था, ऐसा मीत जिसकी संगत में उन्हें परम सुख की अनुभूति हो रही थी। अमरनाथ संगीत को जीते, महसूस करते और भोगते थे, यही कारण

था कि उन्होंने संगीत में ही आनंद खोजकर पूर्णता को प्राप्त कर लिया। इसी पूर्णता की मनोस्थिति के चलते उन्हें अपने जीवन के हर क्षेत्र में संतोष, सुकून और तृप्ति का एहसास हो रहा था।

1987–88 में दूरदर्शन द्वारा आयोजित साक्षात्कार के दौरान उन्होंने अभिव्यक्त किया था, "जीवन में संगीत ने मुझे जो परम सुख दिया उससे अब मुझे कृतकृत्यता और पूर्ण संतुष्टि का आभास होता है, परंतु दुःख इस बात का है कि अब जब थोड़ा समझ आने लगा, तब न समय बचा है और न ही शक्ति।"

बेशक़, 65–66 की उम्र के पड़ाव पर पहुँचकर अमरनाथ अपने अन्तर्मन से आने वाली 'समय की कमी' की चेतावनी को भलीभाँति समझ गए थे और इसके लिए कुछ कदम भी उठाना चाहते थे। प्रायः उस उम्र में ऐसी मनोदशा होने पर आम इंसान की कोशिश यह रहती है कि वे अपने जीवनभर की कमाई संपत्ति, जायदाद व माल असबाब को सुचारु रूप से व्यवस्थित कर लें या समेट दें ताकि भविष्य में उनका परिवार व आने वाली पीढ़ी को उसे भोगने में कोई परेशानी न आए। पर अमरनाथ कोई सामान्य व्यक्तित्व नहीं थे। जीवन में अर्जित जिस सम्पदा को वे संजोकर रखना चाहते थे उसका ताल्लुक किसी भौतिक संपत्ति से नहीं, बल्कि उस बौद्धिक सम्पदा से था जो उन्होंने संगीत साधना के अपने सफ़र में बोधज्ञान, शोध और अनुभवों द्वारा संचित और संग्रहित किया था।

इन विचारों के चलते अमरनाथ को बोध हुआ कि काग़ज़, कलम व प्रिंटिंग के माध्यम से ही वे अपने ज्ञान से अर्जित की हुई इस पूँजी को हिफ़ाज़त से रख पाएँगे। उनकी शिष्या बेटी बिन्दु की भी इच्छा थी कि उनके गुरुपिता के द्वारा अर्जित बौद्धिक ख़ज़ाने को सुरक्षित करने के लिए पुस्तकों का माध्यम ही सर्वोचित विकल्प है। अतः उसने गुरु पिता को पुस्तकें लिखने के लिए पूरी तरह से न सिर्फ़ प्रोत्साहित ही किया बल्कि हर क़दम पर इस कार्य में सहयोग भी दिया। वैसे भी बिन्दु कुछ वर्ष पहले तक विकास पब्लिकेशन में संपादक के तौर पर कार्यरत रह चुकी थीं। इसलिए पुस्तक लिखने व छपने की प्रक्रिया से वे बहुत अच्छे तरीके से परिचित थीं।

बस यहीं से अमरनाथ का पुस्तकें लिखने का सिलसिला प्रारम्भ हो गया। उनकी पहली पुस्तक थी, "लिविंग इडियम्ज़ इन हिंदुस्तानी म्यूज़िक, ए

डिक्शनरी ऑफ़ टर्म्स एण्ड टरमिनोलोजी" जिसे उन्होंने एक लंबी अवधि तक संग्रहित किया, और जिसे पहले पहल 1989 में विकास पब्लिशिंग हाउस ने प्रकाशित किया, और फिर 1994 में हारपरकॉलिन्ज़ इंडिया ने।

वर्ष 2020 में 'पेंगुइन रैंडम हाउस इंडिया' द्वारा इस पुस्तक को एक नया रूप और नए नाम "द डिक्शनरी ऑफ़ हिंदुस्तानी क्लासिकल म्यूज़िक" से छापा गया। पुस्तक के इस नवीनतम संस्करण को पूर्व संस्करणों से अधिक सूचनात्मक बनाने का प्रयत्न किया गया है। इस संस्करण की प्रस्तावना को अमरनाथ की सबसे करीबी शिष्या रेखा भारद्वाज ने अंपने पूजनीय गुरु को श्रद्धांजलि के रूप में लिखा। इसके अलावा इस संस्करण की उल्लेखनीय बात यह भी है कि इसमें उनकी शिष्या व बेटी स्वर्गीय बिन्दु चावला द्वारा अंग्रेज़ी भाषा में लिखी 'पंडित अमरनाथ की संक्षिप्त जीवनी' को भी शामिल किया गया है, जिसने पुस्तक की प्रतिष्ठा को चार चाँद लगा दिए। शीघ्र ही इस पुस्तक का हिन्दी अनुवाद अद्यतन संस्करण के साथ प्रकाशित करने की योजना है।

यह पुस्तक अमरनाथ द्वारा संगीत की दुनिया के नाम एक प्यार भरा उपहार है, जो समकालीन और आने वाली पीढ़ी के लिए हिन्दुस्तानी संगीत की मौखिक परंपरा की लुप्त होती शब्दावली को दर्शाती है।

बन्दिशें रचने के अलावा कविताएँ रचना भी अमरनाथ के दिल के बेहद करीब था। उनकी रची 101 कविताओं के संकलन को 'राजकमल प्रकाशन' द्वारा काव्य संग्रह "हंसा के बैन" के नाम से प्रकाशित किया गया जो कि उनके कवि हृदय का आईना है।

लिखने–लिखाने के माहौल में ही बिन्दु अमरनाथ से अनुरोध करती रहीं कि उन्हें अपने आदरणीय गुरु उस्ताद अमीर खाँ साहिब के बारे में भी एक पुस्तक लिखनी चाहिए।

बेटी के अनुरोध पर विचार करते हुए अमरनाथ बहुत भावुक हो गए। उन्होंने सोचा कि *आख़िर मैं अपने महाराज को जानता ही कितना हूँ? सिर्फ़ इतना ही न जितना कि कोई किसी जल से भरपूर बादल को जानता है। कौन जाने वह कहाँ से चला, कहाँ पर भरा? लेकिन जब बरसता है तो सब सुखी हो जाते हैं, सब उस सुख को भोगते हैं। मैं तो सिर्फ़ उसी अमीर खाँ को जानता हूँ जो सुर से भरे रहे, गाते रहे, बरसते रहे, और फिर अचानक एक दिन जैसे सब छँट गया, पर उनकी नमी अब तक है।*

अंततः उसी नमी के एहसास को महसूस करते हुए, अमरनाथ ने अमीर खाँ साहिब की यादों को पुस्तक के रूप में संजोने का निर्णय लिया।

फिर कुछ अवधि के बाद इस पुस्तक को 'पंडित अमरनाथ मैमोरियल फ़ाउंडेशन' द्वारा "इंदौर के मसीहा" नामक संस्मरण के रूप में प्रकाशित किया गया।

पिता जब गुरु भी हों तो सीखने और सिखाने के सिलसिले के बीच घड़ी नहीं आती। ऐसा ही कुछ सिलसिला अमरनाथ के घर पर भी चलता था। शिष्या बेटी बिन्दु और अमरनाथ के बीच सर्वाधिक समय संगीत के विषय में चर्चाएँ हुआ करती थीं। पिता के साथ हुई बातचीत बेटी के लिए गुरु के अलौकिक विचारों के एक बहुमूल्य ख़ज़ाने जैसा था, जिन्हें बेटी ने पुस्तक रूप में संजोने का निर्णय लिया। जिसके परिणामस्वरूप 'इन्दिरा गाँधी नेशनल सेंटर फ़ॉर द आर्ट्स' ने इसे "कन्वर्सेशंस विद पंडित अमरनाथ" के शीर्षक से प्रकाशित कर दिया।

यह विशेष पुस्तक कई सदियों तक हिंदुस्तानी शास्त्रीय संगीत के पहलुओं पर रोशनी बनाए रखेगी। बातों ही बातों में लिखी गई यह पुस्तक पूरी हिंदुस्तानी शास्त्रीय संगीत शैली, इतिहास से लेकर घरानों तक, नाद योग से लेकर राग–रागदारी तक और सुनने, सीखने व सिखाने से लेकर बन्दिशों और गायकी तक के विषयों पर अद्भुत प्रकाश डालती है।

पुस्तकें लिखने के साथ–साथ अमरनाथ ने 'इंडियन काउंसिल फ़ॉर सोशल साइन्स रिसर्च' के लिए तीन साल (1985–1988) तक एक शोधकार्य का भी निर्देशन किया। इस शोध का विषय था "विश्वविद्यालय तथा घरानों में हिंदुस्तानी संगीत शिक्षा के ढंग एवं व्यवस्था"। इस कार्य में एक ऐसे गुरु की अंतर्दृष्टि उपलब्ध है जिन्होंने चालीस वर्ष संगीत की शिक्षा प्रदान करते हुए न केवल उस कला का आज के संदर्भ में आधुनिकीकरण किया, बल्कि गुरु–शिष्य परंपरा की पुरानी शुद्धता को भी बनाए रखा। इस शोध के निष्कर्ष ने आने वाली सदी में इस कला के भविष्य से जुड़े अनेक मुद्दों पर भी प्रकाश डाला जो निश्चित रूप से संगीत के क्षेत्र में लाभकारी सिद्ध होगा।

इस बीच सन् 1989 में अमरनाथ के परिवार में एक बार फिर से शहनाई गूँज उठी। अमरनाथ की छोटी बेटी गजरा का विवाह हो गया। पत्रकार बेटी शादी के बाद अपने पत्रकार पति के साथ बंबई में रहने वाली थीं। हालाँकि अमरनाथ के मन में बंबई शहर को लेकर कुछ गिले–शिकवे और भय थे पर

उन्हें अपनी बेटी की पसंद, उसे दी हुई शिक्षा और संस्कारों पर पूरा भरोसा था। उन्हें पूरा भरोसा था कि जिस शहर में वे अपने पैर नहीं टिका पाए वहाँ बेटी ज़रूर टिक जाएगी। इसलिए हर पिता की तरह उन्होंने भी सुखद भविष्य का आशीर्वाद देकर बेटी को विदा कर दिया था। अमरनाथ का अपनी बेटी पर भरोसा वास्तव में सही साबित हुआ। शादी के कुछ वर्ष बाद ही उनकी बेटी की एक पुस्तक कहानी संग्रह "फ्रजाईल विकटरीज़" के नाम से छप गई थी, जिसे अमरनाथ बहुत गर्व के साथ अपने बिस्तर के पास रखा करते थे ताकि अपनी सहूलियत के मुताबिक बेटी की लिखी कहानियों को पढ़ सकें। वैसे भी रात को सोने से पहले और दिन में भी खाली वक़्त में पुस्तकें पढ़ने का शौक तो था ही उन्हें।

वास्तव में, आज यदि अमरनाथ होते तो उनका सीना गर्व से फूल जाता, यह देखकर कि उनकी गुड़िया बेटी गजरा कोट्टारी की गिनती देश के जाने–माने उपन्यासकारों, कहानीकारों और स्क्रीनप्ले लेखकों में की जा रही है। जिस शहर में टिकने से वे डर गए थे आज उनकी गुड़िया बेटी ने उसी मुंबई शहर में अपनी काबिलियत के झंडे गाड़ दिए हैं।

उस वक़्त अमरनाथ को जिस एक और बात की विशेष खुशी थी वह यह थी कि उनके पत्रकार दामाद सैलेश कोट्टारी दक्षिण भारत से ताल्लुक रखते हैं। देश के इस भाग से संगीत सीखने आए अपने कुछ शागिर्दों से हुए अनुभवों के आधार पर अमरनाथ की अपनी यह धारणा बन गई थी कि अन्य कई प्रदेशों की तुलना में, इस क्षेत्र से आए लोग अधिक मेधावी और समझदार हुआ करते हैं। जल्दी ही दामाद भी अमरनाथ के परिवार का अहम हिस्सा बन गए। वह ऐसा दौर था जब अमरनाथ का परिवार असीम सुख को भोग रहा था।

कहते हैं सुख और दुःख एक ही सिक्के के दो पहलू हैं, दोनों साथ–साथ और आगे–पीछे चलते रहते हैं। अमरनाथ के जीवन में भी सुखों के बाद, नब्बे के दशक में अब दुःख ने दस्तक दे दी। एक दिन उन्हें खबर मिली कि उनके पिता शिव दयाल दुनिया से चल बसे। यह सुनकर अमरनाथ के दुःख की कोई सीमा न रही। वे मन ही मन टूट से गए। वैसे तो अमरनाथ जैसे ज्ञानी और मेधावी व्यक्ति गीता और रामायण में अंकित जीवन–मरण के वास्तविक तथ्य से परिचित थे। वे यह जानते भी थे कि हर जन्म लेने वाला व्यक्ति एक न एक दिन मृत्यु को प्राप्त होगा ही, पर जब बात अपने माता–पिता की

होती है तब भावनाएँ शास्त्र और तत्त्वज्ञान पर हावी होकर व्यक्ति को थोड़ा कमज़ोर तो कर ही देती हैं। अमरनाथ भी कमज़ोर पड़ गए। इस खबर के मिलने पर पाकिस्तान में पिता के साथ बचपन में बिताए वक़्त को याद करके बच्चे की तरह रो पड़े।

बड़े बेटे होने के नाते पिता के अंतिम संस्कार की रीति निभाने के क्षण जैसे–जैसे करीब आने लगे वैसे–वैसे अमरनाथ का दिल घटने लगा। मुखाग्नि देने से पहले पिता के मौन हुए चेहरे को कुछ पल यूँ ही निहारते रहे। पिता का चेहरा उन्हें काठ के समान लगा और वे मन ही मन सोचते रहे कि माँ से जुड़ी आख़िरी कड़ी भी अब टूट गई।

वास्तव में अब तक अमरनाथ के मन में एक आशा थी कि शायद कभी तो पिताजी से उन्हें उनकी जयदेवी माँ के बारे में कुछ नया पता चल जाए। कुछ ऐसा जो अमरनाथ के मन में गढ़ी हुई माँ की काल्पनिक काली–सफेद तस्वीर पर कुछ रंग भर दे। पर अमरनाथ की वह आशा अब हमेशा के लिए अधूरी ही रह गई थी।

कहते हैं कि एक कलाकार के जीवन में खुशी के पल हों या फिर ग़म के, दोनों ही उसकी सृजनता के लिए प्रेरणा के स्रोत बन जाते हैं। ऐसा ही कुछ अमरनाथ के साथ भी हुआ। मृत पिता को मुखाग्नि अर्पित करते वक़्त जब उन्हें पिता का मुख काठ के समान प्रतीत हुआ तब उन्होंने अपने उस एहसास को इन शब्दों में व्यक्त किया,

काठ पींजरा जरत जुगन से,
कब उड़ जईहें प्राण पंछीया।

अर्थात् शरीर एक लकड़ी का पिंजरा है। कब प्राण रूपी पक्षी उड़ जाएगा किसी को पता भी नहीं चलेगा।

लेकिन यह भी कहते हैं कि चिंतन, मननशीलता और अध्यात्म जैसे सहज योग के मार्ग पर चलने वाले व्यक्ति के लिए किसी भी दुःखद परिस्थिति से बाहर निकलना एक आम व्यक्ति से ज़्यादा सरल होता है। अमरनाथ भी ऐसे ही सहज योगी की अवस्था में आ चुके थे इसलिए उन्हें सुख और दुःख में समान मनोस्थिति बनाए रखने का अभ्यास हो गया था। ऐसी मनोस्थिति के चलते उन्होंने पिता के दुनिया से चले जाने का शोक लंबे समय तक मनाने के बजाय उनके साथ बिताए सुख के पलों को समेटकर रखने का निर्णय लिया।

वैसे भी सृष्टि अपने सुख–दुःख के प्राकृतिक चक्र की प्रवृत्ति से बाध्य है इसलिए अमरनाथ के परिवार में भी दुःख की घड़ियाँ समाप्त हो गईं और फिर से खुशियाँ छा गईं। बेटी ने नाती 'अद्वैत' को जन्म दिया। अमरनाथ बेहद गर्व महसूस कर रहे थे कि उनकी छोटी–सी गुड़िया बेटी गजरा अब एक माँ बन गई थी।

हालाँकि अमरनाथ को नाना बनने की बहुत खुशी थी पर एक पिता होने के नाते कहीं न कहीं उनके मन में अपनी बड़ी बेटी बिन्दु के जीवन के अभावों की वजह से थोड़ी कसक भी थी कि अगर उसने विवाह कर लिया होता तो आज वह भी मातृत्व का सुख भोगती। बेटी के भविष्य को लेकर उनकी चिंता अब और भी बढ़ने लगी थी। अक्सर यह सोचकर वे विचलित हो जाया करते थे कि भविष्य में 'बच्ची अकेली पड़ जाएगी' विशेषकर इसलिए भी कि बिन्दु का रिश्ता शेष परिवार के साथ इतना मधुर नहीं था।

इसी चिंता के कारण अमरनाथ ने अपना वसीयतनामा बनाया जिसमें बिन्दु को अपनी पूरी बौद्धिक संपत्ति का अधिकार दे दिया ताकि रॉयल्टी के रूप में होने वाली आय से उसका भविष्य कुछ हद तक सुनिश्चित हो सके। अमरनाथ के उठाए इस कदम ने सिर्फ़ उन्हें ही नहीं बल्कि उनकी पत्नी को भी कुछ हद तक बेटी के भविष्य के बारे में चिंतामुक्त कर दिया।

फिर कुछ साल बाद अमरनाथ के घर उनकी नातिन 'आस्था' ने जन्म लिया। भरा पूरा परिवार देख कर मुखिया को जो सुख मिलता है वही सुख अमरनाथ को भी मिल रहा था जिसके लिए वे हर पल ईश्वर को धन्यवाद किया करते थे।

दादा और नाना बनने के बाद अमरनाथ के मन को अपने पोते, नाती और नातिन के साथ अच्छा वक़्त बिताना बहुत भाता था। उनकी कोशिश बनी रहती कि खेल ही खेल में बच्चों को कुछ ऐसा सिखाते रहें जिसकी उनके व्यक्तित्व पर अच्छी छाप पड़ जाए। अमरनाथ इन दिनों अक्सर अपने बचपन के उन सुनहरे पलों को भी याद करते थे जो उन्होंने अपने नाना जी की संगत में बिताए थे। अपनी अच्छी यादों को वे किस्से–कहानियों के रूप में अपने पूरे परिवार को सुनाया करते थे। इस दौरान कभी–कभी बेहद भावुक भी हो जाते थे और कहते थे, "लाला जी ने ही मुझमें पाँच–छह वर्ष की उम्र में किताबें पढ़ने की आदत डाली थी, जो आगे चलकर मेरा जुनून बन गई। उस वक़्त अच्छे संस्कारों के जो बीज उन्होंने मेरे अंदर बोये थे,

उन्हीं संस्कारों ने मुझे जीवन में अनेक संघर्षों का मुक़ाबला करने की हिम्मत और हौंसला भी दिया।"

दरअसल, एक अंदर की बात यह भी थी कि बच्चों के बच्चों को लाड देकर, अमरनाथ के व्यक्तित्व में पिछले कई सालों से उपजी माँ का सा प्रेम देने की प्रवृत्ति को भी तृप्ति मिल रही थी।

इस तरह से 90 के दशक की शुरुआत में अमरनाथ के पारिवारिक जीवन में बसंत ऋतु के जैसी बहार छाई हुई थी। संगीत और साहित्य का उनका सफ़र भी संतोषजनक गति से चल रहा था पर उनके स्वास्थ्य में निरंतर गिरावट आ रही थी। हैरानी की बात तो यह थी कि चाहे उनकी शारीरिक शक्ति कम हो रही थी पर एक अटल साधक होने के नाते उनके प्रातः काल के रियाज़ की दिनचर्या पहले की तरह ही बनी हुई थी, उसमें कोई बदलाव नहीं आया। फिर एक वक़्त ऐसा भी आया जब कहीं न कहीं अमरनाथ को महसूस होने लगा था कि बढ़ती उम्र के साथ उनके जीवन की रफ़्तार कुछ तो घट रही है। उनकी अंतः प्रज्ञा उन्हें कुछ ऐसे संकेत दे रही थी जैसे कि सन्नाटा किसी तूफ़ान के आगमन से पहले देता है। वर्ष 1995 की एक सुबह उन्होंने भोर काल में देखे अपने एक विचित्र स्वप्न के बारे में परिवार को बताया, "मैंने देखा कि मेरी मृत्यु हो गई है। यहाँ बैठक में मेरा पार्थिव शरीर रखा गया है। सब रो रहे हैं। सपने में बच्चों को रोता देख मेरी नींद तो खुल गई पर मन उदास हो गया। अपने बच्चों को दुःखी नहीं देख सकता।"

उनके इस बुरे स्वप्न को सुनकर घर में सब की रूह काँप गई। परिजनों के उतरे हुए दहशत भरे चेहरे देखकर अमरनाथ ने किसी तरह स्थिति को संभाला। उन्होंने बनावटी मुस्कुराहट के साथ कहा, "अरे! बचपन में सुनते थे कि मौत देखने का मतलब है उस व्यक्ति की उम्र बढ़ गई!" ज़ाहिर है कि उनकी लंबी उम्र के हुए संकेत को जानकर घर वालों के चेहरे पर खुशी लौट आई थी।

उस दिन तो परिवार ने इस बात को बुरा सपना समझकर भुला दिया पर फिर कुछ महीनों के भीतर ही अमरनाथ के स्वास्थ्य के विषय में हुए एक दुर्भाग्यपूर्ण खुलासे ने उनके देखे इस स्वप्न की वास्तविकता को लेकर ढेरों प्रश्न चिहन लगा दिए। उस एक दिन अमरनाथ के परिवार पर भीषण संकट का पहाड़ टूट पड़ा जब डॉक्टरों ने अमरनाथ की जाँच रिपोर्ट पर

टिप्पणी करते हुए यह घोषित किया कि वे कैंसर जैसी खतरनाक बीमारी से पीड़ित हैं।

इस दर्दनाक खुलासे से अमरनाथ को बहुत गहरा आघात पहुँचा क्योंकि कैंसर ने उनके मुँह के अंदर आक्रमण किया था और जल्दी ही बीमारी के गले तक फैलने की संभावना थी।

इसका तात्पर्य यह था कि सदी के महान संगीतकार अब कभी गा नहीं पाएँगे!

एक संगीतकार और संगीत के साधक के लिए इससे बड़ी वेदना भला और क्या हो सकती थी! नियति की यह कैसी बिडम्बना थी! संगीत ही तो अमरनाथ की आत्मा था, और अब उनके जीवन में संगीत ही नहीं रहेगा तो बिन आत्मा के भला उनकी देह का क्या महत्त्व रह जाएगा? ये विचार अमरनाथ को कैंसर से हुए दर्द से भी अधिक पीड़ा पहुँचा रहे थे।

दुःख में इंसान को सबसे पहले माँ की याद आती है। उस वक़्त ऐसा लगता है कि बस एक बार उसकी गोद मिल जाए, फिर सब ठीक हो जाएगा।

अमरनाथ भी फिर से बच्चे बन गए। हर कुछ पल में 'ओ मेरी माँ' का जाप करने लगे।

इस खबर से अमरनाथ का परिवार और उनके सभी शागिर्द भी गहरे सदमे में आकर टूट चुके थे। पर ऐसे मौके पर टूटने के बजाय हिम्मत की ज़रूरत थी, उन्हें भी यह एहसास तो हो ही गया था। हालाँकि डॉक्टरों ने बताया कि सही उपचार से उन्हें पाँच साल तक का जीवनदान मिलने की संभावना है पर गाना गा पाएँगे या नहीं इसके बारे में पूर्वानुमान लगाना उनके बस की बात नहीं थी।

सकारात्मकता के साथ अमरनाथ का इलाज शुरू हुआ। छोटी बेटी ने उन्हें बहुत शिद्दत से बंबई के टाटा मेमोरियल अस्पताल में डॉक्टरों की सलाह लेने के लिए मनाया। पहले तो बंबई जाने के लिए उन्होंने ज़रूर कुछ आनाकानी की पर फिर बच्चों का दिल रखने के लिए मान भी गए। वहीं इलाज के दौरान एक दिन जब उन्हें असहनीय पीड़ा हुई तो बेटी ने उनका सिर अपने कंधे पर टिका लिया और सांत्वना देते हुए बहुत देर तक उनके बालों को प्यार से सहलाती रही। बेटी का प्यार भरा स्पर्श पाकर अचानक अमरनाथ भावुक होकर रो पड़े और बोले, "आज मेरी छोटी–सी गुड़िया मेरी माँ बन गई, खुश रहो, पुत्तर।"

उनकी बेटी गजरा आज भी उन लम्हों को याद करके भावुक हो जाती हैं। मन ही मन अपने आपको भाग्यशाली मानती हैं कि जिन पिता की गोद में खेलकर वे बड़ी हुईं उन पिता को उनमें, कुछ पलों के लिए ही सही, माँ दिखीं।

कुछ दिन बंबई में रहकर अमरनाथ वापस दिल्ली आ गए। शायद इस बार भी वहाँ का इलाज और बंबई उन्हें रास नहीं आई थी।

इसलिए उन्होंने आगे का इलाज दिल्ली में करवाने का निर्णय लिया। फिर एक दिन अमरनाथ की बीमारी की खबर सुनकर उनकी चहेती बहन कृष्णा और लाजवंती माँ उनका हालचाल पूछने आईं। परिवार के भावनात्मक पुनर्मिलन ने अमरनाथ के ज़ेहन में बचपन की धुँधली पड़ चुकी आधी–अधूरी यादों को फिर से ताज़ा कर दिया था।

बस, उस दिन के बाद अमरनाथ को अपने बचपन की खट्टी–मीठी यादें और भी तीव्रता से आने लगीं। जब कभी वे कमरे में अकेले लेटे होते, तो उन्हें याद करके कभी अपने आपमें खुश होते तो कभी दुःखी। जब परिवार के सदस्य उनके पास बैठे होते तो अमरनाथ उन्हें बताते, “अब जब भी सोता हूँ बचपन के सपने आते हैं। कभी ग्वाल मंडी की गलियाँ, कभी माई हीर का मज़ार, मज़ार के बाहर गाते हुए सूफ़ी गायक, कभी प्रभात फेरी करते हुए योगी, तो कभी वह श्मशान घाट जहाँ मेरी माँ का अंतिम संस्कार हुआ था।”

अचानक अमरनाथ रुक जाते। उनका गला भर आता फिर वे आगे बताते, “कभी–कभी तो माँ की वह मंजी भी दिखती है जिसकी बाण छेड़कर मुझे पहली बार सुर सुनाई दिए थे, कभी उस मंजी पर मुँह ढककर लेटी हुई माँ भी दिखती हैं। बचपन की तरह अब भी चुपके से उनकी मंजी के पास जाने की कोशिश करता हूँ, पर तब पिताजी ने थप्पड़ मारकर पीछे कर दिया था। शायद दिख ही जाता उस वक़्त माँ का चेहरा और अब यह बिंदिया(बिन्दु) पीछे से आकर मुझे आगे जाने से रोक देती है।”

जैसे–जैसे अमरनाथ की बीमारी की तीव्रता बढ़ने लगी उनका दर्द, कराहना और ‘ओ मेरी माँ’ बोलकर माँ को याद करने का सिलसिला भी बढ़ता गया। उनको सारी उम्र जयदेवी माँ के ढोलनी रूप का जो सपना अक्सर आया करता था, विशेषकर जब वे किसी वजह से दुःखी या उदास होते थे, अब वह सपना फिर से आने लगा था पर अब थोड़ा बदल सा गया था। पहले उन्हें दिखता था कि उनकी माँ एक खाली मैदान में ढोलक बजाते

और गाते हुए जा रही हैं, और वे अपने बाल रूप में माँ के पीछे भाग रहे हैं, माँ–माँ चिल्लाकर उन्हें पकड़ने की कोशिश कर रहे हैं। पर इतने में कोई पीछे से आकर उन्हें पकड़ लेता है। आगे जाने से रोकता है। पर वह बच्चा रोता–बिलखता अपने आपको छुड़वाकर माँ के पीछे भागने उन्हें पकड़ने की कोशिश करता है पर उतने में माँ अंधेरे में लुप्त हो जाती हैं। बालक नाथ मायूस होकर माँ को पुकारता रहता है। पर अब उस बच्चे की जगह वे अपने वर्तमान रूप को, लुंगी और बनियान पहने, बीमारी से ग्रस्त कमज़ोर हालत में देखने लगे थे।

कुछ ही महीनों में अमरनाथ का कैंसर शरीर के अन्य अंगों तक भी फैल गया था। ऑपरेशन ही एकमात्र रास्ता बचा था उपचार का।

फिर, 2 फरवरी 1996 के दिन ऑपरेशन होना तय हुआ। अमरनाथ को इतनी बीमारी में भी याद था कि कुछ ही दिनों में उनके पोते कबीर का जन्मदिवस (जो कि 16 फरवरी को होता है) आने वाला है इसलिए हर वर्ष की तरह इस वर्ष भी उसे दोहे का उपहार देना है। उन्होंने अस्पताल के कमरे में पड़े टिशू पेपर पर इस दोहे को लिखकर अपनी बहू को थमाते हुए कहा, "बहू पुत्तर, यह मेरे मितु का आशीष है।"

मितवा रे तुम घने घने,
कबीरा रे तुम घने घने।
तुम्हें देखने से सुगंध आती है,
तुम्हें सूँघने से नहीं,
या फिर मेरी ही नाक
आँखों के बीच आ लगी है,
नाक ऊँची हो गई है।
तुमसे रे मेरी नाक
ऊँची हो गई है,
ऊँची ही रखना।

सराहनीय बात तो यह है कि विकट पीड़ा के मध्य भी उन्होंने पोते के प्रति अपने लाड को मनोरंजक फिर भी गहराई से विचारपूर्वक रचे शब्दों में व्यक्त किया।

दुर्भाग्य से शायद उस वक़्त किसी को इस बात का आभास भी नहीं था कि पोते के जन्मदिन की भेंट के तौर पर रचा वह दोहा उनकी आख़िरी भेंट होगी।

उनके सभी प्रिय शागिर्द और अन्य परिजनों ने आख़िरी बार उनकी आवाज़ सुनी। अत्यंत खेद की बात तो यह थी कि ऑपरेशन के बाद वे फिर कभी बोल ही नहीं पाए।

अस्पताल से घर आने के बाद अब अमरनाथ को जो भी कहना होता वे काग़ज़ पर लिख कर ही व्यक्त करते थे।

जैसे–जैसे दिन बीतते रहे अमरनाथ का स्वास्थ्य और बिगड़ता चला गया। हर पल उनकी आँखें बंद रहतीं लगता जैसे एक उच्च कोटि के साधक और नाद योगी की जीवन यात्रा शून्यता के आख़िरी पड़ाव की ओर अग्रसर हो रही है।

यह वह अवस्था थी जहाँ अमरनाथ का चेतन मन प्रफुल्लित होकर माँ से मिलन की तैयारी कर रहा था। ये वे पल थे जिनमें अमरनाथ उन सब लोगों को कृतज्ञता अर्पित कर रहे थे जिन्होंने जीवन में उन्हें माँ जैसा प्रेम देकर भावनात्मक पूर्णता का एहसास करवाया।

फिर 8 मार्च की रात अमरनाथ अस्पताल के बिस्तर पर बेसुध पड़े थे पर उनके चेहरे पर संतोष और शांति झलक रही थी।

अमरनाथ शायद अब माँ से मिलन के बस कुछ ही पल दूर थे। उनका अन्तर्मन उत्सुकता से उस आख़िरी पल का इंतज़ार कर ही रहा था कि फिर से माँ का सपना दिखा। इस बार अमरनाथ वर्तमान कमज़ोर अवस्था में खुले मैदान में अपनी जयदेवी माँ को ढूँढ़ रहे थे तभी मैदान में छाया अंधेरा, उजाले में परिवर्तित हो गया। अमरनाथ ने देखा कि ढोलनी रूप में जयदेवी माँ दोनों हाथ फैलाए अमरनाथ की ओर बढ रही हैं। अमरनाथ भी धीरे–धीरे माँ की ओर बढ़ने लगे। उनकी आँखों से खुशी के आँसुओं की धाराएँ बहने लगीं। सात दशकों से माँ को छूने की जो इच्छा उनके हृदय में दबी हुई थी, बस अब वह पूरा होने की कगार पर ही थी। तभी माँ और बेटे के बीच का फ़ासला मिट गया। जयदेवी माँ ने दोनों बाँहें खोलकर अपने नाथ को छाती से लगा लिया।

तभी अचानक अस्पताल के आई.सी.यू. में नर्स ने अमरनाथ के शरीर में हलचल होती देख डॉक्टर को बुला लिया। डॉक्टर ने अमरनाथ की खुली आँखों में अद्भुत चमक और चेहरे पर मुस्कुराहट देखी। घड़ी सुबह के 4 बजा रही थी, वही भोर का वक़्त जब अमरनाथ की दिनचर्या शुरू होती थी।

डॉक्टर के मन में कुछ आशा उत्पन्न हुई कि संकट की घड़ी टल गई। तभी अमरनाथ के मुख से 'ओ मेरी माँ' शब्द निकले और उनकी साँसें थम गईं।

9 मार्च 1996, प्रभात 4 बजे हमारी कहानी के मुख्य नायक माँ के घर सिधार गए।

हालाँकि अमरनाथ का सम्पूर्ण परिवार, उनके सभी शिष्यगण और उनकी कला के प्रेमी उनकी याद में शोकग्रस्त थे, पर अमरनाथ चैन की नींद सो रहे थे। जिस सुख को वे सारी उम्र खोजते रहे आख़िरकार उन्हें वह सुख प्राप्त हो गया था। एक ऐसा सपना जो उनके साथ ख़त्म नहीं हुआ अपितु सार्थक हो गया। माँ से मिलन का उनका सपना अंततः सच हो ही गया।

अमरनाथ के इस दुनिया से चले जाने से संगीत की दुनिया में आई शून्यता को टाइम्स ऑफ़ इंडिया के राघव मेनन ने इन शब्दों में व्यक्त किया,

"पंडित अमरनाथ का जाना हमारी शास्त्रीय कला के एक संत का जाना है। इससे एक ऐसा आध्यात्मिक शून्य बन गया है जिसे मिटाना बहुत मुश्किल है। इंदौर घराने का एक और अमर नाम, जिनका संगीत अपने वक़्त में सबसे ज़्यादा गणितज्ञी और बौद्धिक था, जिनकी बन्दिशों में एक अजीब संताप था, जिनकी उँगलियों का निशान था राग के भाव का इत्र।"

यादों को समेटने का समय आया दिखता है,
मेरी परंपरा तो, पुनरजनम की लड़ी में पिरोई है,
मुझे मुक्ति नहीं चाहिए,
वचन का क्या होगा?
संस्कार तो, यादों के ही,
अधजले, घुमराए से रूप हैं,
चलूँ,
इन्हें समेट लूँ,
मुझे मुक्ति नहीं चाहिए,
वचन का क्या होगा ?